网络反恐大策略

»如何应对网络恐怖主义

盘冠员　章德彪・著

时事出版社

前　言

互联网是20世纪最伟大的发明之一。它改变了人类社会生产生活和思维方式，对人类社会的发展进步起到了重大影响和推动作用，成为当今社会必不可少的工具，并形成了网络这一社会活动的新空间。如今，网络空间已经发展成为与陆地、海洋、天空、太空等同等重要的人类活动新领域，成为信息交流的新渠道，成为各种力量博弈的新平台。任何事物都有其两面性。网络在服务人类社会生产生活的同时，也为恐怖主义这一非传统威胁、人类社会的毒瘤提供了传播扩散的温床，并改变了恐怖主义的组织形态、活动手段和威胁方式，拓展了恐怖主义的影响范围，形成了网络恐怖主义这一具有独特特点的新类型恐怖主义。应当看到，目前，恐怖主义还在进一步向网络空间渗透，与网络的结合更加紧密，其网络化趋势更加凸显，成为人类社会面临的新的重大威胁。

网络恐怖主义是传统恐怖主义与现代信息技术相互融合的结果，是信息技术进步和社会信息化发展普及带来的一种负产品、结出的一种毒果，是"恐怖主义 + 互联网"的新形态。与传统恐怖主义相比，防范和应对网络恐怖主义的技术性更强、更复杂，是公认的反恐怖主义领域的一大难题，给各国的应对能力带来巨大挑战。

如何应对网络恐怖主义？多年来，各国专家学者对此进行了大量的研究，实务部门也进行了艰苦细致的探索实践，分析总结了一些规律特点，积累了一些成功经验，认识在逐步深化，应对能力在不断提高。但是，我们也要看到，目前，各国对网络恐怖主义的研究尚处于初级阶段，有关理论成果视角单一、碎片化，系统研究不足，对策实务性研究更加稀少。究其原因，是因为网络恐怖主义的研究既需要具备网络技术知识，又要掌握恐怖主义相关情况，加上有关网络恐怖主义的资料较少，一些数据、案例和技术手段具有敏感性，增加了系统研究网络恐怖主义的难度。

笔者从事网络反恐怖实务研究工作多年，深感网络恐怖主义问题的复杂性和应对的艰巨性。为了便于社会各界了解网络恐怖主义情况，笔者结合工作实际进行了一些理性思考探索，本书就是笔者研究思考的一点体会和成果。

本书围绕网络恐怖主义“是什么”、“怎么看”和“怎么办”三个问题进行了系统的分析阐述。第一部分主要阐述网络恐怖主义“是什么”，系统分析了网络恐怖主义的定义、主体、形态、行为、成因和危害等问题；第二部分主要阐述网络恐怖主义“怎么看”，系统分析了网络恐怖主义的现状、威胁以及存在的突出问题；第三部分主要阐述网络恐怖主义“怎么办”，借鉴国际上行之有效的经验做法，结合我国实际，从战略规划、情报信息、互联网治理、网络安全保护、事件处置、案件侦查和国际合作等方面提出了应对网络恐怖主义的对策措施。本书以问题为主线，结合数据和案例，对网络恐怖主义进行了理论分析和实务总结，力求既具有学术性，又具有实用性。

应当看到，网络恐怖主义对国际和平与安全构成严重挑战，危害各国国家安全、社会公共安全、网络安全和公众利益，必须采取有效措施防范和打击网络恐怖主义，消除网络恐怖主义的危害。这项工作任重而道远，需要付出艰辛和不懈的努力。笔者衷心希望本书的出版能为应对网络恐怖主义提供有益的参考借鉴。

需要说明的是，本书内容和观点均系笔者个人意见，不反映任何组织的立场或观点。书中如有疏漏和谬误之处，敬请读者批评指正，以便再版时修订。

（本书系北京教委“首都网络反恐机制及具体策略研究”的阶段性成果。）

2016 年 9 月 5 日

目录

Contents

第一章

网络恐怖主义的定义

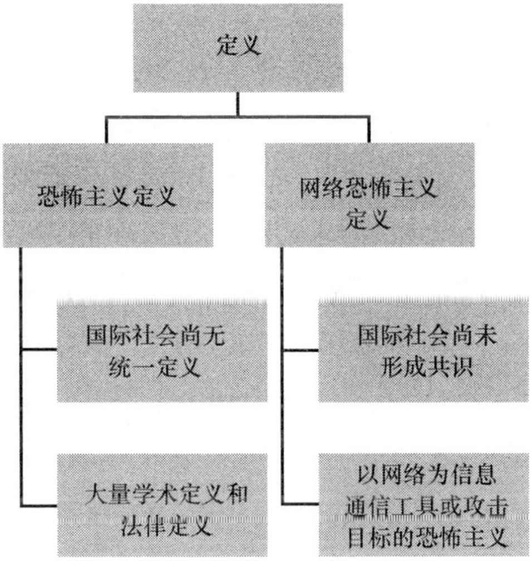

阅读导图

第一节　网络恐怖主义术语的来历

以互联网为代表的信息技术改变了人类社会，是当今世界中最有活力、最有魅力的科技成果。我们应当向发明互联网的科学家致以敬意，是他们的智慧，为人类社会开辟了一片广阔的新天地，带来了经济社会发展的新动力，为人类社会创造了新乐园。经过数十年的快速发展，如今网络空间已经发展成为与陆地、海洋、天空、太空等同等重要的人类活动新领域。网络已经渗透到了人类社会政治、经济、文化、军事以及社会生产生活的方方面面，正在发挥着举足轻重的作用，人类社会的正常运行已经深深地融于网络、依赖于网络，网络成为人类社会不可或缺的基本工具。

任何事物都有利有弊。网络在给人类社会带来进步和便利的同时，安全威胁和风险问题也相伴出现，给人类社会带来了新的挑战和忧虑。基于网络的种种安全风险和威胁成为影响人类社会和平与发展的危险因素。这也是所谓的“双刃剑”效应。网络恐怖主义就是其中一种不容忽视的新威胁，也是网络领域杀伤力大、破坏性明显的网络安全威胁和风险因素，已经引起国际社会的密切关注，成为近年来反恐怖斗争领域的焦点问题，也成为专家学者研究的一个新的课题和热点问题。

国际社会公认，“网络恐怖主义”（Cyber Terrorism）术语的最早提出者是美国加州情报与安全研究所资深研究员巴里 C. 柯林。1997 年 3 月，巴里 C. 柯林在美国《犯罪与司法国际杂志》发表一篇题为《网络恐怖主义的未来：物理世界和虚拟世界的融合》（The Future of Cyber Terrorism：Where the Physical and Virtual Worlds Converge）的文章。文中称，“网络恐怖主义”是他 10 年前创造的一个术语[①]。前美国联邦调查局官员威廉 L. 塔夫亚博士 2011 年 11 月在联邦调查局官方网站（FBI. gov）“执法公告”栏目（FBI Law Enforcement Bulletin）发表的评述认同这一

① This paper examines the future of Cyber Terrorism-a term the author coined a decade ago.

说法。学者和专家在谈及网络恐怖主义的历史时也持肯定态度。查阅包括维基百科在内的各种网络词典，基本上都持相同的观点。按照这一说法，网络恐怖主义术语在20世纪80年代就出现了。其实，20世纪80年代，互联网尚处于联网技术、通信规则和应用程序开发试用阶段，知悉和使用互联网的人多数是科研人员，社会大众很少知悉和使用，这个时期提出“网络恐怖主义”这一术语，不能不说很有远见，也带有点预测和展望性质。但是笔者至今未能查找到印证该术语在80年代出现的任何资料。

1994年，美国著名信息战专家斯瓦图出版过一本名为《信息战争》的书，该书的副标题是“网络恐怖主义：信息时代如何保护你的个人安全”，中国国际文化出版公司和北方妇女儿童出版社2001年10月联合出版的《信息时代战争新著译丛》中收有此书。《信息时代战争新著译丛》由原中国军事科学院战略研究部研究员陈伯江主编。陈先生在接受《保密工作》记者采访时说到，斯瓦图的《信息战争》第一版出版于1994年，作者在该版的序言中说，书稿交到出版社时是1993年，而这一年正是美国启动“信息高速公路”计划的时候。也就是说，在信息网络发展刚刚起步的时候，美国就已经意识到网络恐怖主义问题了。

在美国军方的研究中，是否早已提出过“网络恐怖主义”这一术语（互联网是美国国防部门科研机构投资参与和主导的科研项目），不得而知。事实上，出于保密等各种原因，美国军方的科研成果很难查到。笔者推断，“网络恐怖主义”这一术语出现的时间有可能更早，只不过未能为世人所知晓。当然，纠缠这一术语谁率先提出，出现时间的早晚、来龙去脉并无实质上的意义。

国内学者对网络恐怖主义的研究远比西方互联网发达国家晚，本世纪初期才有学者关注这一问题。国内有关研究资料不多，早期多数是有关新闻媒体报道。进入 21 世纪，网络恐怖主义逐步成为全球性话题和国人关注的问题。搜索中国学术期刊网络出版总库（CNKI）发现，国内最早提及“网络恐怖主义”的公开资料是 1996 年《广东金融电脑》杂志第 5 期，该期杂志有一篇题为《恐怖主义入侵电脑》的文章，提及网络恐怖主义问题。此后，署名为“儿福”的作者在 2001 年《信息安全与通信保密》杂志第 11 期和同年出版发行的《国防》杂志第 11 期分别发表题为《审视网络恐怖主义》和《网络恐怖主义浮出水面》的文章，均使用了网络恐怖主义这一术语。该两篇文章主要是推介前述《信息时代战争新著译丛》中《信息战争》一书。这应该也是国内较早涉及“网络恐怖主义”的文章。

公开资料显示，国内研究恐怖主义较早的是中国现代国际关系研究院。笔者曾于 2001 年撰写过关于网络恐怖主义的专题研究报告提供政策研究部门参阅（内部报告）。国内最早专门研究网络恐怖主义的硕士论文是 2003 年中国政法大学硕士研究生邓洪涛的《网络恐怖主义初探》，同年哈尔滨工程大学的丛艳华在其硕士论文《网络犯罪研究》中有一节专门研究网络恐怖主义。这些硕士论文开启了国内网络恐怖主义学术研究的先河。截至 2016 年 7 月，中国学术期刊网络出版总库（CNKI）收录的国内研究网络恐怖主义的博士、硕士论文没有超过 30 篇。

第二节　网络恐怖主义的定义

一、众说纷纭的恐怖主义定义

定义是研究问题的逻辑起点，一个术语的定义如果不清晰，很容易引起误解，也不利于在相同语境下研究探讨同一个问题。因此，研究网络恐怖主义，首先必须明确网络恐怖主义术语的定义。这既是学术研究的需要，也是制定政策、开展国际合作的基础。鉴于网络恐怖主义属于恐怖主义的一种新类型，界定网络恐怖主义，理所当然应当从恐怖主义的定义入手。

有关恐怖主义定义的国内外学术研究十分丰富，观点众说纷纭，这一现象充分反映了恐怖主义定义问题不仅仅是个简单的学术问题，更有其深刻复杂的政治、社会与国家利益需求背景。

通说观点是，“恐怖主义”（英文 terrorism）术语是从法文“terreur”一词演变而来的。有学者专门梳理考证了“恐怖主义”术语的历史演变过程，认为“恐怖主义”概念起源于1789年法国大革命时期。当时，反对革命的人将革命者的血腥暴力行为称为“恐怖主义”。有学者专门指出，法国大革命时期的恐怖主义主要指国家恐怖主义，此后在实践中被逐步适用于个人和团体的各种暴力行为。资料显示，《牛津英语词典》关于恐怖主义的首个定义反映了这一语义，该词典将“恐怖主义”定义为“如同法国1789—1797年大革命当权的政党实行的威胁一样，凭借威胁建立政府”。

也有学者对上述说法持不同意见，认为恐怖主义（terrorism）除了与法文词根（terror）有联系外，实际上与法国大革命的“恐怖”没有多少必然联系。该观点认为，大规模恐怖活动大体兴起于20世纪70年代，它是受到1970年代以来极端的伊斯兰原教旨运动和1990年代苏联解体后民族分裂运动的极大推动，出现了从中东到中亚的极端势力、分裂势力与恐怖势力契合，现代横行的恐怖主义应当源于极端势力和分裂势力的兴起。

多数观点认为，现代意义的恐怖主义兴起于20世纪60年代。进入70年代，国际上每年都发生若干起重大恐怖事件。有美国学者将恐怖主义称为“第四代战争”，认为此类战争的特点是战争与政治、战斗人员与平民之间的界限比较模糊，不容易区分开来。

20 世纪 60 年代以来，恐怖主义的含义发生了很大变化，国际社会围绕“恐怖主义是什么”这一问题进行了大量的探讨。遗憾的是，直到今天，国际社会仍未形成共识，也没有一个统一的法律定义。估计今后一段时间也很难达成共识。究其原因，除了恐怖主义自身具有复杂性特性外，以下原因不容忽视：第一，各国政治制度和法律体系不同；第二，各国意识形态不同；第三，不同的世界观和宗教信仰；第四，不同的国家利益和价值取向；第五，观念体系和认识方法不同，这样便形成了不同的语境和话语体系。

迄今为止，国际社会有关恐怖主义的定义多达数百种。以美国为例，美国不同的法律在定义上也不完全一致，美国法典、爱国者法、国土安全法、恐怖主义风险保险法等都有各自表述的定义。美国政府各部门对恐怖主义的定义也不相同，美国国务院、联邦调查局、国防部等部门出于各自的职责分工和利益需要使用了不同的定义表述。

联合国所属一些国际组织对各国恐怖主义定义等法律问题进行了梳理汇总。如位于奥地利维也纳的联合国毒品和犯罪问题办公室 2007 年编制发布的《国际反恐怖主义文书立法并入和实施指南》，对有关恐怖主义犯罪定义等法律问题进行了阐述。

为了说明定义问题的多样性和复杂性，以下列举部分国际组织、国家立法和政府机构以及词典与学术定义。

（一）部分国际组织的定义

联合国（UN）的定义：联合国第六委员会于 2001 年 10 月在《关于国际恐怖主义的全面公约草案》第 2 条中规定：“本公约所称的犯罪，是指任何人以任何手段非法和故意致使：（A）

任何人死亡或重伤；或（B）公共或私人财产，包括公用场所、国家或政府设施、公共运输系统、基础设施或环境严重受损，而此种损害造成或可能造成重大经济损失，而且根据行为的性质和背景，其目的是恐吓或迫使某国政府或某一国际组织从事或不从事某种行为。

国际刑警组织（ICPO）的定义：针对国家安全和个人生命安全的重大威胁，包括化学恐怖主义、生物恐怖主义、辐射恐怖主义、核恐怖主义和爆炸材料恐怖主义。

欧盟（EU）的定义：个人或组织故意针对一个或多个国家，或针对被侵犯国家的机构或人民，进行威胁、严重破坏甚至摧毁政治、经济和社会组织及其建筑物的行为。

北大西洋公约组织（NATO）的定义：为了达到政治、宗教或意识形态的目标，针对个人或财产非法使用或威胁使用武力或暴力企图强迫或恐吓政府或社会。

上海合作组织（SCO）的定义：2009 年 6 月制定的《上海合作组织反恐怖主义公约》第 2 条规定，恐怖主义指通过实施或威胁实施暴力和（或）其他犯罪活动，危害国家、社会与个人利益，影响政权机关或国际组织决策，使人们产生恐惧的暴力意识形态和实践。

（二）部分国家立法和政策的定义

美国法典（the United States Code，Title 22，Section 2656f(d)）的定义：由次国家组织或秘密团伙人员对非作战目标采取的有预谋的、带有政治动机的暴力行动，通常图谋以此对某些方面施加影响。

美国 2001 年爱国者法案的定义：国内恐怖主义是指以下活动：（1）违反美国或任何一州的刑法，并且威胁人的生命安全的行为；（2）呈现以下企图：（A）胁迫或强迫民众；（B）用胁迫或强迫手段影响政府政策；或者（C）通过大规模毁坏、暗杀或绑架影响政府行为的；（3）主要发生在美国司法管辖范围内的。

美国2002年国土安全法的定义：恐怖主义是一种涉及到人的生命或关键基础设施和关键资源的潜在破坏性行为的活动；违反美国或任何一州或美国所属地方的刑法；或通过大规模的毁坏、暗杀或绑架试图胁迫或强迫民众，来影响政府的政策。

美国国务院（DOS）的定义：由组织或代理人出于政治目的有预谋地针对非作战人员使用或威胁使用暴力，通常此种行为是试图对他人产生影响。

美国国土安全部（DHS）的定义：有预谋的威胁或暴力行为，针对非作战人员、财产、环境和经济目标来引发恐惧、胁迫、恐吓或影响政府、平民百姓、或任何部分，以促进其政治、社会、意识形态或宗教的目的。

美国国防部（DOD）的定义：为实现政治、宗教或者意识形态的目的，对个人或者财产非法使用武装力量或暴力，以强制或威胁政府及社会。

美国联邦调查局（FBI）的定义：恐怖主义是非法使用武力或暴力对抗平民或财产，为了促成一个社会或政治上的目标去恐吓或胁迫政府。

美国中情局（CIA）的定义：国际恐怖主义是被指挥的恐怖活动，经由外国政府或组织支持以及/或是被指引对抗外国、公共机关或政府的行动。

俄罗斯《反恐怖主义法》的定义：恐怖主义主义是以恐吓居民和（或）实施其他暴力违法行为，影响国家权力机关、地方自治机关或国际组织做出决定的暴力思想和行为。

英国的定义：1989年英国《预防恐怖主义法案》将恐怖主义定义为：为了政治目的而使用暴力，并且包括任何为了使公众或公众的一部分置于恐惧之中而使用暴力。

澳大利亚的定义：恐怖主义是策划使用暴力或用暴力威胁，以达到政治、宗教或意识形态的本来目的。通过恐吓、胁迫、灌输恐惧。恐怖主义包括针对个人或财产的暴力行为，试图通过无辜的受害者影响某些人。

荷兰的定义：因为意识形态的原因威胁、准备或实施的针对人民的严重暴力行为，或意图造成财产损失来引发社会混乱的行为，目的是促进社会变革，创造公众的恐惧气氛或影响政治决策。

（三）词典与专家的定义

《美国传统大学英语词典》（1996 年）的定义：恐怖主义对武力或暴力的非法使用或威胁使用，一个人或一个有组织的集团以威胁或胁迫社会或政府的目的危害人类或财产，常常有意识形态或政治原因。

英国《简明不列颠百科全书》的定义：恐怖主义是对各国政府、公众或个人使用令人莫测的暴力、讹诈或威胁，以达到某种特定目的的政治手段。各种政治组织、民族团体、宗教狂热者、革命者和追求社会正义者，以及军队和秘密警察都可以利用恐怖主义。

中国《现代汉语词典（第六版）》（商务印书馆出版）的定义：蓄意通过暴力手段（如制造爆炸事件、劫持飞机、绑架等），造成平民或非战斗人员死亡与财产损失，以达到某种政治目的的行为或主张。

美国兰德公司政治学研究主任布赖恩·詹金斯（Brian Jenkins）认为，恐怖主义就是使用或威胁使用武力，企图达到政治变迁的目的。

纵观上述关于恐怖主义的各种定义，其语义表述形形色色，有的将恐怖主义定义为恐怖活动，有的定义为犯罪行为，等等。不过，虽然分歧显而易见，但也不乏共同之处，即各种定义从不同角度、不同层面强调了恐怖主义具有以下三个方面的共同特征。

第一，明确的目的性。恐怖主义的根本特征是具有特定的政治或者意识形态等目的。恐怖主义的直接目的，是通过实施具体的暴力、破坏、恐吓等活动，在社会上制造恐怖气氛，恐吓政府机构、国际组织或者社会公众，从而强迫政府、国际组织从事或不从事某种行为。其根本目的是通过实现直接目的最终达到其特定的政治或者意识形态目的。

第二，手段的恐怖性。认为恐怖主义首先表现为“恐怖”。所谓恐怖，词义是由于生命受到威胁或残害而恐惧。恐怖主义的恐怖性表现在其手段的非常规性上。恐怖手段包括使用暴力、破坏或者恐吓等手段。暴力或者威胁使用暴力是其最基本的手段，包括杀害、伤害他人、爆炸、纵火、投放危险物质、劫持飞机、劫持人质等。凡是足以危及人的生命财产安全，进而引起恐怖行为的均属于暴力。无论在网络空间内还是现实社会中，无论是以刀斧砍杀的传统方式还是网络攻击的新型方式，无论是直接造成伤害的暴力后果还是以暴力相威胁，均属于暴力。破坏，主要是指损毁财物，破坏特定目标或者设施，如破坏重要网络、中断电、热、气、水等的供应。恐怖主义还会使用恐吓、强迫、强制、敲诈等手段造成社会恐慌，严重影响社会正常生活秩序。

第三，行为的违法性。恐怖主义的违法性，即违反有关国内法或国际法。主要表现在：一是非法使用暴力或暴力威胁或其他破坏手段；二是实施具体的恐怖主义行为，往往造成不同程度的危害社会的后果，从而违背国内法或国际法。

二、 恐怖主义的中国法律定义

2011 年 10 月 29 日通过的《全国人大关于加强反恐怖工作

有关问题的决定》，给出了“恐怖活动”的定义，实际上也是恐怖主义的定义。2005 年 12 月 27 日，中国第十二届全国人大常委会第十八次会议通过了《中华人民共和国反恐怖主义法》（以下简称《反恐主义法》），对“恐怖主义”进行了明确的定义。该法第 3 条规定，恐怖主义是指通过暴力、破坏、恐吓等手段，制造社会恐慌、危害公共安全、侵犯人身财产，或者胁迫国家机关、国际组织，以实现其政治、意识形态等目的的主张和行为。该法律定义包含了恐怖主义的目的要素、手段要素和行为（主张）要素。

一是恐怖主义表现为“主张”或“行为”。这里规定的主张，是指通过发表文字或者言论等方式向他人表达恐怖主义的意见、看法、理论、思想体系，以诱骗、策动、指使他人接受这些意见、看法、理论、思想体系，从而信奉恐怖主义，形成恐怖组织，或者从事恐怖活动。即主张必须是包含恐怖主义内容的主张。这里规定的行为，是指反恐怖主义法规定的恐怖活动，既包括采取具体暴力、破坏、恐吓等方式，制造社会恐慌，给国家社会或者他人造成身体伤害或者财产损失的暴力恐怖活动，也包括其他类型的恐怖活动，如准备实施恐怖活动，煽动实施恐怖活动等。即行为必须是恐怖主义性质的行为。

二是恐怖主义的手段包括使用暴力、破坏、恐吓等手段。

三是恐怖主义具有目的性，即制造社会恐慌、危害公共安全、侵犯人身财产，或者胁迫国家机关、国际组织，以实现其政治、意识形态等目的。并非一切暴力、破坏、恐吓等都是恐怖主义，只有基于恐怖主义目的的暴力、破坏、恐吓等手段才属于恐怖主义。

三、网络恐怖主义定义尚缺乏共识

恐怖主义缺少全球统一的定义，网络恐怖主义同样也缺乏全球共识。有关网络恐怖主义的定义纷繁复杂，认识的角度不同、切入点不同，其语义表述相差很大。公开资料显示，有关网络恐怖主义的定义至少有 30 种。基于不同的政治制度和法律体系、不同的网络安全观、不同的现实需要和价值追求等因素，形成了不同的网络恐怖主义的定义。以下列举部分网络恐怖主义的定义。

巴里 C. 柯林的定义：由亚国家集团或者秘密组织实施的有预谋、有政治动机地针对计算机信息安全或者计算机程序和计算机数据进行网络攻击的行为。

美国联邦调查局（FBI）的定义（2007 年）：一些非政府组织或秘密组织对信息、计算机系统、计算机程序和数据所进行的有预谋、含有政治动机的攻击，以造成严重的暴力侵害。

美国国防部的定义：利用计算机和电信能力的一种犯罪行为，用暴力导致服务的破坏或中断，目的是通过在特定的人群中制造混乱或慌乱来制造恐惧，达到影响政府或人群的其特定的政治、社会或意识形态的目的。

美国东西方研究所（East-West Institute）的定义：网络恐怖主义是恐怖分子利用电脑空间实施违反国家或国际法律的行为。

美国乔治·华盛顿大学危机、灾难与风险管理学院（ICDRM/GWU）的定义：网络恐怖主义是直接针对自动化系统或利用自动化系统来破坏其所支持的重要基础设施。

美国战略与国际研究中心（CSIS）的定义：利用计算机网络工具来关闭国家关键基础设施（如能源、交通、政府运作），或胁迫、恐吓一国政府或平民。

前美国联邦调查局官员威廉 L·塔夫亚博士（William L. Tafoya）的定义：通过利用高科技恐吓民营企业，导致关键基础设施的数据或信息被禁用或删除，以实现其政治、宗教或意识形态目的。

美国乔治敦大学著名反恐专家多诺茜·邓宁教授（Dorothy E. Denning）的定义：网络恐怖主义是网络和恐怖主义的结合，它通常被理解为针对计算机、网络及其存储信息的非法攻击和威胁，以此来胁迫或威胁某国政府或其民众达到某种政治或社会目的。……攻击是针对平民或财产的暴力行为，或至少引起足够的破坏以制造恐慌。

以色列的定义：网络恐怖主义是为恐怖组织工作的黑客针对计算机或计算机系统的攻击，目的是破坏服务设施、植入病毒或窃取信息。

国内研究方面，国务院发展研究中心学者俞晓秋在《全球信息网络安全动向与特点》一文中，将网络恐怖主义定义为一种由国家或非国家主使的、针对信息、计算机程序和数据以及网络系统带有明确政治目的的攻击行动。

学者刘优良在《网络恐怖主义对公共信息安全的挑战与对策》一文中，把网络恐怖主义定义为由特定组织或个人以网络为手段和活动空间，有预谋、有政治目的的软暴力攻击活动。它针对或利用信息、计算机程序和数据以及网络系统制造恐怖气氛，威胁、破坏公共信息社会和相关政府、国家利益，其危害足以导致人们心理的恐慌、财产的损失甚至人员的伤亡。

武汉大学法学院教授皮勇在《论网络恐怖活动犯罪与对策》一文中，认为网络恐怖主义是恐怖主义在信息技术高度应用环境下的一种新形式，它带有恐怖主义的共性，即通过攻击、威胁攻击一国或数国的人民、民用或军事设施，制造人员生命财产损失和心理恐慌，以达到某种政治、宗教和意识形态的目的。

统一的网络恐怖主义定义对国际社会制定政策、联手行动具有指引价值和现实意义，但是基于各种因素，短期内很难有一个各国普遍接受的统一定义。目前学术界和实务界对网络恐怖主义的认识尚处于探索阶段，特别是网络恐怖主义与现实政治问题、网络空间的博弈、网络安全政策主张等紧密相连，网络恐怖主义的定义短期内很难形成共识。专家学者依据自己的认识程度和判断标准从各种角度阐述网络恐怖主义的定义，这种现象很正常。但是，笔者认为，为了加强防范打击网络恐怖主义的国际合作，有必要就网络恐怖主义的定义达成一致，理想状况是可以由联合国大会通过的决议或宣言中明确共识，作为各国合作行动、联手应对的依据。

四、本书关于网络恐怖主义的定义

英国哲学家罗素有句名言：科学使我们为善或为恶的力量都有所提升。人类进入信息化时代，信息技术与恐怖主义相互结合、相互渗透，开始出现并逐步发展成为网络恐怖主义这种新型的恐怖主义形式。网络恐怖主义改变了传统恐怖主义形态。大家的共识是，如今的恐怖分子生活在全球互联网时代，恐怖主义已经进入网络化时代。

网络恐怖主义，顾名思义是与网络密切相关的恐怖主义，是恐怖主义向网络空间的延伸和拓展，是恐怖主义与网络相结合的产物，是“恐怖主义＋网络”的新形态。

笔者认为，网络恐怖主义是指为了实现政治、意识形态等目的，利用或者针对网络制造社会恐慌、危害公共安全、侵犯人身财产，或者胁迫国家机关、国际组织的主张和行为。

根据这一定义，网络恐怖主义大致分为两大类：一类是信息型网络恐怖主义，即以网络为信息媒介传播恐怖主义主张，煽动实施恐怖主义行为，网络起到信息传播平台和渠道的作用；一类是攻击型网络恐怖主义，即将网络视为攻击目标对象，通过网络攻击来达到恐怖主义的目的，网络起到了目标和对象的作用。

上述定义说明：

第一，网络恐怖主义包括但不限于网络攻击行为。早期国外专家学者、立法和政府机构多将网络恐怖主义等同于网络攻击。随着恐怖主义活动的发展变化，特别是社交网络的兴起，国外学者的观点逐渐发生变化，开始将网上信息活动纳入网络恐怖主义的范畴。事实表明，网络恐怖主义不仅仅表现为网络攻击破坏，网上宣传、煽动恐怖主义同样属于网络恐怖主义行为。国际社会的共识是，恐怖组织一切与网络有关的活动都可以列入网络恐怖主义的范畴，凡是恐怖组织涉及网络的一切活动都是网络恐怖主义。网络攻击是网络恐怖活动的一种形式，而不是全部形式。为了达到恐怖主义目的，网络不仅是攻击目标，也是信息传播的工具和媒介。而且从现状看，现阶段的网络恐怖主义更多表现为利用网络的信息传播功能，如通过网络宣传、煽动恐怖主义活动，多数是基于互联网信息传播功能而实施的活动。

第二，网络恐怖主义的主体既有专门的恐怖组织、恐怖分子，也有支持、资助、帮助、参与恐怖活动的网络组织和人员，还有提供网络资源和技术条件，但不参与实施网络恐怖活动的组织或人员，如国际黑客组织、网络技术服务提供者等。网络恐怖主义，既包括恐怖组织的网络活动，也包括非恐怖组织的网络恐怖活动。

第三，网络恐怖主义作为恐怖主义的一种形式，仍是具有特定的政治或者意识形态目的的活动，网络只不过是其实现目的的工具和手段。恐怖主义追求的是造成人员伤亡、财产损失或意图造成人员伤亡，形成社会恐慌、产生恐怖效应的结果，如果仅仅破坏关键基础设施网络、系统和数据，未产生上述效果的，都不是网络恐怖主义的目的。只有基于恐怖主义目的的网络攻击活动才是网络恐怖主义。

第三节 网络恐怖主义与传统恐怖主义的关系

网络恐怖主义是传统恐怖主义与互联网相结合的产物，是信息化时代产生的新型恐怖主义，两者相互渗透、相互融合，本质上具有一致性，都具有恐怖主义目的性、手段方法的恐怖性和行为的违法性的共性特征。但是网络恐怖主义又是一种特殊形式的恐怖主义，具有自身的特性。网络恐怖主义与传统恐怖主义的联系和区别表现在：

两者的相同点是：第一，两者都是通过非法手段来实现特定的政治或意识形态等目的；第二，两者都采用非常规的暴力、破坏、恐吓等手段；第三，两者都表现为“主张和行为”。

两者的不同点是：第一，传统恐怖主义主要是采取可见的、直接的、接触的暴力手段发动恐怖袭击并且造成重大人员伤亡，如杀人、故意伤害、放火、决水、爆炸、绑架、劫持航空器、投放危险物质等，而网络恐怖主义通过网络攻击发动的袭击，不会产生直接的流血伤亡结果，具有不可见性、间接性、非接触性、非暴力性等特点；第二，传统恐怖主义受制于时空限制，网络恐怖主义突破了传统恐怖主义的时空限制，可在任何时间、任何地点实施。传统恐怖主义一般来说以地区活动为主，在恐怖攻击范围上远远没有网络恐怖主义那样广泛；第三，网络恐怖主义作为一种软暴力，实现了传统恐怖主义硬暴力向软暴力的转变，丰富了恐怖主义活动的手段，影响面更广、危害范围更大、产生的恐怖效应更加明显。由于网络涉及的网民数量众多，符合恐怖主义的需求；第四，网络恐怖主义利用网络的特性，隐匿身份行踪，活动看不见、摸不着，比传统恐怖主义更难于防范和打击处理。

第四节 网络恐怖主义与黑客活动、网络战的区别

一是网络恐怖主义与黑客活动的区别。网络恐怖主义是恐怖分子利用黑客技术来实现其目的并且造成一定的物理伤害和经济损失。对国家安全和社会稳定构成直接威胁的黑客攻击才可视为恐怖主义活动，网络恐怖主义的威胁性在某种程度上要依赖于黑客技术的发展。

网络攻击类型的网络恐怖活动与黑客活动在手段、方法和形式上有相同之处。两者都是使用网络技术手段，通过互联网发动攻击，都以网络为攻击目标，都具有很强的隐蔽性；两者都依赖网络技术而不是靠人力进行攻击；两者的攻击方法和技术手段基本上相同；两者一般都不会造成直接的人员伤亡，但可能因为网络系统瘫痪而造成经济损失、影响社会稳定，或者因网络系统中断导致设备故障，间接造成人员伤害。

两者的区别在于：第一，目的动机不同。网络恐怖主义是基于恐怖主义目的。网络恐怖主义的网络攻击是建立在一定的政治或意识形态目的之上的，追求的是恐怖结果和效果，具有恐怖主义性质，而黑客攻击多出于经济利益目的或个人喜好，有的是为了获取非法收入，有的是为了炫耀技术能力，传播恶意软件，所追求的不是恐怖主义的结果和效果；第二，网络恐怖主义的网络攻击，其强度和破坏性远远超过黑客攻击，并且不计后果，而黑客攻击往往在可以控制的范围内，不会不考虑可能造成的后果；第三，黑客攻击比较常见、频繁，攻击数量远远超过网络恐怖主义，而真正具有恐怖主义性质的网络攻击活动截至目前鲜见实证案例。

二是网络恐怖主义与网络战的区别。如同黑客活动一样，网络恐怖活动与网络战的目标、使用的方法、工具和技术大致相同，但两者实施的主体不同、目的动机不同。网络战是由军队和军事人员组织实施，基于军事或战争目的，而网络恐怖主义是非军事人员针对民用设施和平民实施，攻击的是国家关键基础设施和无辜者，基于恐怖主义目的。两者不能以技术工具或攻击频率来区别，而是要看攻击对象是否是民用设施和平民、是否具有恐怖主义性质，是否基于恐怖主义的目的。

第二章

网络恐怖主义的主体

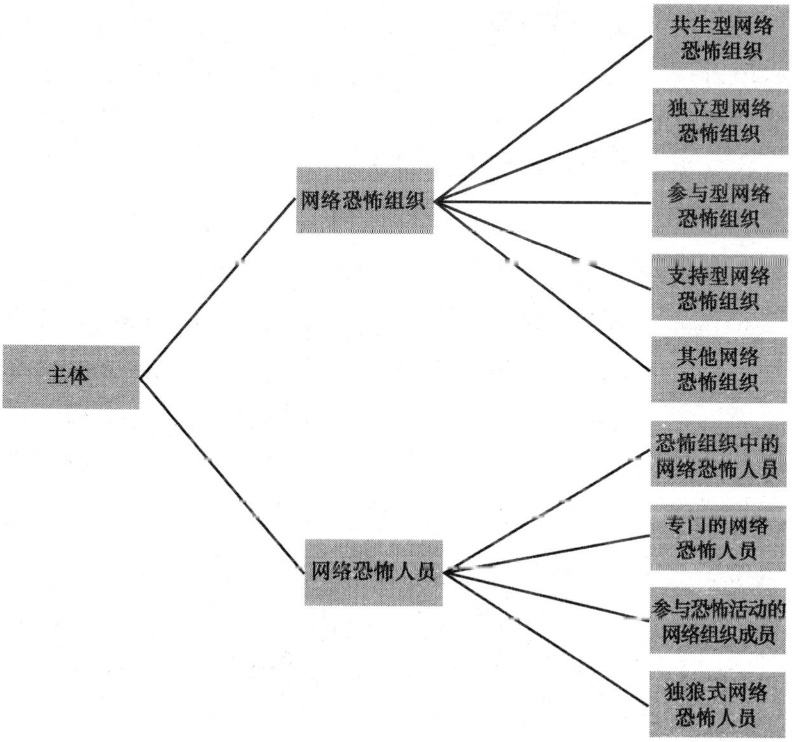

阅读导图

第一节　网络恐怖主义主体的定义

网络恐怖主义的主体，即网络恐怖主义的行为人，是指网络恐怖主义组织和人员，包括网络恐怖主义的实施者、组织者、资助者和支持者等。

网络改变的只是主体的表现形式，并未改变主体本身。网络恐怖主义的主体与恐怖主义的主体具有一致性，两者并没有本质的区别，都是恐怖组织和恐怖人员（分子）。当然，如果从组织机构和活动内容上看，两者略有不同。网络恐怖主义的主体包括为恐怖组织实施网络恐怖活动提供技术支持的网络组织和网络人员，或者参与网络恐怖活动的非恐怖组织的黑客组织。事实上，从实践情况看，这种差异性不大，基本上可以忽略不计。恐怖组织与网络恐怖组织很难完全区别开来，可以说，两者基本上是一致的。

谈及恐怖主义的主体，不能不提到“国家恐怖主义”这一问题。有观点认为，恐怖主义的主体也包括国家，国家恐怖主义是指由某个国家对其他国家，对外国国民或对本国国民进行的恐怖主义行为。有学者认为，由政府官方执行的恐怖主义行为可以被称作“国家恐怖主义”。联合国曾在颁布的《关于“反人类和平安全犯罪”》的草案法典中，提出有关国际恐怖主义的定义。该法典第 4 条“为政治目的，武装从一国领土入侵另一国领土”；第 5 条“由一国政府支持或执行造成另一国的内乱纠纷，或者该国当局对组织造成另一国的内乱纠纷予以容忍的”；第 6 条“由一国政府支持或执行的对另一国的恐怖活动，或者该国当局对组织造成另一国的恐怖活动予以容忍的”，这些都是有关恐怖主义的规定。草案法典的第 6 条也清楚描述了国家有可能采取恐怖主义行动。按此草案法典，国家可以被认为进行恐怖主义活动犯罪。对此，联合国反恐怖主义委员会负责人曾表示，联合国前12份关于恐怖主义的决议均未涉及国家恐怖主义，因为其并不是一个国际法概念，且滥用职权的政府应当受到国际公约中有关战争罪的国际人权法、国际人道法的审判，而不是违反了国际反恐法规。前联合国秘书长安南也曾表示，要停止对“国家恐怖主义”的讨论，因为国家的武力使用已经受到国际法的限制，而且不管政府间在恐怖主义的定义上有何不同，但国际社会公认的是，任何针对无辜平民或非战斗人员的故意袭击，无论其原因如何，都属于恐怖主义范围。学者布鲁斯·霍夫曼博士认为，国家和非国家暴力容易区分，因为这两种暴力之间有本质的不同。即使在战争中，也存在规约和被普遍接受的行为准则，即禁止使用一些特定武器和策略，以及袭击一些特定目标。比如《日内瓦公约》和《海牙公约》规定，战争中禁止将平民作为人质，对平民或战俘进行报复，入侵中立领土等。他认为，当国家违反了这些规定时，应以“战争罪”而不是“国家恐怖主义”论处。笔者赞同这一观点，即恐怖主义的主体是指非国家主体，国家不属于恐怖主义的主体范畴。将国家视为恐怖主义主体，无论是从现代恐怖主义特点看，还是从当今国际政治和国际关系角度说，都已经不合时宜。

一、恐怖组织和恐怖人员的定义

国际社会对恐怖主义的定义缺乏统一认识，对恐怖组织和恐怖人员也缺乏统一的界定标准，在术语的表述上种类繁多。有使用恐怖活动组织、恐怖活动人员的，有使用恐怖主义组织、恐怖主义人员的，有使用恐怖活动犯罪组织、恐怖活动犯罪人员的，有使用恐怖分子的，等等。2009年制定的《上海合作组织反恐怖主义公约》第2条采用的是“恐怖主义组织”的表述，其定义是：1. 为实施本公约所涵盖的犯罪而成立的和（或）实施本公约所涵盖的犯罪的犯罪团伙、非法武装、匪帮和黑社会组织；2. 以其名义、按其指示或为其利益策划、组织、准备和实施本公约所涵盖的犯罪的法人，“法人”指依据各方国内法的规定建立并开展活动的组织。

2011年10月29日，我国全国人民代表大会常务委员会出台了《关于加强反恐怖工作有关问题的决定》，在国内法中采用了恐怖活动组织、恐怖活动人员的概念，并首次进行了界定。2015年12月通过的《反恐怖主义法》继续采用恐怖活动组织和恐怖活动人员的表述。该法第3条对恐怖活动组织和恐怖活动人员进行了定义。根据该法规定，恐怖活动组织，是指三人以上为实施恐怖活动而组成的犯罪组织；恐怖活动人员，是指实施恐怖活动的人和恐怖活动组织的成员。根据该规定，恐怖活动组织具有三个特征：第一，人员数量为三人以上；第二，为实施恐怖活动而组成；第三，属于犯罪组织。据此，恐怖活动组织不仅包括恐怖活动犯罪集团，也包括恐怖活动犯罪团伙。恐怖活动人员包括两种：一是恐怖活动组织的成员；一类是不属于恐怖活动组织的成员而单独实施恐怖活动的人，如“独狼式”恐怖分子。

二、网络恐怖组织和网络恐怖人员的定义

目前，并无网络恐怖组织和网络恐怖人员的专门定义，因为网络恐怖组织、网络恐怖人员与传统的恐怖组织、恐怖人员并无本质上的区别。笔者认为，可以套用传统恐怖组织和恐怖人员的定义对网络恐怖组织、网络恐怖人员进行定义。网络恐怖组织是指三人以上为实施网络恐怖活动而组成的犯罪组织。网络恐怖人

员是指实施网络恐怖活动的人和网络恐怖活动组织的成员。据此，网络恐怖组织具有以下特征：第一，人员数量为三人以上；第二，为实施网络恐怖活动而组成；第三，属于犯罪组织。网络恐怖活动组织不仅包括网络恐怖活动犯罪集团，也包括网络恐怖活动犯罪团伙。网络恐怖人员包括两种：一是恐怖组织中实施网络恐怖活动的人员；一类是不属于恐怖组织的成员而实施网络恐怖活动的人，如受雇参加网络恐怖袭击活动的黑客组织成员。

需要注意的是，如前章所述，网络恐怖主义不能等同于网络黑客活动，网络恐怖人员与黑客人员也不能划等号。两者的区别在于活动的目的不同、性质不同。网络恐怖人员与一般的恐怖人员一样，发动恐怖袭击具有政治目的或意识形态目的，是要通过发动网络袭击引起大规模的社会恐慌，来影响政府或决策。而黑客活动的目的，有为了经济利益的，有为了获取信息的，有炫耀技术的，有出于好奇的，等等。例如，同样是入侵银行信息系统行为，黑客的目的可能是为了盗取资金，会想方设法隐匿行踪，不让人发觉，以逃避打击；而网络恐怖分子侵入银行信息系统，可能对金钱并不感兴趣，而是为了宣扬其已经攻破该银行信息系统，从而引发社会民众对该银行信息系统安全的不信任，从而造成大规模的恐慌性挤兑，进而引发社会混乱。当然，黑客在一定条件下，也可以转化为网络恐怖分子。例如，如果黑客加入恐怖组织，认同其意识形态，并且参加其恐怖组织活动，其网络攻击行为就被视为网络恐怖行为。可见，网络恐怖分子与黑客人员的区别，在于其行为是否具有恐怖主义性质和目的，是否形成了恐怖氛围，是否对社会民众造成恐怖心理压力。

第二节　网络恐怖组织的类型

一、恐怖组织的类型

恐怖组织形形色色，诉求目的动机和活动特点各不相同。出于政治立场和研究视角的不同，各国学者在恐怖主义组织的分类方法及恐怖主义类型等方面存在不同的认识。公开资料显示，有关分类法多种多样。有学者经过深入研究，认为目前国际上对恐怖主义有 7 种分类方法，即主体分类法、性质分类法、政治目标分类法、特点分类法、目的分类法、内容分类法和手段分类法。不同的方法自然产生不同的分类结果，令人眼花缭乱。

美国国家司法研究所曾于 1975 年初就刑事司法准则与目标成立了一个国家咨询委员会，该委员会编著过一本名为《动乱与恐怖主义》的著作，书中将恐怖主义分为六类：一是内乱，是指干扰和平、安全及社会正常运作的集体暴力行为；二是政治恐怖主义，是指为了追求政治目的而计划在社会制造恐慌的暴力犯罪行为；三是非政治恐怖主义，是指不以政治目的为前提的恐怖主义，其有意制造高度恐慌，最终是为了争取个人或集体利益，但没有政治上的意图；四是类恐怖主义，是暴力犯罪行为的附属品，其形式及表达方式类似真正的恐怖主义，但缺乏其要素。它的主要目的并非引起恐慌，但利用恐怖分子的形式及技巧以达成相似的结果。例如，在逃的重罪犯胁持人质就是类恐怖主义，模式与恐怖主义类同，但目的却大相径庭；五是有限政治恐怖主义，是指以意识形态或政治为动机的恐怖活动，但其活动并非要夺取国家的控制权；六是国家恐怖主义，指以恐怖或压迫手段进行统治的国家，其程度与恐怖主义相若，又指政府为了追求其政治目的或外交政策而进行的恐怖活动。

有学者认为，尽管世界上的各种恐怖主义组织林林总总，国际社会对恐怖主义组织进行分类的方法也不尽相同，但无论以什么立场、什么标准或出于何种视角，对恐怖主义组织的基本类型的划分大致可以归纳为三种：一是极端民族、种族、宗教类恐怖主义组织；二是极左、极右型恐怖主义组织；三是邪教型恐怖主义组织。

目前，国际社会采用较多的是美国中央情报局提出的五种类型分类方法。该分类方法将全球1000多个主要恐怖组织分为五种类型：

一是极端宗教型恐怖组织，又称为原教旨主义恐怖组织。有专家认为，宗教狂热性与恐怖主义相结合，是当代国际恐怖主义活动泛滥、危害不断加重的原因之一。宗教极端恐怖组织具有明显的反世俗、反现代文明特征。伊斯兰原教旨主义势力竭力在其触角所及的地方建立政教合一的神权国家，宣扬自杀与杀人都是无罪的观点，具有显著的暴力倾向。这类恐怖组织往往追求一种超自然、先验的目的，把从事恐怖活动变成一种“神圣的职责与义务”，不加区别地进行血腥恐怖活动。根据统计数据，当今全球活跃的国际恐怖组织中，超过20%是具有宗教狂热性质的。目前全球仅邪教组织就有26类，神秘宗教团体上万个，不少是试图以某种宗教信仰或者某个宗教领袖统治世界、某一国家或地区的宗教组织。他们欲建立“祭政合一”的极权体制，对信徒进行精神控制，对社会搞暴力恐怖，影响国际关系。例如奥萨马·本·拉登的“基地”组织、“伊斯兰国”组织等。

二是民族分裂型恐怖组织。该类恐怖组织往往将争取本民族的“完全自治”或建立以本民族为主体的“独立国家”作为明确的终极目标，试图采用恐怖主义手段达到某个地域或国家的民族自治或统一的准军事组织。该类恐怖组织有一套具有号召力的民族主义理论与情感作为其思想基础，有一定的群众基础和经济支持，有较广泛的国际网络，往往采取政治、经济和暴力等多管齐下的策略，在世界各地从事反对自己政府的行动。该类恐怖组织的攻击目标主要是统治当局以及与当局合作的本族成员。在从事恐怖活动时往往不择手段，暗杀、爆炸、绑架、袭击，无所不用。如英国的“爱尔兰共和军”、斯里兰卡的“泰米尔猛虎组织”、西班牙的“埃塔”、俄罗斯的“车臣分裂主义组织”等。

三是极左翼型恐怖组织。该类恐怖组织是资本主义国家内部阶级矛盾激化的产物，由于对现行社会政治制度极端不满，试图通过暗杀、爆炸等恐怖手段使政府放弃资本主义制度，改变社会政治进程，接受其所谓的“社会主义制度”。该类恐怖组织宣称要推翻现存的国家政权，大肆宣传暴力恐怖活动的正义性、崇高性，往往将暴力恐怖视为成功实现其目标的“必须手段”与“有效手段”。神话组织头目，组织命运与头目系于一体。例如，德国的“红色派”、意大利的“红军旅”、日本的“赤军”、希腊的“反帝小组”、法国的“直接行动”、秘鲁的“光辉道路”等。

四是极右翼型恐怖组织。该类恐怖组织与极左翼型恐怖组织相对立，一般都存在有种族主义传统的欧美国家。其鼓吹种族主义、对其他种族或某种特定种族进行恐怖活动，试图建立以某种“优秀种族”统治的国家或者区域的准军事组织。其活动指向无辜平民与普通公共设施，表现出很强的滥杀无辜的特点。例如，美国的“三 K 党”、欧洲的新纳粹党等。

五是黑社会型恐怖组织。其目的与商业暴利、吸毒等有关，试图使用恐怖主义手段使政府允许某种或多种犯罪行为的合法化的准军事组织。例如，意大利的“黑手党”，哥伦比亚的贩毒组织等。

此外，有学者认为，除上述恐怖组织类型外，还有一种极端思想型恐怖组织。该类型恐怖组织主要是现代化进程中出现的环境污染、人口爆炸、粮食短缺、规范缺失等全球性问题异化而产生的恐怖主义。该组织是对持异见者进行暴力清除的准军事化或者松散组织。此类恐怖主义组织通常带有地域色彩，规模很小甚至只是个人行为。例如，因环境保护和爱护动物而发动“自由恐怖主义”的极端环保主义者、极端动物保护主义者，反对人工流产的堕胎诊所爆炸犯罪，这些组织或个人以西方发达国家居多。

也有学者主张按照恐怖分子所属国籍和活动范围，将恐怖组织划分为国内恐怖组织、区域恐怖组织和国际恐怖组织。值得注意的是有关本土恐怖主义的提法。所谓本土恐怖主义（Homegrown Terrorism），又称国内恐怖主义（Domestic Terrorism），通常是指由具有本国国籍公民的恐怖分子所犯下的恐怖活动罪行。在美国，是指2001年反恐战争后所衍生出的新型恐怖主义类型。其特色是在本国土生土长的公民或永久居民，采用暴力行为制造恐慌，以达成其推动在政治、宗教等意识形态，或战术上的阶段性目标。

二、网络恐怖组织的类型

迄今为止，学术界尚无有关网络恐怖组织分类的研究，也没有网络恐怖组织分类的统一标准。笔者根据网络恐怖组织与恐怖组织的关系，将网络恐怖组织分为以下几类：

第一，共生型网络恐怖组织，或附属型网络恐怖组织，即隶属于恐怖组织，系恐怖组织内部设立的一个机构或者部门，专门从事网络恐怖活动。

第二，独立型网络恐怖组织，即不隶属某一个恐怖组织，专门从事网络恐怖活动的组织；

第三，帮助型网络恐怖组织，即不隶属某一恐怖组织，但参与网络恐怖活动，或为网络恐怖活动提供网络资源、网络技术支持的组织；

第四，加盟型网络恐怖组织，即不隶属某一恐怖组织，系志愿加盟、或使用该恐怖组织名称，打着恐怖组织旗号开展网络恐怖活动的组织。

第五，其他类型的网络恐怖组织。

第三节　网络恐怖组织和网络恐怖人员的认定

国际上关于认定恐怖活动组织和恐怖活动人员的模式和制度不尽相同。从法律依据和认定主体的角度来看，各国认定恐怖主义组织和恐怖人员的模式主要有两种：一是司法认定；二是行政认定。前者是最基本的认定模式，后者是对前者的有益补充。

根据2015年颁布的《反恐怖主义法》，我国采取司法认定与行政认定并行的“双轨制”模式，行政认定的主体是国家反恐怖主义工作领导机构，负责认定恐怖活动组织和人员，由国家反恐怖主义工作领导机构的办事机构予以公告。司法认定的主体是有管辖权的中级以上人民法院。有管辖权的中级以上人民法院在审判刑事案件的过程中，可以依法认定恐怖活动组织和人员。

我国的反恐怖主义法规定了认定恐怖组织和恐怖人员的主体、程序和认定后的法律要求。根据反恐怖主义法规定，认定恐怖活动组织和人员，由国家反恐怖主义工作领导机构的办事机构予以公告。国务院公安部门、国家安全部门、外交部门和省级反恐怖主义工作领导机构对于需要认定恐怖活动组织和人员的，应当向国家反恐怖主义工作领导机构提出申请。金融机构和特定非金融机构对国家反恐怖主义工作领导机构的办事机构公告的恐怖活动组织和人员的资金或者其他资产，应当立即予以冻结，并按照规定及时向国务院公安部门、国家安全部门和反洗钱行政主管部门报告。被认定的恐怖活动组织和人员对认定不服的，可以通过国家反恐怖主义工作领导机构的办事机构申请复核。国家反恐怖主义工作领导机构应当及时进行复核，作出维持或者撤销认定的决定。复核决定为最终决定。国家反恐怖主义工作领导机构作出撤销认定的决定的，由国家反恐怖主义工作领导机构的办事机构予以公告；资金、资产已被冻结的，应当解除冻结。根据刑事诉讼法的规定，有管辖权的中级以上人民法院在审判刑事案件的过程中，可以依法认定恐怖活动组织和人员。对于在判决生效后需要由国家反恐怖主义工作领导机构的办事机构予以公告的，适用有关规定。

笔者认为，对网络恐怖组织和人员的认定也适用上述认定模式、认定程序和有关法律规定。

第四节　联合国认定的恐怖组织

联合国专门建立了针对非国家的恐怖主义行为体的制裁机制。制裁恐怖主义的机制不但明示于联合国的具体决议，还体现于联合国制裁机构的运作实践中。与制裁恐怖主义有关的联合国机构分为两种：一种是常设机构，如1267委员会［依安全理事会1999年10月15日第1267（1999）号决议第6段设立］；另一种是临时性机构，如阿富汗问题监测组。制裁恐怖主义的机制由综合名单、冻结资产、旅游禁令和军火禁运四部分组成。综合名单由联合国成员国提出，经1267委员会确定，包括恐怖组织和成员以及与他们有关联的其他个人、集团、企业和实体的名称。综合名单是制裁机制的核心，其中包含了联合国需要制裁也是认定的恐怖组织。联合国认定的恐怖组织根据成员国提议，经过讨论进行修改。每经修改，联合国均发新闻稿并在官网张贴。

以下为截至2016年7月的联合国最新制裁的72个恐怖组织名单（资料来源于联合国官方网站，有关中文名称的翻译仅供参考）。

序号	名称	别名	地址	列入名单时间	备注
1	阿卜杜拉·阿扎姆旅	(a) Abdullah Azzam Brigades, (b) Ziyad al-Jarrah Battalions of the Abdallah Azzam Brigades, (c) Yusuf al-'Uyayri Battalions of theAbdallah Azzam Brigades	在黎巴嫩、叙利亚和阿拉伯半岛活动	2014—9—23	一个同黎巴嫩特人民努斯拉阵线联合开展袭击活动的武装团体。
2	阿布沙耶夫集团	Al Harakat Al Islamiyya	菲律宾	2001—10—6（修正日期 2011—12—13）	与伊斯兰祈祷团有关联。责任领导人是拉扎兰 萨希龙。根据安全理事会第1822（2008）号决议所做的审查2010年6月21日结束。
3	民主同盟军（民主力量同盟）	(a) 民主力量同盟——解放乌干达民族军 (b) 民主力量同盟/乌民族军 (c) 乌民族军	刚果民主共和国北基伍省，刚果民主共和国	2014—6—30	截至2014年12月，民主同盟军分裂成几个小团体。Jamil Mukulu领导一个团体，其中包括若干民主同盟军高级领导人，所处地点不明，很可能在北基伍省。Seka Baluku领导另一主要团体，在

续表

序号	名称	别名	地址	列入名单时间	备注
					北基伍省贝尼镇东北部森林里活动。此外，民主同盟军在刚果民主共和国、乌干达和卢旺达（可能还包括其他国家）拥有广泛的支助网络。
4	声援阿富汗委员会	（a）Lajnat ul Masa Eidatul Afghania（b）Jamiat Ayat-ur-Rhas al Islamiac（c）Jamiat Ihya ul Turath al Islamia（d）Ahya ul Turas	（a）Headquarters-G. T. Road（probably Grand Trunk Road），near Pushtoon Garhi Pabbi，白沙瓦，巴基斯坦（b）Cheprahar Hadda，Mia Omar Sabaqah School，Jalabad，阿富汗	2002—1—11（修正日期 2011—12—13）	与振兴伊斯兰遗产协会有关联。Abu Bakr al-Jaziri 担任阿富汗支持委员会的财务负责人。根据安全理事会第 1822（2008）号决议所做的审查 2010 年 6 月 8 日结束。
5	“以血签名者”战斗队	（a）Les Signataires par le Sang（b）Ceux Qui Signent avec le Sang（c）Those Who Sign in Blood	马里	2014—6—2	与伊斯兰马格里布基地有关联，并受穆赫塔尔·贝勒穆赫塔尔的领导。活跃在萨赫勒/撒哈拉地区。

续表

序号	名称	别名	地址	列入名单时间	备注
6	穆拉萨蒙营	（a）Les Enturbannés（b）The Veiled	（a）马里（b）尼日尔（c）阿尔及利亚	2012—6—2	2012年创建，本是从伊斯兰马格里布基地组织分离出来的一个组织。2013年8月20日，Al Moulathamoun与西非圣战统一运动合并，并建立了Al Mourabitoun。与伊斯兰马格里布基地有关联，由接受Mokhtar Belmokhtar的领导。活跃在萨赫勒/撒哈拉地区。
7	穆拉比通组织	（a）Les Sentinelles（b）The Sentinels	马里	无	2013年8月20日创建，是穆拉萨蒙营与西非圣战统一运动之间进行合并的结果。与伊斯兰马格里布基地有关联，并接受穆赫塔尔·贝勒摩赫塔尔的领导。活跃在萨赫勒/撒哈拉地区。

续表

序号	名称	别名	地址	列入名单时间	备注
8	哈拉曼和阿克萨清真寺慈善基金会	(a) Al Haramain Al Masjed Al Aqsa (b) Al Haramayn Al Masjid Al Aqsa (c) Al-Haramayn and Al Masjid Al Aqsa Charitable Foundation (d) Al Harammein Al Masjed Al-Aqsa Charity Foundation	(a) 分支机构地址：2A Hasiba Brankovica，萨拉热窝，波斯尼亚和黑塞哥维那 (b) 14 Bihacka Street，萨拉热窝，波斯尼亚和黑塞哥维那 (c) 64 Potur mahala Street，特拉夫尼克，波斯尼亚和黑塞哥维那 (d) 泽尼察，波斯尼亚和黑塞哥维那	2001—6—28（修正日期 2004—11—26，2008—9—16，2009—3—24）	曾在波斯尼亚和黑塞哥维那正式注册登记，登记号是24。哈拉曼和阿克萨清真寺慈善基金会因波斯尼亚和黑塞哥维那联邦司法部的决定关于停止运作的第03－05－2－203/04号决定已停止工作。至2008年12月，已经不复存在。其房舍和人道主义活动在政府的监督下已经移交给一个称为Sretna Buducnost的新实体。根据安全理事会第1822（2008）号决议所做的审查2010年6月22日结束。
9	哈拉曼基金会（印度尼西亚）	Yayasan Al-Manahil-Indonesia	(Jalan Laut Sulawesi Blok DII/4，Kavling Angkatan Laut Duren Sawit，Jakarta Timur13440	2004—1—26（修正日期 2012—3—21）	根据安全理事会第1822（2008）号决议所做的审查2010年6月15日结束。

续表

序号	名称	别名	地址	列入名单时间	备注
			印度尼西亚（列名时地址）；Tel.：021－86611265 and 021－86611266；Fax.：021－8620174）		
10	哈拉曼基金会（巴基斯坦）	无	伊斯兰堡，House #279，Nazimuddin Road，F－10/1，巴基斯坦（在列名时地址）	2004—1—26（修正日期2012—3—21）	根据安全理事会第1822（2008）号决议所做的审查，2009年10月19日结束。
11	哈拉曼基金会（科摩罗联盟）	无	Union of the Comoros（诞生地：科摩罗联盟，莫洛尼，1652（列名时地址）	2004—9—28（修正日期2012—3—21）	根据安全理事会第1822（2008）号决议所做的审查，2010年6月22日结束。

续表

序号	名称	别名	地址	列入名单时间	备注
12	哈拉曼伊斯兰基金会	（a）Vazir（b）Vezir	（a）特拉夫尼克（64 Foturmahala，波斯尼亚和黑塞哥维那）（b）萨拉热窝，波斯尼亚和黑塞哥维那	2002—3—13（修正日期2003—12—26，2008—9—16，2011—6—16）	至2007年11月接受波斯尼亚和黑塞哥维那当局的刑事调查。雇员和同伙包括 Najib Ben Mohamed Ben Salem Al-Waz（被列入名单，固定查询号码为 QDi. 104.）。根据安全理事会第1822（2008）号决议所做的审查，2010年6月22日结束。
13	哈拉曼伊斯兰基金会（索马里）	无	索马里	2002—3—13（修正日期2011—12—131，2015—6—15）	根据安全理事会第1822（2008）号决议所做的审查，2010年6月22日结束。
14	哈拉曼基金会阿富汗分会	无	阿富汗（列名时地址）	2004—7—6（修正日期2012—3—21）	根据安全理事会第1822（2008）号决议所做的审查，2010年6月22日结束。

续表

序号	名称	别名	地址	列入名单时间	备注
15	哈拉曼基金会阿尔巴尼亚分会	无	Irfan Tomini Street，#58，地拉那，阿尔巴尼亚（列名时地址）	2004—7—6（修正日期2012—3—21）	根据安全理事会第1822（2008）号决议所做的审查，2010年6月22日结束。
16	哈拉曼基金会孟加拉国分会	无	House 1，Road 1，S－6，达卡，孟加拉国（在列名时地址）	2004—7—6（修正日期2012—3—21）	根据安全理事会第1822（2008）号决议所做的审查，2010年6月22日结束。
17	哈拉曼基金会埃塞俄比亚分会	无	Woreda District 24 Kebele Section 13，Addis Ababa，埃塞俄比亚（列名时地址）	2004—7—6（修正日期2012—3—21）	根据安全理事会第1822（2008）号决议所做的审查，2010年6月22日结束。
18	哈拉曼基金会荷兰分会	Stichting Al Haramain Humanitarian Aid	Jan Hanzenstraat 114，1053SV，阿姆斯特丹，The Netherlands（列名时地址）	2004—7—6（修正日期2012—4—13，2015—6—15）	根据安全理事会第1822（2008）号决议所做的审查，2010年6月28日结束。

续表

序号	名称	别名	地址	列入名单时间	备注
19	哈拉曼基金会（肯尼亚）	无	（a）内罗毕，肯尼亚（在列名时地址）（b）加里萨，肯尼亚（在列名时地址）（c）达达阿布，肯尼亚（在列名时地址）	2004—1—26（修正日期2012—3—21）	根据安全理事会第1822（2008）号决议所做的审查，2010年6月22日结束。
20	哈拉曼基金会（坦桑尼亚）	无	（a）P. O. Box 3616，达累斯萨拉姆，坦桑尼亚联合共和国（在列名时地址）（b）坦噶，坦桑尼亚联合共和国（在列名时地址）（c）辛吉达，坦桑尼亚联合共和国（在列名时地址）	2004—1—26（修正日期2012—3—21）	根据安全理事会第1822（2008）号决议所做的审查，2010年6月22日结束。

续表

序号	名称	别名	地址	列入名单时间	备注
21	伊斯兰团结组织	无	无	2001—10—6（修正日期 2007—12—21，2011—12—13，2013—3—18）	据报道称，已经在索马里和埃塞俄比亚开展行动，并且已经与青年圣战运动（2012 年 2 月被艾曼·穆罕默德·拉比·扎瓦希里接纳为基地组织的附属组织）合并，目前已受到安全理事会关于索马里和厄立特里亚的第 1844（2008）号决议所述制裁措施的制裁（见 www.un.org/sc/committees/751/index.shtml）。领导人物包括哈桑·阿卜杜拉·哈尔西·图尔基和哈桑·达希尔·阿韦斯。伊斯兰团结组织一直通过哈拉曼伊斯兰基金会（索马里）接收资金。根据安全理事会第 1822（2008）号决议所做的审查，2010 年 6 月 21 日结束。

续表

序号	名称	别名	地址	列入名单时间	备注
22	黎凡特人民胜利阵线	(a) جبهة النصرة（the Victory Front；Jabhat al-Nusrah；Jabhet al-Nusra；Al-Nusrah Front；Al-Nusra Front）（b）شبكة أنصار المجاهدين（下属单位名称：Ansar al-Mujahideen 网）（c）مجاهدو الشام في ساحات الجهاد 下属单位名称：sub-unit name：Levantine Mujahideen on the Battlefields of Jihad	（a）（在叙利亚开展行动）（b）（伊拉克境内有支持网络）	2014—5—14	与“基地”组织和伊拉克“基地”组织领导人易卜拉欣·阿瓦德·易卜拉欣·阿里巴德里萨马赖有关联，至少自2012年1月起是这样。把叙利亚的战士和伊拉克“基地”组织及安萨尔联盟中的外国战士，还有“基地”组织的其他外国作业人员带来，加入叙利亚当地分子，以便在那里开展恐怖主义和游击战行动。曾在2013年5月30日至2014年5月13日之间作为伊拉克“基地”组织的别名被列入名单
23	“基地”组织	（a）‘The Base”（b）Al Qaeda（c）Islamic Salvation Foundation（d）The Group for the Preservation of the Holy Sites（e）The	无	2001—10—6（修正日期2009—3—5，2012—3—21）	根据安全理事会第1822（2008）号决议所做的审查，2010年6月21日结束。

续表

序号	名称	别名	地址	列入名单时间	备注
		Islamic Army for the Liberation of Holy Places（f）The World Islamic Front for Jihad Against Jews and Crusaders（g）Usama Bin Laden Network（h）Usama Bin Laden Organization（i）Al Qa'ida（j）Al Qa'ida/Islamic Army			
24	伊拉克“基地”组织	（a）AQI（b）al-Tawhid（c）the Monotheism and Jihad Group（d）Qaida of the Jihad in the Land of the Two Rivers（e）Al-Qaida of Jihad in the Land of the Two Rivers（f）The Organization of Jihad's Base in the Country of the Two Rivers（g）The Organization Base of Jihad/Country of	无	2004—10—18（修正日期 2004—12—21，2009—3—5，2011—12—13，2013—5—30，2014—5—14，2014—6—2）	根据安全理事会第 1822（2008）号决议所做的审查，2010 年 5 月 25 日结束。

续表

序号	名称	别名	地址	列入名单时间	备注
		the Two Rivers（h）The Organization Base of Jihad/Mesopotamia（i）Tanzim Qa'idat Al-Jihad fi Bilad al-Rafidayn（j）Tanzeem Qa'idat al Jihad/Bilad al Raafidaini（k）Jama'at Al-Tawhid Wa'al-Jihad（l）JTJ（m）Islamic State of Iraq（n）ISI（o）al-Zarqawi network（p）Islamic State in Iraq and the Levant			
25	阿拉伯半岛"基地"组织	（a）Al-Qaida of Jihad Organization in the Arabian Peninsula（b）Tanzim Qa'idat al-Jihad fi Jazirat al-Arab（c）Al-Qaida Organization in the Arabian Peninsula（AQAP）（d）Al-Qaida	无	2010—1—19（修正日期 2012—10—4，2015—6—15，2016—6—24）	半岛"基地"组织是"基地"组织的地区关联团体，主要在阿拉伯半岛开展活动。所在地：也门。另一所在地：沙特阿拉伯（2004—2006年）。2009年1月由也门"基地"组织与沙特阿拉伯"基地"组织特工人员联手组建。

续表

序号	名称	别名	地址	列入名单时间	备注
		in the South Arabian Peninsula (e) Ansar al-Shari'a (AAS)			半岛基地组织的领导人是卡西姆·穆罕默德·迈赫迪·里米。伊斯兰教法辅士组织是2011年由半岛基地组织组建的，该团体对也门发动的多起袭击政府和平民目标事件负责。
26	青年党	(a) AL-SHABAB (b) SHABAAB (c) THE YOUTH (d) MUJAHIDIN AL-SHABAAB MOVEMENT (e) MUJAHIDEEN YOUTH MOVEMENT (f) MUJAHIDIN YOUTH MOVEMENT (g) MYM (h) HARAKAT SHABAB AL-MUJAHIDIN (i) HIZBUL SHABAAB (j) HISB'UL SHABAAB (k) AL-SHABAAB AL-ISLAMIYA (l)	无	2010—4—12	无

续表

序号	名称	别名	地址	列入名单时间	备注
		YOUTH WING (m) AL-SHABAAB AL-ISLAAM (n) AL-SHABAAB AL-JIHAAD (o) THE UNITY OF ISLAMIC YOUTH (p) HARAKAT AL-SHABAAB AL-MUJAAHIDIIN (q) HARAKATUL SHABAAB AL MUJAAHIDIIN (r) MU-JAAHIDIIN YOUTH MOVE-MENT			
27	班加西伊斯兰教法辅士组织	(a) الشريعة صار (Ansar al Charia) (b) Ansar al-Charia (c) Ansar al-Sharia (d) Ansar al-Charia Benghazi (e) Ansar al-Sharia Benghazi (f) أنصار الشريعة بليبيا (A?sar al ?haria in Libya	(a)(在利比亚班加西活动)(b)(突尼斯支助网络)	2014—11—19	与伊斯兰马格里布基地组织、穆拉比通组织、突尼斯支持伊斯兰法组织（AAS-T）和德尔纳伊斯兰教法辅士组织有关联。领导人是 Mohamed al-Zahawi（未列名）。为前往叙利亚、伊拉克、马里的外国恐怖战斗人员开办训练营。

续表

序号	名称	别名	地址	列入名单时间	备注
		(ASL)) (g) أنصار كتيبة الشريعة (Katibat Ansar al Charia) (h) Ansar al Sharia			
28	德尔纳伊斯兰教法辅士组织	(a) Ansar al-Charia Derna (b) Ansar al-Sharia Derna (c) الشريعة أنصار (Ansar al Charia) (d) Ansar al-Sharia (e) Ansar al Sharia	(a) (在利比亚 Derna 和 Jebel Akhdar 活动) (b) (在突尼斯有支助网络)	2014—11—19	与伊斯兰马格里布基地组织、突尼斯支持伊斯兰法组织(AAS-T)和班加西伊斯兰教法辅士组织有关联。为前往叙利亚和伊拉克的外国恐怖战斗人员开办训练营。
29	伊斯兰辅助者组织	(a) Devotees of Islam (b) Jund al-Islam (c) Soldiers of Islam (d) Kurdistan Supporters of Islam (e) Supporters of Islam in Kurdistan (f) Followers of Islam in Kurdistan (g) Kurdish Taliban (h) Soldiers of God (i) Ansar al-Sunna Army (j) Jaish Ansar al-Sunna (k) Ansar al-Sunna	无	2003—2—24 (修正日期 2004—3—31, 2009—3—5, 2009—3—18, 2010—10—21, 2011—12—13)	创始人是纳杰姆丁·法拉杰·艾哈迈德(QDi. 226)。与伊拉克基地组织(QDe. 115)有关联。地点在伊拉克北部，也主要在那里活动，但也在伊拉克西部和中部保持存在。根据安全理事会第 1822(2008)号决议所做的审查，2010 年 6 月 21 日结束。

续表

序号	名称	别名	地址	列入名单时间	备注
30	突尼斯支持伊斯兰法组织（AAS-T）	（a）Ansar al-Sharia in Tunisia（b）Ansar al-Shari'ah in Tunisia（c）Ansar al-Shari'ah（d）Ansar al-Sharia（e）Supporters of Islamic Law（f）Al-Qayrawan Media Foundation	突尼斯	2014—9—23	一个同伊斯兰马格里布基地组织有联系的突尼斯武装团体。领导人是赛义法拉赫·本侯赛因（QDi. 333）.
31	伊斯兰后卫（安萨尔埃丁）	Ansar Dine	马里	2013—3—20	2011年12月由伊亚德·阿格加利（QDi. 316）创建。与伊斯兰马格里布基地和西非圣战统一运动有联系。与阿卜杜勒—马利克·德鲁克德尔（QDi. 232）有关联。

续表

序号	名称	别名	地址	列入名单时间	备注
32	黑非洲穆斯林守护者（安萨鲁）	（a）Ansaru（b）Ansarul Muslimina fi Biladis Sudan（c）Jama'atu Ansaril Muslimina fi Biladis Sudan（JAMBS）（d）Jama'atu Ansarul Muslimina fi Biladis-Sudan（JAMBS）（e）Jamma'atu Ansarul Muslimina fi Biladis-Sudan（JAMBS）（f）Vanguards for the Protection of Muslims in Black Africa（g）Vanguard for the Protection of Muslims in Black Africa	尼日利亚	2014—6—26	恐怖主义准军事团体，2012 年成立，在尼日利亚境内活动。与伊斯兰马格里布基地组织（AQIM）、“人民致力传播先知教导及圣战”（博科哈拉姆）（QDe. 138）和阿布巴卡尔·穆罕默德·谢卡乌（QDi. 322）有关联。
33	伊斯兰武装集团	（a）Al Jamm'ah Al-Islamiah Al-Musallah（b）GIA（c）Groupe Islamique Armé	阿尔及利亚	2001—10—6（修正日期 2008—4—7，2011—12—13）	根据安全理事会第 1822（2008）号决议所做的审查，2010 年 6 月 21 日结束。

续表

序号	名称	别名	地址	列入名单时间	备注
34	安萨尔联盟	无	Ein el-Hilweh camp，黎巴嫩	2001—10—6（修正日期2009—1—30，2011—12—13）	活跃于伊拉克北部。与伊拉克“基地”组织（QDe. 115）有关联。根据安全理事会第1822（2008）号决议所做的审查2010年6月21日结束。
35	萨拉菲斯特宣教保卫者组织	Djamaat Houmah Al-Dawah Al-Salafiat	阿尔及利亚	2003—11—11 修正日期 2004—11—26，2008—4—7，2010—1—5，2011—12—13）	与伊斯兰武装小组（GIA）（QDe. 006）和伊斯兰马格里布基地有关联。根据安全理事会第1822（2008）号决议所做的审查2009年7月30日结束。
36	东突厥斯坦伊斯兰运动	（a）The Eastern Turkistan Islamic Party（b）The Eastern Turkistan Islamic Party of Allah（c）Islamic Party of Turkestan（d）Djamaat Turkistan	无	2002—9—11（修正日期2008—10—3，2011—12—13）	活跃在中国、南亚和中亚。根据安全理事会第1822（2008）号决议所做的审查2010年5月20日结束。

续表

序号	名称	别名	地址	列入名单时间	备注
37	埃及伊斯兰圣战组织	(a) Egyptian Al-Jihad (b) Jihad Group (c) New Jihad (d) Al-Jihad (e) Egyptian Islamic Movement	无	2001—10—6（修正日期 2009—3—5，2011—12—13）	联合创建人是艾曼·穆罕默德·拉比·扎瓦希里（QDi. 006），他也是该组织的军事领导人。根据安全理事会第 1822（2008）号决议所做的审查 2010 年 6 月 21 日结束。
38	高加索酋长国	无	无	2011—7—29	主要活跃在俄罗斯联邦、阿富汗和巴基斯坦。受多库·哈马托维奇·乌马罗夫（QDi. 290）领导
39	解放卢旺达民主力量（卢民主力量）	(a) 卢民主力量 (b) 救世战斗军 (c) 解放卢旺达民主力量 (d) 救世战斗军	(a) 北基伍，刚果民主共和国 (b) 南基伍，刚果民主共和国	2012—12—31	电子邮件：Fdlr@fmx.de、fldrrse@yahoo.fr、fdlr@gmx.net、fdlrsrt@gmail.com、humura2020@gmail.com

续表

序号	名称	别名	地址	列入名单时间	备注
40	哈卡尼网络	无	无	2012—11—5	阿富汗霍格尔省与巴基斯坦北瓦济里斯坦之间的边境附近的塔利班战斗人员网络。由贾拉勒丁·哈卡尼（TAi. 040）供资，目前由其子西拉杰丁·杰拉卢丁·哈卡尼（TAi. 144）领导。其他例如名单的成员包括纳西尔丁·哈卡尼 i（TAi. 146），Sangeen Zadran Sher Mohammad（TAi. 152），阿卜杜勒阿齐兹·阿巴辛（TAi. 155），法兹勒·拉比 i（TAi. 157），艾哈迈德贾恩·瓦齐尔（TAi. 159），巴赫特·古尔（TAi. 161），阿卜杜勒拉乌夫·扎基尔（TAi. 164）。负责在阿富汗喀布尔省和其他省份开展自杀

续表

序号	名称	别名	地址	列入名单时间	备注
					式袭击和有针对性的刺杀活动以及绑架。与基地组织、乌兹别克斯坦的伊斯兰运动（QDe. 010）、巴基斯坦塔利班运动（QDe. 132）、拉什卡－金格维组织（QDe. 096）和穆罕默德军（QDe. 019）有联系。
41	HARAKAT SHAM AL-ISLAM	（a）Haraket Sham al-Islam（b）Sham al-Islam（c）Sham al-Islam Movement	阿拉伯叙利亚共和国	2016—2—29	摩洛哥人领导的恐怖主义组织，成立于2013年8月，在阿拉伯叙利亚共和国境内行动。主要由外国恐怖主义战斗人员组成，与黎凡特人民努斯拉阵线（QDe. 137）有关联。

续表

序号	名称	别名	地址	列入名单时间	备注
42	圣战者运动	a）Al-Faran b）Al-Hadid c）Al-Hadith d）Harakat Ul-Ansar e）HUA f）Harakat Ul-Mujahideen	巴基斯坦	2001—10—9（修正日期2011—12—13）	与穆罕默德军（QDe.019）、拉什卡—金格维组织（LJ）（QDe.096）及虔诚军（QDe.118）有关联。活跃于巴基斯坦和阿富汗。在巴基斯坦被禁。根据安全理事会第1822（2008）号决议所做的审查2010年6月21日结束。
43	伊斯兰圣战运动	a）HUJI b）Movement of Islamic Holy War c）Harkat-ul-Jihad-al Islami d）Harkat-al-Jihad-ul Islami e）Harkat-ul-Jehad-al-Islami f）Harakat ul Jihad-e-Islami	无	2010—8—6（修正日期2011—12—13）	1980年在阿富汗创立。1993年，伊斯兰圣战运动与圣战者运动（QDe.008）合并，形成安萨尔运动。1997年，伊斯兰圣战运动从安萨尔运动分裂出来，重用其先前的名字。开展行动之地为印度、巴基斯坦和阿富汗。在巴基斯坦被禁。

续表

序号	名称	别名	地址	列入名单时间	备注
44	亚丁伊斯兰军	无	无	2001—10—6	根据安全理事会第 1822（2008）号决议所做的审查 2010 年 7 月 9 日结束。
45	伊斯兰国际旅	a）The Islamic Peacekeeping Brigade b）The Islamic Peacekeeping Army c）The International Brigade d）Islamic Peacekeeping Battalion e）International Battalion f）Islamic Peacekeeping International Brigade	无	2003—3—4（修正日期 2011—12—13）	与里亚杜斯—萨利欣车臣烈士侦察破坏营（RSRSBCM）（QDe. 100）和伊斯兰特别军团（SPIR）（QDe. 101）有联系。根据安全理事会第 1822（2008）号决议所做的审查 2010 年 5 月 17 日结束。
46	伊斯兰圣战组织	a）Jama'at al-Jihad b）Libyan Society c）Kazakh Jama'at d）Jamaat Mojahedin e）Jamiyat f）Jamiat al-Jihad al-Islami g）Dzhamaat Modzhakhedov h）	无	2005—7—1（修正日期 2006—4—19，2008—2—20，2011—12—13）	由 Najmiddin Kamolitdinovich Jalolov（已故）和 Suhayl Fatilloevich Buranov（已故）创建与领导。与乌兹别克斯坦伊斯兰运动（QDe. 010）和和高加索酋长国

续表

序号	名称	别名	地址	列入名单时间	备注
		Islamic Jihad Group of Uzbekistan i) al-Djihad al-Islami j) Zεmaat Modzhakhedov Tsentralncy Asii k) Islamic Jihad Union			(QDe. 131) 有关联。活跃在阿富汗/巴基斯坦边境地区，中亚、南亚区域及某些欧洲国家。根据安全理事会第 1822（2008）号决议所做的审查 2010 年 5 月 20 日结束
47	乌兹别克斯坦伊斯兰运动	IMU	无	2001—10—6（修正日期 2011—12—13）	与东突厥斯坦伊斯兰运动（QDe. 088）、伊斯兰圣战组织（QDe. 119）及 Emarat Kavkaz（QDe. 131）有关联。活跃在阿富汗/巴基斯坦边境地区、阿富汗北部及中亚。根据安全理事会第 1822（2008）号决议所做的审查 2010 年 6 月 21 日结束。

续表

序号	名称	别名	地址	列入名单时间	备注
48	穆罕默德大军	Army of Mohammed	巴基斯坦	2001—10—17（修正日期2011—12—13）	基地设在巴基斯坦白沙瓦和穆扎法拉巴德。与圣战者运动（HUM）（QDe.008）、虔诚军（QDe.118）、阿赫塔尔国际信托（QDe.121）及伊斯兰圣战运动（QDe.130）有关联。在巴基斯坦被禁。根据安全理事会第1822（2008）号决议所做的审查2010年6月21日结束。
49	伊斯兰合作协会	a）Society of Islamic Cooperation b）Jam'iyat Al Ta'awun Al Islamiyya c）Jit	阿富汗，坎大哈市	2001—10—17（修正日期2011—12—13）	乌萨马·穆罕默德·阿瓦德·本·拉丹（已故）2001年创建。根据安全理事会第1822（2008）号决议所做的审查2010年6月21日结束。

续表

序号	名称	别名	地址	列入名单时间	备注
50	人民致力传播先知教导及圣战（博科哈拉姆）	a）Jama'atu Ahlus-Sunnah Lidda' Awati Wal Jihad b）Jama'atu Ahlus-Sunna Lidda' Awati Wal Jihad c）جماعة أهل السنة للدعوة والجهاد d）Boko Haram e）Western Education is a Sin	尼日利亚	2014—5—22	"基地"组织和伊斯兰马格里布"基地"（AQIM）的附属组织。与Jama'atu Ansarul Muslimina Fi Biladis-Sudan（Ansaru）有关联。领导人是Abubakar Shekau。
51	伊斯兰祈祷团	a）Jemaah Islamiyah b）Jemaah Islamiya c）Jemaah Islamiah d）Jamaah Islamiyah e）Jama'ah Islamiyah	无	2002—10—25（修正日期2011—12—13）	在东南亚，包括印度尼西亚、马来西亚和菲律宾开展行动。与阿布·沙耶夫组织（QDe. 001）有关联。根据安全理事会第1822（2008）号决议所做的审查2010年5月25日结束。

续表

序号	名称	别名	地址	列入名单时间	备注
52	真主统一团	a）Jemaah Anshorut Tauhid b）Jemmah Ansharut Tauhid c）Jem'mah Ansharut Tauhid d）Jamaah Ansharut Tauhid e）Jama'ah Ansharut Tauhid f）Laskar 99	Jl. Semenromo number 58，04/XV Ngruki，中爪哇，苏科哈尔佐，Jl. Semenromo number 58，04/XV Ngruki，Cemani，Grogol，0271 – 2167285，电子邮箱：info @ ansharuttauhid.com，印度尼西亚（电话：0271 – 2167285，电邮：info @ ansharuttauhid. com）	2012—3—12	由 Abu Bakar Ba'asyir（QDi. 217）创建和领导。2008 年 7 月 27 日在印度尼西亚梭罗设立。与伊斯兰祈祷团（QDe. 092）有关联。网站：http://ansharuttauhid. com/
53	阿尔及利亚哈里发国战士	a）Jund al Khalifa b）Jund al-Khilafah fi Ard al-Jaza'ir c）Jund al-Khalifa fi Ard al-Jazayer d）Soldiers of the Caliphate in	Kabylie region，阿尔及利亚	2015—9—29	2014 年 9 月 13 日出现。最出名的事是绑架了法国人 Herve Gourdel 并将其斩首。宣称对袭击阿尔及利亚的警察和宪兵负责，并继续策划今后的袭击行动。

续表

序号	名称	别名	地址	列入名单时间	备注
		Algeria e）Soldiers of the Caliphate of Algeria f）Soldiers of the Caliphate in the Land of Algeria			
54	朝鲜檀君贸易公司	无	平壤，朝鲜民主主义人民共和国	2009—7—16	朝鲜檀君贸易公司隶属朝鲜第二自然科学院，主要负责采购支持朝鲜国防研究和发展方案的物品和技术，包括但不限于大规模杀伤性武器和运载系统方案及采购，包括受相关多边管制制度控制或禁止的材料的采
55	KUT 国营棉纺织公司	a）纺织工业贸易中心/KUT b）KUT 工业公司	a）P. O. Box 25，Kut，伊拉克 b）Kut Opp，Al-Zahra TownAl-Zahra Town，伊拉克 c）P. O. Box 5613，South Gate，Kut，伊拉克	2004—4—26	无

续表

序号	名称	别名	地址	列入名单时间	备注
56	拉什卡—塔伊巴组织	a）Lashkar-e-Toiba b）Lashkar-i-Taiba c）al Mansoorian d）al Mansooreen e）Army of the Pure f）Army of the Righteous g）Army of the Pure and Righteous h）Paasban-e-Kashmir i）Paasban-i-Ahle-Hadith j）Pasban-e-Kashmir k）Pasban-e-Ahle-Hadith l）Paasban-e-Ahle-Hadis m）Pashan-e-ahle Hadis n）Lashkar e Tayyaba o）LET p）Jamaat-ud-Dawa q）JUD r）Jama'at al-Dawa s）Jamaat ud-Daawa t）Jamaat ul-Dawah u）Jamaat-ul-Dawa v）	无	2005—5—2（修正日期2005—11—3，2008—12—10，2012—3—14）	与虔诚军领导人 Hafiz Muhammad Saeed（QI.263）有关联。根据安全理事会第1822（2008）号决议所做的审查2010年6月8日结束。

续表

序号	名称	别名	地址	列入名单时间	备注
		Jama'at-i-Dawat w) Jamaiat-ud-Dawa x) Jama'at-ud-Da'awah y) Jama'at-ud-Da'awa z) Jamaati-ud-Dawa aa) Falah-i-Insaniat Foundation（FIF）			
57	利比亚伊斯兰战斗组织	LIFG	利比亚	2001—10—6（修正日期 2009—3—5，2011—12—13）	在阿富汗的成员2007年11月与基地组织合并。根据安全理事会第1822（2008）号决议所做的审查2010年6月21日结束。
58	上帝抵抗军	a）上帝军 b）上帝抵抗运动 c）上帝抵抗运动/军	a）瓦卡加省，中非共和国 b）上科托省，中非共和国 c）下科托省，中非共和国 d）上姆博穆省，中非共和国 e）姆博穆省，中非共和国 f）Haut-Uolo，刚	2016—3—7	1980年代出现在乌干达北部。参与绑架、杀害和残害中部非洲成千上万平民，包括中非共和国境内数百名平民。首领是约瑟夫·科尼（CFi. 009）。

续表

序号	名称	别名	地址	列入名单时间	备注
			果民主共和国 g）Bas-Uolo，刚果民主共和国 h）地址：凯菲亚金吉（苏丹和南苏丹边界上最后地位有待确定的地区）。（截至 2015 年 1 月，据报 500 名上帝抵抗军已被驱逐出苏丹。）		
59	“3·23”运动	3 月 23 日运动	无	2012—12—31	地址：mouvementdu23mars1 @ gmail. com
60	摩洛哥伊斯兰战斗小组	：a）Groupe Islamique Combattant Marocain b）GICM	摩洛哥	2002—10—10（修正日期 2009—3—5）	与伊斯兰马格里布基地有关联。根据安全理事会第 1822（2008）号决议所作的审查 2010 年 5 月 20 日结束。

续表

序号	名称	别名	地址	列入名单时间	备注
61	穆罕默德·贾迈勒网络（MJN）	a）Muhammed Jamal Group b）Jamal Network c）Abu Ahmed Group d）Al-Qaida in Egypt（AQE）	在埃及、利比亚和马里开展行动	2013—10—21	Muhammad Jamal al Kashif（QDi. 318）2011 年建立的恐怖主义准军事团体，与“基地”组织、Aiman al-Zawahiri 以及阿拉伯半岛“基地”组织（AQAP）（QDe. 129）和伊斯兰马格里布“基地”（AQIM）两个组织的领导人有联系。得到了阿拉伯半岛“基地”组织的资助和支持。在埃及和利比亚设有多个恐怖主义分子训练营地。据报道，购置武器、开展训练并在埃及西奈建立恐怖主义团体。截至 2013 年 9 月，一直训练自杀式爆炸手、外国战士并策划在埃及、利比亚及其他地方实施恐怖主义袭击。据报道，穆罕默德·贾迈勒网络成员参与了 2012 年 9 月 11 日对美国驻利比亚班加西使团的袭击。

续表

序号	名称	别名	地址	列入名单时间	备注
62	MUJAHIDIN Indonesian TIMUR（MIT）	a）Mujahidin of Eastern Indonesia b）East Indonesia Mujahideen c）Mujahidin Indonesia Timor d）Mujahidin Indonesia Barat（MIB）e）Mujahidin of Western Indonesia	印度尼西亚	2015—9—29	与伊拉克和黎凡特伊斯兰国［“伊斯兰国”，按伊拉克“基地”组织（QDe.115）列名］、伊斯兰祈祷团（QDe.092）和真主统一团（QDe.133）有关联的恐怖主义团体。在印度尼西亚的爪哇和苏拉威西行动，也活跃在印度尼西亚的东部各省。其领导人是Abu Wardah，别名Santoso（未列名）
63	争取西非唯一性与圣战运动（MUJAO）	无	a）马里 b）阿尔及利亚	2012—12—5	与伊斯兰马格里布“基地”及穆赫塔尔·贝勒穆赫塔尔有关联。活跃在萨赫勒/撒哈拉区域。

续表

序号	名称	别名	地址	列入名单时间	备注
64	苏莱曼酋长运动	a) Rajah Solaiman Islamic Movement b) Rajah Solaiman Revolutionary Movement	a) Barangay Mal-Ong，安达，邦阿西楠省，菲律宾 b) Sitio Dueg，Barangay Maasin，圣克莱门特，打拉省，菲律宾 c) Number 50，Purdue Street，Cubao，奎松市，菲律宾	2008—6—4（修正日期2011—12—13）	由希拉里翁．德尔罗萨里奥·桑托斯三世（QDi. 244）创建和领导。与阿布·沙耶夫组织（QDe. 001）、伊斯兰祈祷团（QDe. 092）、及卡扎菲·阿布巴卡尔·贾恩贾拉尼（QDi. 180）有关联。根据安全理事会第1822（2008）号决议所做的审查2010年5月13日结束。
65	振兴伊斯兰遗产协会	a) Revival of Islamic Society Heritage on the African Continent b) Jamia Ihya ul Turath c) RIHS d) Jamiat Ihia Al-Turath Al-Islamiya e) Al-Furqan Foundation Welfare Trust f) Al-Furqan Welfare Foundation	a) 巴基斯坦 b) 阿富汗	2002—1—11（修正日期2006—7—25，2009—3—5，2011—12—13，2015—6—15）	只有这个实体的巴基斯坦和阿富汗分部被指名。与阿布—贝克尔·贾齐里（QDi. 058）和阿富汗支持委员会（ASC）（QDe. 069）有关联。根据安全理事会第1822（2008）号决议所做的审查2010年6月8日结束。

续表

序号	名称	别名	地址	列入名单时间	备注
66	里亚杜斯—萨利欣车臣烈士侦察破坏营	a）Riyadus-Salikhin Reconnaissance and Sabotage Battalion b）Riyadh-as-Saliheen c）The Sabotage and Military Surveillance Group of the Riyadh al-Salihin Martyrs d）Firqat al-Takhrib wa al-Istitla al-Askariyah li Shuhada Riyadh al-Salihin e）Riyadus-Salikhin Reconnaissance and Sabotage battalion of Shahids（martyrs）	无	2003—3—4（修正日期2006—7—25，2011—12—13）	与伊斯兰国际旅（IIB）（QDe. 099）、伊斯兰特别使命军团（SPIR）（QDe. 101）及高加索酋长国（QDe. 131）有关联。根据安全理事会第1822（2008）号决议所做的审查2010年5月17日结束。
67	特别使命伊斯兰军团	a）The Islamic Special Purpose Regiment b）The al-Jihad-Fisi-Sabililah Special Islamic Regiment c）Islamic Regiment of Special Meaning	无	2003—3—4（修正日期2006—7—25，2011—12—13）	与伊斯兰国际旅（IIB）（QDe. 099）和里亚杜斯—萨利欣车臣烈士侦察破坏营（RSRSBCM）（QDe. 100）有联系。根据安全理事会第1822（2008）号决议所做的审查2010年5月17日结束。

续表

序号	名称	别名	地址	列入名单时间	备注
68	巴基斯坦塔利班	a）Tehrik-I-Taliban Pakistan b）Tehrik-e-Taliban c）Pakistani Taliban d）Tehreek-e-Taliban	无	2011—7—29（修正日期 2015—6—16）	巴基斯坦塔利班运动基地设在阿富汗/巴基斯坦边境的部族地区。2007 年成立，领导人是 Maulana Fazlullah（QDi. 352）。
69	移徙者和支持者军	a）Battalion of Emigrants and Supporters b）Army of Emigrants and Supporters organization c）Battalion of Emigrants and Ansar d）Jaysh al-Muhajirin wal-Ansar（JAMWA）	拉塔基亚省 Jabal-Turkuman 地区，Lattakia Governorate，阿拉伯叙利亚共和国	2015—8—6	由外国恐怖主义参战人员成立于 2013 年。地点：阿拉伯叙利亚共和国。隶属伊拉克和黎凡特伊斯兰国，列为伊拉克的基地组织（QDe. 115）和黎凡特人民胜利阵线（QDe. 137）。
70	伊斯兰马格里布基地组织	a）AQIM b）Al Qaïda au Maghreb islamique（AQMI）又称：a）Le Groupe Salafiste pour La Prédication et le Combat（GSPC）b）Salafist Group For Call and Combat	a）阿尔及利亚 b）马里 c）毛里塔尼亚 d）摩洛哥 e）尼日尔 f）突尼斯	2001—10—6（修正日期 2007—4—26，2008—4—7，2009—7—17，2011—12—13）	以阿卜杜勒—马利克。德鲁克德尔（QDi. 232）为首。行动区包括整个阿尔及利亚以及马里、毛里塔尼亚、尼日尔、突尼斯和摩洛哥等国的部分地区。根据安全理事会第 1822（2008）号决议所做的审查 2010 年 6 月 21 日结束。

续表

序号	名称	别名	地址	列入名单时间	备注
71	突尼斯战斗团	a）Groupe Combattant Tunisien b）Groupe Islamiste Combattant Tunisien c）GICT	突尼斯	2002—10—10（修正日期 2004—11—26，2009—3—5，2011—12—13）	与伊斯兰马格里布基地有关联。根据安全理事会第 1822（2008）号决议所做的审查 2010 年 5 月 6 日结束。
72	穆斯林民族复兴组织	无	喀布尔，阿富汗（a）阿富汗喀布尔，13 号街，Wazir Akbar Khan b）巴基斯坦）	2001—12—24（修正日期 2011—12—13）	其负责人包括马哈茂德·苏丹·巴希尔乌丁、马吉德·阿卜杜勒乔杜里和穆罕默德·图费勒。在巴基斯坦被禁。根据安全理事会第 1822（2008）号决议所做的审查 2010 年 6 月 21 日结束。

第五节　欧盟和部分国家认定的恐怖组织

下表是截至 2016 年欧盟和俄罗斯、英国、澳大利亚、土耳其、加拿大、印度、以色列、哈萨克、阿联酋等国认定的恐怖组织情况（用★标示为认定状态）。资料来源于维基百科英文网站，组织名称的中文翻译供参考。

序号	组织名称（中文）	组织名称（外文）	欧盟	俄罗斯	英国	澳大利亚	土耳其	加拿大	印度	以色列	哈萨克	阿联酋
1	阿卜杜拉·阿扎姆旅	Abdullah Azzam Brigades			★							★
2	阿布·尼达尔组织	Abu Nidal Organization	★		★			★				
3	阿布·沙耶夫组织	Abu Sayyaf			★	★		★				★
4	亚丁阿比扬伊斯兰军	Aden-Abyan Islamic Army			★			★				
5	埃及战士	AjnadMisr			★							
6	阿西尔巴拉特尼泊尔	Akhil Bharat Nepali EktaSamaj							★			
7	阿克萨基金会	al-Aqsa Foundation	★							★		
8	阿克萨烈士旅	al-Aqsa Martyrs' Brigades	★					★				
9	巴德尔组织	Al-Badr							★			

续表

序号	组织名称（中文）	组织名称（外文）	欧盟	俄罗斯	英国	澳大利亚	土耳其	加拿大	印度	以色列	哈萨克	阿联酋
10	伊斯兰组织	al-Gama'a al-Islamiyya	★	★	★			★				★
11	陌生人	Al Ghurabaa			★							
12	哈拉曼伊斯兰基金会	al-Haramain Foundation		★								
13	伊斯兰伊帝哈派	Al-Itihaad al-Islamiya			★			★				
14	卫兵	Al-Mourabitoun			★	★		★				
15	努斯拉阵线	Al-Nusra Front		★	★	★	★	★				★
16	盖达组织	al-Qaeda	★	★	★	★		★	★		★	★
17	盖达组织阿拉伯半岛分支	al-Qaeda in the Arabian Peninsula				★		★				★
18	“基地”组织印度次大陆分支	al-Qaeda in the Indian Subcontinent										
19	伊斯兰北非基地组织	al-Qaeda in the Islamic Maghreb		★		★		★				★
20	索马里青年党	Al-Shabaab			★	★		★				★
21	赎罪与迁徙组织	Takfirwal-Hijra	★									
22	圣战者基地	Al-Umar-Mujahideen							★			
23	全特里普拉猛虎军	All Tripura Tiger Force							★			

续表

序号	组织名称（中文）	组织名称（外文）	欧盟	俄罗斯	英国	澳大利亚	土耳其	加拿大	印度	以色列	哈萨克	阿联酋
24	伊斯兰教义组织（利比亚）	Ansar al-Sharia（Libya）			★							★
25	伊斯兰教义组织（突尼斯）	Ansar al-Sharia（Tunisia）			★							★
26	伊斯兰辅助者组织	Ansar al-Islam			★	★		★				★
27	伊斯兰大会党逊尼派信徒军	JamaatAnsar al-Sunna			★							
28	伊斯兰国西奈行省（耶路撒冷支持者）	Ansar Bait al-Maqdis			★							★
29	伊斯兰卫士	Ansar Dine										
30	安萨鲁	Ansaru			★							
31	阿尔及利亚伊斯兰军事组织	Armed Islamic Group of Algeria			★			★				
32	“基地”组织	Army of Islam										★
33	纳克什班迪教团军	Army of the Men of the Naqshbandi Order										
34	安萨尔联盟	Osbat al-Ansar		★	★			★				★
35	奥姆真理教	AumShinrikyo						★			★	

续表

序号	组织名称（中文）	组织名称（外文）	欧盟	俄罗斯	英国	澳大利亚	土耳其	加拿大	印度	以色列	哈萨克	阿联酋
36	巴巴尔·哈尔萨	BabbarKhalsa International	★		★			★	★			
37	俾路支解放军	Balochistan Liberation Army			★							
38	博科圣地	Boko Haram			★	★		★				★
39	高加索酋长国	Caucasus Emirate		★	★			★				★
40	慈善和声援巴勒斯坦委员会	Committee for Charity and Solidarity with Palestine								★		
41	印度共产党	Communist Party of India (Marxist-Leninist)							★			
42	菲律宾共产党/新人民军	Communist Party of the Philippines/New People's Army	★									
43	土耳其共产党（马列）	Communist Party of Turkey/ Marxist-Leninist					★					
44	火焰阴谋	Conspiracy of Fire Nuclei										
45	爱尔兰共和军	Continuity Irish Republican Army			★							
46	爱尔兰妇女议会	CumannnamBan			★							
47	宗教协会	DeendarAnjuman							★			
48	顿涅茨克人民共和国	Donetsk People's Republic										

续表

序号	组织名称（中文）	组织名称（外文）	欧盟	俄罗斯	英国	澳大利亚	土耳其	加拿大	印度	以色列	哈萨克	阿联酋
49	国家女儿	Dukhtaran-e-Millat							★			
50	东突厥斯坦信息中心	East Turkestan Information Center										
51	东突伊斯兰党	East Turkestan Islamic Party			★							★
52	东突厥斯坦解放组	East Turkestan Liberation Organization									★	
53	埃及伊斯兰圣战组织	Egyptian Islamic Jihad		★	★			★				
54	埃尔盖内孔	Ergenekon					★					
55	埃塔	ETA	★		★			★				
56	爱尔兰共和军	Fianna Éireann			★							
57	力量17	Force 17			★					★		
58	大东伊斯兰袭击者阵线	Great Eastern Islamic Raiders' Front	★				★					
59	灰狼	Grey Wolves									★	
60	哈马斯	Hamas	★		★	★		★		★		
61	卡桑旅	Izz ad-Din al-Qassam Brigades	★		★	★						
62	哈卡尼网络	Haqqani network			★			★				★
63	伊斯兰圣战运动	Harkat-ul-Jihad al-Islami			★							
64	孟加拉国伊斯兰圣战组织	Harkat-al-Jihad al-Islami in Bangladesh			★							

续表

序号	组织名称（中文）	组织名称（外文）	欧盟	俄罗斯	英国	澳大利亚	土耳其	加拿大	印度	以色列	哈萨克	阿联酋
65	圣战者运动	Harkat-ul-Mujahideen			★			★	★			
66	圣战者运动/阿拉米	Harakat-Ul-Mujahideen/Alami			★							
67	伊斯兰哈拉卡特深水	Harakat Sham al-Islam										
68	古勒卜丁伊斯兰党	Hezb-e IslamiGulbuddin			★			★				
69	黎巴嫩真主党	Hezbollah			★			★		★		★
70	库尔德真主党	Kurdish Hezbollah					★					
71	真主党（军事派）	Hezbollah（Military Wing）	★		★							★
72	真主党（外部安全组织）	Hezbollah（External Security Organisation）			★	★		★				★
73	真主党汉志分支	Hezbollah Al-Hejaz										★
74	哈里发国	HilafetDevleti					★					
75	伊扎布特	Hizbut-Tahrir		★							★	
76	真主穆斯林游击队	HizbulMujahideen	★						★			
77	哈法斯德网络	Hofstad Network	★									

续表

序号	组织名称（中文）	组织名称（外文）	欧盟	俄罗斯	英国	澳大利亚	土耳其	加拿大	印度	以色列	哈萨克	阿联酋
78	圣地救济与发展基金会	Holy Land Foundation for Relief and Development	★							★		
79	胡塞叛军	Houthis										★
80	印度圣战士	Indian Mujahideen			★				★			★
81	国际锡克青年同盟	International Sikh Youth Federation	★		★			★	★			
82	爱尔兰民族解放军	Irish National Liberation Army			★							
83	爱尔兰人民解放组织	Irish People's Liberation Organisation			★							
84	伊斯兰圣战组织—斯兰大会党游击队	Islamic Jihad-JamaatMujahideen		★								
85	伊斯兰圣战联盟	Islamic Jihad Union			★							
86	乌兹别克伊斯兰运动	Islamic Movement of Uzbekistan		★	★	★		★			★	★
87	伊拉克和黎凡特伊斯兰国（伊斯兰国）	Islamic State of Iraq and the Levant	★	★	★	★	★	★	★	★		★
88	伊斯兰国高加索省	Islamic State of Iraq and the Levant-Caucasus Province										

续表

序号	组织名称（中文）	组织名称（外文）	欧盟	俄罗斯	英国	澳大利亚	土耳其	加拿大	印度	以色列	哈萨克	阿联酋
89	伊斯兰国呼罗珊省	Islamic State of Iraq and the Levant-Khorasan Province										
90	伊斯兰国利比亚省	Islamic State of Iraq and the Levant-Libya Province										
91	伊斯兰国也门省	Islamic State of Iraq and the Levant-Yemen Province										
92	穆罕默德军	Jaish-e-Mohammed			★	★		★	★			★
93	移民和支持者武装	Jaish al-Muhajireenwal-Ansar						★				
94	古兰经回归社会	Jamaat al Dawa al Quran										
95	贫苦大众会	JamaatUl-Furquan			★							
96	自由组合	Jamaat-ul-Ahrar			★							
97	孟加拉国圣战者组织	Jamaat-ul-Mujahideen Bangladesh			★				★			
98	伊斯兰促进会	Jamiat al-Islah al-Idzhtimai		★								
99	伊斯兰安萨尔促进会	Jamiatul-Ansar				★						
100	伊斯兰促进会	Jamiat-e Islami		★								
101	伊斯兰祈祷团	Jemaah Islamiyah			★	★		★				
102	伊斯兰阿玛祈祷团	JamaahAnsharutTauhid										

续表

序号	组织名称（中文）	组织名称（外文）	欧盟	俄罗斯	英国	澳大利亚	土耳其	加拿大	印度	以色列	哈萨克	阿联酋
103	阿克萨部队	Jund al-Aqsa			★							
104	哈里发部队	Jund al-Khilafah			★							
105	深水部队	Jund al-Sham		★								
106	上帝之兵	Jundallah										
107	卡亨和卡哈纳柴	Kach and Kahane Chai						★		★		
108	康雷帕克共产党	Kangleipak Communist Party							★			
109	拯救曼尼普尔革命运动组织	KangleiYawolKannaLup							★			
110	伊拉克“真主党旅”	Kata'ib Hezbollah										★
111	卡利斯坦突击队	Khalistan Commando Force							★			
112	卡里斯坦万岁军	KhalistanZindabad Force	★						★			
113	伊斯兰教	Khuddamul-Islam			★							
114	迪葳	Komala										
115	库尔德斯坦民主党/北	Kurdistan Democratic Party/North					★					
116	库尔德斯坦自由猎鹰	Kurdistan Freedom Falcons	★		★							
117	库尔德工人党	Kurdistan Workers' Party	★		★	★	★	★			★	

续表

序号	组织名称（中文）	组织名称（外文）	欧盟	俄罗斯	英国	澳大利亚	土耳其	加拿大	印度	以色列	哈萨克	阿联酋
118	拉什卡·塔伊巴组织	Lashkar-e-Taiba		★	★	★		★	★			★
119	拉什卡·简戈维组织	Lashkar-e-Jhangvi			★	★		★				
120	泰米尔独立猛虎组织	Liberation Tigers of Tamil Eelam	★		★	★		★	★			
121	利比亚伊斯兰战斗组织	Libyan Islamic Fighting Group			★							
122	忠诚志愿军	Loyalist Volunteer Force			★							
123	卢甘斯克人民共和国	Lugansk People's Republic										
124	曼尼普尔人民解放阵线	Manipur People's Liberation Front							★			
125	印度毛派共产主义中心	Maoist Communist Centre of India							★			
126	马列主义共产党	Marxist-Leninist Communist Party					★					
127	摩洛哥伊斯兰战斗团	Moroccan Islamic Combatant Group			★							
128	西非团结圣战运动	Movement for Oneness and Jihad in West Africa						★				
129	东印尼圣战士	Mujahideen Indonesian Timur										

续表

序号	组织名称（中文）	组织名称（外文）	欧盟	俄罗斯	英国	澳大利亚	土耳其	加拿大	印度	以色列	哈萨克	阿联酋
130	耶路撒冷近郊圣战者协会	MujahideenShura Council in the Environs of Jerusalem										
131	穆斯林兄弟会	Muslim Brotherhood		★							★	★
132	波多民族民主阵线	National Democratic Front of Bodoland							★			
133	民族解放军	National Liberation Army	★					★				
134	特里普拉民族解放阵线	National Liberation Front of Tripura							★			
135	橙色志愿者	Orange Volunteers			★							
136	巴勒斯坦基地穆斯利马	Palestine al-muslima								★		
137	巴勒斯坦解放阵线	Palestine Liberation Front						★		★		
138	巴勒斯坦伊斯兰圣战组织	Palestinian Islamic Jihad	★		★	★		★				
139	巴勒斯坦救援发展基金—英特派	Palestinian Relief Development Fund-Interpal								★		
140	库尔德斯坦自由生活党	Party of Free Life of Kurdistan										

续表

序号	组织名称（中文）	组织名称（外文）	欧盟	俄罗斯	英国	澳大利亚	土耳其	加拿大	印度	以色列	哈萨克	阿联酋
141	伊奇克里亚和达吉斯坦共和国人民代表大会	People's Congress of Ichkeria and Dagestan		★								
142	曼尼普尔人民解放军	People's Liberation Army of Manipur							★			
143	伊朗人民圣战者组织	People's Mujahedin of Iran										
144	曼尼普尔邦人民革命党	People's Revolutionary Party of Kangleipak							★			
145	解放巴勒斯坦人民阵线	Popular Front for the Liberation of Palestine	★					★				
146	解放巴勒斯坦人民阵线总指挥部	Popular Front for the Liberation of Palestine-General Command	★		★			★				
147	临时爱尔兰共和军	Provisional Irish Republican Army			★							
148	圣城旅	Quds Force						★				
149	北爱尔兰	Real Irish Republican Army			★							
150	红色指挥部	Red Hand Commando			★							
151	红守卫队	Red Hand Defenders			★							
152	哥伦比亚革命武装力量	Revolutionary Armed Forces of Colombia	★					★				
153	11月17日革命组织	Revolutionary Organization 17 November			★							

续表

序号	组织名称（中文）	组织名称（外文）	欧盟	俄罗斯	英国	澳大利亚	土耳其	加拿大	印度	以色列	哈萨克	阿联酋
154	库尔德斯坦革命党	Revolutionary Party of Kurdistan					★					
155	革命人民解放党	Revolutionary People's Liberation Party-Front	★		★		★					
156	革命斗争	Revolutionary Struggle										
157	自由爱尔兰	Saor Éire			★							
158	挽救派	The Saved Sect			★							
159	博比—塞拉姆（圣城军）	Tevhid-Selam（Al-Quds Army）					★					
160	光辉道路	Shining Path	★					★				
161	西帕—萨哈吧组织/巴基斯坦	Sipah-e-Sahaba Pakistan			★							
162	伊斯兰传统复兴协会	Society of the Revival of Islamic Heritage		★								
163	斯蒂廷阿克萨	Stichting Al Aqsa	★									
164	印度学生伊斯兰运动	Students Islamic Movement of India							★			
165	高加索联合圣战者部队最高军事议会	Supreme Military Majlisul-Shura of the United Mujahideen Forces of Caucasus		★								

续表

序号	组织名称（中文）	组织名称（外文）	欧盟	俄罗斯	英国	澳大利亚	土耳其	加拿大	印度	以色列	哈萨克	阿联酋
166	塔利班	Taliban		★				★			★	★
167	执行先知法典运动	Tehreek-e-Nafaz-e-Shariat-e-Mohammadi			★							
168	巴基斯坦塔利班运动	Tehrik-i-Taliban Pakistan			★			★				★
169	泰米尔纳德邦解放军	Tamil Nadu Liberation Army							★			
170	泰米尔民族复兴部队	Tamil National Retrieval Troops							★			
171	塔齐姆	Tanzim								★		
172	阿尔斯特防卫协会	Ulster Defence Association			★							
173	阿尔斯特志愿军	Ulster Volunteer Force			★							
174	阿萨姆联合解放阵线	United Liberation Front of Assam							★			
175	联合解放阵线	United National Liberation Front							★			
176	哥伦比亚联合自卫军	United Self-Defense Forces of Colombia						★				
177	先锋政府	Vanguards of Conquest						★				
178	世界泰米尔运动	World Tamil Movement						★				

续表

序号	组织名称（中文）	组织名称（外文）	欧盟	俄罗斯	英国	澳大利亚	土耳其	加拿大	印度	以色列	哈萨克	阿联酋
179	世界维吾尔青年代表大会	World Uygur Youth Congress										
180	耶尔穆克烈士旅	Yarmouk Martyrs Brigade										

资料来源：https：//www. un. org/sc/suborg/zh/sanctions/un-sc-consolidated-list（访问时间：2016 年 7 月 23 日）

第六节 美国国务院认定的恐怖组织

美国中央情报局、联邦调查局、国务院等部门对国际恐怖组织的认定都有自己的标准，各部门根据自己的认定标准认定的结果并不完全一致。其中，美国国务院认定的恐怖组织名单具有代表性。

美国国务院每年都发布外国恐怖组织名单（Foreign Terrorist Organizations，简称 FTOS）。该名单并非一成不变，而是根据实际需要经常进行调整，这一做法充分反映了美国反恐目标的“单边主义”色彩。美国发布的外国恐怖组织名单，是由国务院国务卿依照美国移民与国籍法（INA）第 219 条（修订款）认定的。美国国务院认为，外国恐怖组织名单在反恐怖主义斗争中发挥关键作用，是遏制支持恐怖主义活动、消除恐怖主义威胁的有效手段。

美国国务院外国恐怖组织名单的网站地址为：http：//

www. state. gov/j/ct/rls/other/des/123085. htm 以及 http://www. state. gov/j/ct/rls/crt/2013/index. htm。

以下为2016年版（截至2016年7月）美国国务院认定的外国恐怖组织名单（59个，按时间顺序排列，组织名称的中文译文供参考）。

外文名称	中文名称
Abu Nidal Organization（ANO）	阿布·尼达尔组织
Abu Sayyaf Group（ASG）	阿布·萨耶夫组织
AumShinrikyo（AUM）	奥姆真理教
Basque Fatherland and Liberty（ETA）	巴斯克民族和自由组织
Gama'a al-Islamiyya（Islamic Group）（IG）	伊斯兰集团
HAMAS	哈马斯（伊斯兰抵抗运动）
Harakatul-Mujahidin（HUM）	圣战者运动
Hizballah	真主党
Kahane Chai（Kach）	保卫犹太人联盟
Kurdistan Workers Party（PKK）（Kongra-Gel）	库尔德工人党
Liberation Tigers of Tamil Eelam（LTTE）	泰米尔伊拉姆猛虎解放组织（猛虎组织）
National Liberation Army（ELN）	民族解放军
Palestine Liberation Front（PLF）	巴勒斯坦解放阵线
Palestinian Islamic Jihad（PIJ）	巴勒斯坦伊斯兰圣战组织
Popular Front for the Liberation of Palestine（PFLP）	解放巴勒斯坦人民阵线

续表

外文名称	中文名称
PFLP-General Command（PFLP-GC）	解放巴勒斯坦人民阵线总指挥部
Revolutionary Armed Forces of Colombia（FARC）	哥伦比亚革命武装力量
Revolutionary Organization 17 November（17N）	11 月 17 日革命组织
Revolutionary People's Liberation Party/Front（DHKP/C）	革命人民解放党/阵线
Shining Path（SL）	光辉道路
Al-Qa'ida（AQ）	"基地"组织
Islamic Movement of Uzbekistan（IMU）	乌兹别克斯坦伊斯兰运动
Real Irish Republican Army（RIRA）	真爱尔兰共和军
Jaish-e-Mohammed（JEM）	穆罕默德军
Lashkar-e-Tayyiba（LT）	军营
Al-Aqsa Martyrs Brigade（AAMB）	阿克萨烈士旅
Asbat al-Ansar（AAA）	安萨尔组织
Al-Qa'ida in the Lands of the Islamic Maghreb（AQIM）	伊斯兰马格里布基地组织
Communist Party of the Philippines/New People's Army（CPP/NPA）	菲律宾共产党/新人民军
Jemaah Islamiya（JI）	伊斯兰祈祷团
Lashkar-e-Jhangvi（LJ）	逊尼派穆斯林激进组织
Ansar al-Islam（AAI）	伊斯兰辅助者组织
Continuity Irish Republican Army（CIRA）	持久爱尔兰共和军

续表

外文名称	中文名称
Libyan Islamic Fighting Group（LIFG）	利比亚伊斯兰战斗组织
Islamic State of Iraq and the Levant（ISIL）（formerly al-Qa'ida in Iraq）	伊拉克和黎凡特伊斯兰国（原伊拉克“基地”组织）
Islamic Jihad Union（IJU）	伊斯兰圣战联盟
Harakatul-Jihad-i-Islami/Bangladesh（HUJI-B）	孟加拉国伊斯兰圣战运动
Al-Shabaab	索马里青年党
Revolutionary Struggle（RS）	革命挑战
Kata'ibHizballah（KH）	真主党
Al-Qa ‘ ida in the Arabian Peninsula（AQAP）	“基地”组织阿拉伯半岛分支
Harakatul-Jihad-i-Islami（HUJI）	伊斯兰圣战运动
Tehrik-e Taliban Pakistan（TTP）	巴基斯坦塔利班组织
Jundallah	真主旅
Army of Islam（AOI）	伊斯兰军
Indian Mujahedeen（IM）	印度圣战者组织
Jemaah AnshorutTauhid（JAT）	唯一真主游击队（印尼）
AbdallahAzzam Brigades（AAB）	阿卜杜拉阿扎姆旅
Haqqani Network（HQN）	哈卡尼网络
Ansar al-Dine（AAD）	安莎戴尼组织
Boko Haram	博科圣地（伊斯兰国西非省）
Ansaru	安萨鲁
Al-Mulathamun Battalion	血盟者
Ansar al-Sharia in Benghazi（AAS-B）	伊斯兰教法虔信者组织班加西分支

续表

外文名称	中文名称
Ansar al-Sharia in Darnah（AAS-D）	伊斯兰教法虔信者组织德尔纳分支
Ansar al-Sharia in Tunisia（AAS-T）	伊斯兰教法虔信者组织突尼斯分支
AnsarBayt al-Maqdis	耶路撒冷支持者组织
Al-Nusrah Front	叙利亚胜利阵线
Mujahidin Shura Council in the Environs of Jerusalem（MSC）	环耶路撒冷圣战者协会

资料来源：http：//www. state. gov/j/ct/rls/other/des/123085. htm（访问时间：2016 年 7 月 15 日）

第七节　中国认定的恐怖组织和人员

截至 2016 年 7 月，中国公安部发布了三批恐怖组织和恐怖人员名单，公布了 4 个恐怖组织，包括“东突厥斯坦伊斯兰运动”（“东伊运”）、“东突厥斯坦解放组织”（“东突解放组织”）、“世界维吾尔青年代表大会”和“东突厥斯坦新闻信息中心”（“东突信息中心”）。这些恐怖组织均成立于境外，从 20 世纪 90 年代以来，在中国新疆等地和有关国家策划、组织、实施了一系列爆炸、暗杀、纵火、投毒、袭击等恐怖暴力活动。中国公安部还公布了 25 名“东突”恐怖分子。第一批名单包括多里坤·艾沙、阿不都吉力力·卡拉卡西、阿不都卡德尔·亚甫泉、阿不都米吉提·买买提克里木、阿不都拉·卡日阿吉、阿不力米提·吐尔逊、胡达拜尔地·阿西尔白克、亚生·买买提、阿塔汗·阿不都艾尼等。详见下表。

中国公安部认定的恐怖组织

名称	认定批次	认定时间（年）	基本情况	建立时间	负责人	备注
东突厥斯坦伊斯兰运动（THE EASTERN TURKISTAN ISLAMIC MOVEMENT）	第一批	2003	又称“东突厥斯坦伊斯兰党”、“真主党”、“东突厥斯坦民族革命阵线”、“东突伊斯兰运动”，简称“东伊运”。是“东突”恐怖势力中最具危害性的恐怖组织之一。其宗旨是通过恐怖手段分裂中国，在新疆建立一个政教合一的“东突厥斯坦伊斯兰国”。	1993 年，新疆和田人买买提·托乎提和阿不都热合曼纠集一伙“东突”分子在境外建立，同年解体。1997 年，艾山·买合苏木和阿不都卡德尔·亚甫泉纠集一伙“东突”分子，在境外恢复建立“东伊运”。	艾山·买合苏木	2002 年 9 月 11 日被联合国认定为恐怖组织

续表

名称	认定批次	认定时间（年）	基本情况	建立时间	负责人	备注
东突厥斯坦解放组织（THE EASTERN TURKISTAN LIBERATION ORGANIZATION）	第一批	2003	简称“东突解放组织”，又称“东突民族党”，是“东突”势力中最具危害性的恐怖组织之一。其宗旨是通过暴力恐怖手段，在新疆建立“东突厥斯坦”。	1996年在土耳其建立，总部设在伊斯坦布尔。创建人为买买提明·艾孜来提，主要负责人有吾买尔·卡那提、多里坤·艾沙、吾布力·卡斯木等。	买买提明·艾孜来提	
世界维吾尔青年代表大会（THE WORLD UYGUR YOUTH CONGRESS）	第一批	2003	又称“国际维吾尔青年联盟”、“世界维吾尔青年联盟”、“世界东突青年代表大会”，由一伙从中国新疆出境的维吾尔人和旅居境外的中国新疆人后裔联手成立，是一个旨在将新疆从中国分裂出去的恐怖组织。	1996年11月，第一届“世界维吾尔青年代表大会”在德国慕尼黑市召开。	多里坤·艾沙	

续表

名称	认定批次	认定时间（年）	基本情况	建立时间	负责人	备注
东突厥斯坦新闻信息中心（THE EAST TURKISTAN INFORMATION CENTER）	第一批	2003	又称“东土耳其斯坦信息中心”，“东突信息联络中心”，“东突信息中心”，系由一伙旅居德国的中国新疆籍民族分裂分子纠集建立的，旨在中国境内发展网络，策划从事暴力恐怖活动、进行极端宗教和“圣战”宣传煽动的恐怖组织。	1996 年 6 月在德国慕尼黑市建立	阿不都吉力力·卡拉卡西	网络恐怖主义组织

中国公安部认定的恐怖分子

姓名	认定批次	认定时间	基本情况	备注
艾山·买合苏木	第一批	2003	又名艾山·苏木提、阿不都·穆罕默德、哈桑·宗杜罗赫，维文 HESEN MEHSUM，英文 HASAN MAHSUM，男，维吾尔族，1964 年出生，原籍中国新疆喀什地区疏勒县阿拉甫乡 12 村 5 组，小学文化，农民，恐怖组织“东突厥斯坦伊斯兰运动”头目。	2003 年 10 月被巴基斯坦政府军击毙
买买提明·艾孜来提	第一批	2003	维文 MAMTIMIN HAZRAT，英文 MUHANMET EMIN HAZRET，男，维吾尔族，1950 年出生，大学文化，原籍中国新疆和田地区墨玉县，原在新疆电影制片厂工作，1989 年出逃土耳其，恐怖组织“东突解放组织”头目。	
多里坤·艾沙	第一批	2003	维文 DOLKUN AISA、英文 DOLQUN ISA，男，维吾尔族，1967 年 9 月 2 日出生，中国新疆阿克苏市人，高中文化程度。恐怖组织“东突解放组织”主要骨干，多年担任恐怖组织“世界维吾尔青年代表大会”头目。	

续表

姓名	认定批次	认定时间	基本情况	备注
阿不都吉力力·卡拉卡西	第一批	2003	维文 ABDUJELIL KARIKAX，英文 ABUDUJELILI KALAKASH，男，维吾尔族，1960 年出生，新疆和田地区墨玉县人。恐怖组织“东突厥斯坦信息中心”头目，恐怖组织“世界维吾尔青年代表大会”主要骨干。	
阿不都卡德尔·亚甫泉	第一批	2003	原名为阿不都卡德尔·艾买提，维文 ABDUKADIR UAPQAN，英文 ABUDUKADIR YAPUQUAN，男，维吾尔族，1958 年出生，原籍中国新疆喀什地区疏附县亚甫泉乡，初中文化。1997 年，与艾山·买合苏木一起出逃境外，系恐怖组织“东突厥斯坦伊斯兰运动”主要骨干。	
阿不都米吉提·买买提克里木	第一批	2003	维文 ABDUMIJIT MAMATKRIM，英文 ABUDUMIJIT MUHAMMATKELIM，又名孜比布拉，男，维吾尔族，1967 年 9 月出生，初中文化，中国新疆喀什地区疏附县人，组织策划多起持枪杀人、抢劫案及爆炸案。1996 年 7 月持假护照出逃境外，恐怖组织“东突厥斯坦伊斯兰运动”骨干。	

续表

姓名	认定批次	认定时间	基本情况	备注
阿不都拉·卡日阿吉	第一批	2003	原名为阿不都拉·达吾提，维文 ABDULLA KARIAJI，英文 ABUDULA KARIAJI，男，维吾尔族，1969 年 12 月生，初中文化，中国新疆喀什地区莎车县人，恐怖组织“东突厥斯坦伊斯兰运动”主要骨干。	
阿不力米提·吐尔逊	第一批	2003	维文 ABLIMIT TURSUN，英文 ABULIMIT TURXUN，男，维吾尔族，1964 年 5 月出生，中国新疆乌鲁木齐市人，恐怖组织“东突解放组织”骨干。	
胡达拜尔地·阿西尔白克	第一批	2003	维文 HUDABARDIY HAXERBAK，英文 HUDABERDI HAXERBEK，男，维吾尔族，1970 年 8 月出生，中国新疆伊宁县榆群翁回族乡买买亚尔村 1 组人，恐怖组织“东突解放组织”骨干。	
亚生·买买提	第一批	2003	维文 YASEN MAMMAT，英文 YASEN MUHAMMAT，化名亚森·卡日，男，维吾尔族，1964 年出生，初中文化，已婚，中国新疆喀什地区泽普县波斯卡木乡 11 村 6 组人。	

续表

姓名	认定批次	认定时间	基本情况	备注
阿塔汗·阿不都艾尼	第一批	2003	维文 ATAHAN ABDUHENI，英文 ATAHANABUDUHANI，男，维吾尔族，1964 年 5 月出生，小学文化，中国新疆喀什地区叶城县洛克乡 9 村 3 组人。	
买买提明·买买提	第二批	2008	英文：MEMETIMING MEMETI，曾用名：买买提明·阿西木（英文：MEMETIMING AXIMU），化名：阿不都哈克（英文：ABUDUHAKE）、买买提明·切克曼（英文：MEMETIMING QEKEMAN）、木合里斯（英文：MUHELISI）、赛甫丁（英文：SAIFUDING），男，1971 年 10 月 10 日出生，中国国籍，小学文化，身份证号码：653225197110100533，系联合国认定的恐怖组织“东突厥斯坦伊斯兰运动”（以下简称“东伊运”）的头目。	
艾买提·亚库甫	第二批	2008	英文：EMETI YAKUF），化名：艾布·阿不都热合曼（英文：AIBU ABUDUREHEMAN）、赛甫拉（英文：SAIFULA），男，1965 年 3 月 14 日出生，中国国籍，小学文化，身份证号码：653127196503140336，系联合国认定的恐怖组织“东伊运”的骨干成员。	

续表

姓名	认定批次	认定时间	基本情况	备注
买买提吐尔逊·依明	第二批	2008	英文：MEMETITUERSUN YIMING，又名：阿不都艾尼（英文：ABUDUAINI），男，1974 年 8 月 30 日出生，中国国籍，中专文化，身份证号码：65302119740830003X，系联合国认定的恐怖组织“东伊运”的骨干成员。	
买买提吐尔逊·阿布杜哈力克	第二批	2008	英文：MEMETITUERSUN ABUDUHALIKE，又名：买吐送·阿不都哈里克（英文：METUSUN ABUDUHA-LIKE），化名：安萨瑞（英文：ANSARUI）、乃吉木丁（英文：NAIJIMUDING），男，1976 年 6 月 1 日出生，中国国籍，初中文化，身份证号码：653222197606014576，系联合国认定的恐怖组织“东伊运”的骨干成员。	
夏米斯丁艾合麦提·阿布都米吉提	第二批	2008	英文：XIAMISIDINGAIHEMAITI ABUDUMIJITI，化名：赛依德（英文：SAIYIDE），男，1972 年 11 月 2 日出生，中国国籍，大学文化，身份证号码：653101197211020819，现持用名为沙拉木·买买提明的伪假护照，护照号码：F4095444，系联合国认定的恐怖组织“东伊运”的骨干成员。	

续表

姓名	认定批次	认定时间	基本情况	备注
艾可米来·吾买尔江	第二批	2008	英文：AIKEMILAI WUMAIERJIANG，男，1977年6月1日出生，中国国籍，初中文化，身份证号码：654126197706010012，护照号码：G16627443，系联合国认定的恐怖组织“东伊运”的成员，夏米斯丁艾合麦提·阿布都米吉提恐怖活动小组骨干成员。	
牙库甫·麦麦提	第二批	2008	英文：YAKUF MEMETI，护照使用名：阿不都吉力力·艾买提（英文：ABUDUJILILI AIMAITI），化名：阿布都拉（英文：ABUDULA），绰号：旁遮普（英文：PUNJAB），男，1976年1月28日出生，中国国籍，中专文化，身份证号码：652927760128101，护照号码：P. 2631544，系联合国认定的恐怖组织“东伊运”的骨干成员。	
吐尔孙·托合提	第二批	2008	英文：TUERSUN TOHETI，化名：木拜西尔（英文：MUBAIXIER）、努如拉（英文：NURULA），男，1975年6月20日出生，中国国籍，高中文化，身份证号码：653125750620041，系联合国认定的恐怖组织“东伊运”的骨干成员。	

续表

姓名	认定批次	认定时间	基本情况	备注
努尔麦麦提·麦麦提敏	第三批	2012	化名：阿不都许库尔、阿不都许库尔大毛拉、努尔买买提大毛拉、艾布萨米提，男，1965 年 7 月 19 日出生，中国国籍，小学文化，身份证号：653222196507194052，系联合国认定的恐怖活动组织“东突厥斯坦伊斯兰运动”（以下简称“东伊运”）的主要骨干。	
阿布都克尤木·库尔班	第三批	2012	化名：阿不都艾则孜、比拉力、孜克日亚，男，1982 年 7 月 9 日出生，中国国籍，高中文化，身份证号：653101198207092013，护照号：G03429958，系联合国认定的恐怖活动组织“东伊运”的主要骨干。	
帕如哈·吐尔逊	第三批	2012	化名：艾布·穆罕默德，男，1972 年 1 月 23 日出生，中国国籍，初中文化，身份证号：650202197201230053，系联合国认定的恐怖活动组织“东伊运”的主要骨干。	

续表

姓名	认定批次	认定时间	基本情况	备注
吐送江·艾比布拉	第三批	2012	化名：艾尔肯，男，1981年3月22日出生，中国国籍，高中文化，身份证号：653201198103220514，护照号：G13715589，系联合国认定的恐怖活动组织“东伊运”的主要骨干。	
努尔麦麦提·热西提	第三批	2012	别名：努尔艾合买提；化名：赛依甫拉，男，1970年12月27日出生，中国国籍，小学文化，身份证号：653121197012273210，系联合国认定的恐怖活动组织“东伊运”骨干成员。	
麦麦提依明·努尔麦麦提	第三批	2012	英文姓名：MamatIminNurmamat，男，1983年6月5日出生，中国国籍，初中文化，身份证号：653125198306051496，系联合国认定的恐怖活动组织“东伊运”成员，国际刑警组织通缉人员，通缉令编号：A-1304/3-2010。	

第八节　中国认定恐怖组织和恐怖人员的标准

一、第一批认定恐怖组织和恐怖人员的标准

第一批认定恐怖组织的具体标准是：1. 以暴力恐怖为手段，从事危害国家安全，破坏社会稳定，危害人民群众生命财产安全的恐怖活动的组织（不论其总部在国内还是国外）。2. 具有一定的组织领导分工或分工体系。3. 符合上述标准，并具有下列情形之一：（1）曾组织、策划、煽动、实施或参与实施恐怖活动，或正在组织、策划、煽动、实施或参与实施恐怖活动；（2）资助、支持恐怖活动；（3）建立恐怖活动基地，或有组织地招募、训练、培训恐怖分子；（4）与其他国际恐怖组织相勾结、接受其他国际恐怖组织资助、训练、培训，或参与其活动。

第一批认定恐怖分子的具体标准是：1. 与恐怖组织发生一定的联系，在国内外从事危害国家安全和人民群众生命财产安全的恐怖活动的人员（不论其是否加入外国国籍）。2. 符合上述条件，并具有下列情形之一：（1）组织、领导、参与恐怖组织；（2）组织、策划、煽动、宣传或教唆实施恐怖活动；（3）资助、支持恐怖组织和恐怖分子进行恐怖活动；（4）接受上述恐怖组织或其他国际恐怖组织资助、训练、培训或参与其活动。

二、第二批“东突”恐怖分子认定的主要依据

主要依据是：《中华人民共和国刑法》及《刑法修正案(三)》；《中华人民共和国国家安全法》及其实施细则；中国加入的联合国《制止恐怖主义爆炸的公约》《制止向恐怖主义提供资助的国际公约》等一系列反恐怖国际公约，以及联合国安理会通过的第1267号、1373号、1456号、1624号等反恐决议。

三、第三批认定恐怖活动人员的主要依据

主要依据是：《中华人民共和国刑法》及《刑法修正案(三)》；《中华人民共和国国家安全法》及其实施细则；全国人民代表大会常务委员会《关于加强反恐怖工作有关问题的决定》；中国加入的联合国《制止恐怖主义爆炸的公约》《制止向恐怖主义提供资助的国际公约》等一系列反恐怖国际公约，以及联合国安理会通过的第1267号、1373号、1456号、1624号等反恐决议。

第九节 需要关注的恐怖组织

当前，比较活跃的国际恐怖组织中，以“伊斯兰国”组织和“基地”组织两大体系最为突出，影响力最大、危害最严重。对中国危害最大的恐怖组织是以“东伊运”恐怖组织为代表的“东突”势力。

一、“伊斯兰国”组织[①]

“伊斯兰国”（阿拉伯语：الدولةالإسلامية，英语：Islamic State，缩写：IS），前称“伊拉克和大叙利亚伊斯兰国”（英语：Islamic State of Iraq and al Shams，缩写：ISIS），阿拉伯国家和部分西方国家称之为“达伊沙”（DAESH），是一个自称建国的活跃在伊拉克和叙利亚的极端恐怖组织。

国际公认的伊斯兰国发展过程如下：2003 年以前以“基地”组织伊拉克分支的名义开展活动，2006 年，由“基地”组织伊拉克分支联合 11 个伊斯兰极端团伙组成。该组织前身在伊拉克成立“伊拉克伊斯兰国”。“al Shams”的意思是“大叙利亚”，即叙利亚、黎巴嫩、约旦、以色列和巴勒斯坦。该组织的目标是消除二战结束后现代中东的国家边界，在伊拉克、叙利亚和黎巴嫩等地区建立伊斯兰逊尼派哈里发国家，然后向伊斯兰居民占多数的国家扩展。2014 年夏天，“伊斯兰国”武装分子在一个月时间内控制了伊拉克北部和西部地区几个大城市；6 月 10 日占领伊拉克第二大城市曼苏尔，名声大震；6 月 29 日，该组织领袖阿布·贝克尔·巴格达迪自称为哈里发，8 月份宣布建立“伊拉特与黎凡特伊斯兰国”，因无国家承认，遂更名为“伊斯兰国”，并称对整个穆斯林世界（包括历史上阿拉伯帝国曾统治的地区）拥有权威地位。

该组织的首领和指挥官主要来自于沙特，战斗人员来自世界各地，主要为伊拉克、叙利亚的武装分子，还有来自俄罗斯、德国的武装分子。此前，该组织曾在叙利亚内战中经过长期的战斗

---

① 资料来源：http：//baike. baidu. com/view/13695125. htm # reference – [12] – 14249139 – wrap（访问时间：2016 年 7 月 19 日）

考验和训练，具有一定的战斗力。该组织短短数年扩张迅速，争夺叙利亚和土耳其的边界地带，把当地反对派组织“北方暴风”旅赶出了阿扎兹（Azaz），还把另一个控制中的边境城镇改名为“贾拉卜卢斯酋长国”。

绝对的宗教狂热是“伊斯兰国”的思想基础。“伊斯兰国”称，“谁不与我们在一起，谁就是异教徒，他的生命和财产就可以占用”。同时，该组织还用丰厚的报酬维系宗教理想。该组织行为极为残暴，使用斩首、火刑、性奴、挫骨扬灰、集体屠杀、教派灭绝、毁灭文明等手段，促成诸多基地分支改旗易帜，成为该组织的“省”或盟友。近几年，该组织在法国巴黎等地多次制造暴恐事件，并威胁袭击伦敦、纽约和华盛顿等地，炸毁俄罗斯民航客机，处死来自日本、挪威和中国的人质。该组织的财政来源主要是开采出售石油、人质赎金、税收和罚金、走私毒品。

公开资料显示，该组织积极利用互联网等现代社交手段宣传暴力恐怖思想，扩大其全球影响力，其宣传和招募大量运用美国社交网站 Facebook（通常译为“脸谱”）、Twitter（通常译为“推特”）和视频网站 YouTube（通常译为“优兔”）、手机应用软件 APP 等工具，其发布制作的精美宣传片，对蛊惑极端主义分子起到了推波助澜的作用。

联合国安理会 1999 年通过第 1267 号决议、2011 年通过第 1989 号决议对“伊斯兰国”组织进行国际制裁。2014 年 2 月，美国认定“伊斯兰国”组织为恐怖组织，同年 9 月，美国组建了一个包括英国、法国等 54 个国家和欧盟、北约以及阿盟等地区组织在内的国际联盟以打击“IS”。2015 年 11 月 20 日联合国安理会一致通过决议，以最强烈言辞谴责极端组织“伊斯兰国”制造的恐怖袭击，呼吁国际社会“采取一切必要措施”予以打击。2016 年以来，该组织在国际社会的联手打击下丢失了大部分控制区，有生力量也受到了一定程度的打击，目前正处于防守地盘时期。

二、“基地”组织[①]

“基地”组织（阿拉伯文：قاعدة，意为基地），又被称为“盖达组织”、“卡伊达组织”、“阿盖达组织”，是一个伊斯兰教军事组织，1988年成立于阿富汗，被指策划了“9·11”事件等多起针对美国的恐怖袭击。美国政府一直声称“9·11”事件是由“基地”组织策动，最初“基地”组织否认这一指控。西方媒体称，随后的情报资料包括“基地”组织的文件、录像带、磁带记录显示，本·拉登参与了该行动的策划。该组织被联合国安理会列为世界恐怖组织。

国际社会公认，该组织系苏联入侵阿富汗后期由沙特阿拉伯富商本·拉登创立，其最初目的是以此组织为基地，训练和指挥与入侵阿富汗的苏联军队战斗的阿富汗义勇军。苏军撤退后，目标转为针对美国和伊斯兰世界的“腐败政权”，消灭全世界入侵伊斯兰世界的西方国家，以建立一个纯正的伊斯兰国家。该组织主要在中亚、中东地区活动，最高领导是以本·拉登为首的中央委员会，下设4个专门职能委员会。该组织重视训练，内容包括学习原教旨主义教义、轻型武器、计算机和互联网的使用等。

2011年5月1日，本·拉登在巴基斯坦首都伊斯兰堡郊外的一栋建筑物内被美军海豹突击队击毙，次日美国总统奥巴马宣布基地组织领导人本·拉登已死亡。2011年6月16日，“基地”组织发表声明称，在领袖本·拉登被美军在巴基斯坦击毙后，任命埃及人艾曼·扎瓦希里为新的领导人。虽然本·拉登被击毙，

① 资料来源：http：//baike.baidu.com/view/920168.htm（访问时间2016年7月19日）。

但“基地”组织势力并没有消亡，反而以蛙跳路线不断扩散，快速发展。在美军逐渐撤离伊拉克和阿富汗后，这些地区宗教极端势力迅猛发展，各种因素造成地区安全形势更加复杂。

“基地”组织是全球性恐怖组织，主要活跃在中东，与分布在黎巴嫩南部、埃及、利比亚、也门、叙利亚、菲律宾、埃塞俄比亚，与争取脱离俄罗斯的车臣共和国的恐怖组织有密切联系，与“东突厥斯坦运动”也有联系。该组织有以下直接分部：也门伊斯兰圣战组织、伊拉克基地组织、伊斯兰马格里布基地组织、叙利亚努斯拉阵线、索马里青年党（圣战青年运动）、埃及伊斯兰圣战组织、利比亚伊斯兰战斗团、印度尼西亚伊斯兰祈祷团、马里纳赛尔主义独立运动和东突厥斯坦伊斯兰运动（东突恐怖组织）等。

与其他恐怖组织相比，“基地”组织的成员众多，据专家估算，“基地”组织在全球拥有5万以上成员。“基地”组织将现实矛盾与伊斯兰宗教紧密结合在一起，赋予圣战以新的意义，形成一整套圣战思想，吸引了大批狂热的宗教极端分子。“基地”组织领导人将公司管理方式应用于恐怖活动的指挥运作中，形成了全球性组织网络。目前，“基地”组织各分支机构运作独立，逐渐本土化。

有学者对“基地”组织与“伊斯兰国”组织的战略差异及走势进行了专门分析，认为在当前国际恐怖主义发展态势中，“基地”组织与“伊斯兰国”组织分庭抗礼，存在明显的竞争关系，两者所追求的战略目标明显不同。“基地”组织旨在通过进攻美国等“远敌”以扩大自身的支持基础，而“伊斯兰国”则在于巩固并扩大其建立的所谓“哈里发国家”。两个组织的行动战略也有明显差异，主要体现在三个方面：对于攻取领土的态度、对于大众支持的立场以及对待下属组织和其他“圣战”组织的方式。行动战略不同导致两者的发展前景也同中有异。“伊斯兰国”扩张迅猛恣肆一时，但前景不妙，面临诸多困境；“基地”近年来行动能力有所下降但仍具有一定的生存空间。“基地”与“伊斯兰国”的走势对国际社会均构成了挑战。两者之间激烈的战略竞争，不仅影响它们之间的关系及发展演变，而且将对国际反恐形势产生难以预料的影响。

三、 东突厥斯坦伊斯兰运动[①]

公开资料显示，东突厥斯坦伊斯兰运动是“东突”恐怖势力中最具危害性的恐怖组织之一。又称东突厥斯坦伊斯兰党、真主党、东突厥斯坦民族革命阵线、东突伊斯兰运动，简称“东伊运”（英语：East Turkestan Islamic Movement，英文缩写：ETIM）。1993 年新疆和田人买买提·托乎提和阿不都热合曼在阿富汗发起成立，同年解体。1997 年艾山·买合苏木和阿不都卡德尔·亚甫泉恢复建立该组织。同年，策划了新疆乌鲁木齐公共汽车爆炸案。该组织在吉尔吉斯斯坦、阿富汗、乌兹别克斯坦、巴基斯坦等地设有分支，宗旨是通过恐怖手段分裂中国，在新疆建立一个政教合一的所谓“东突厥斯坦伊斯兰国”。该组织挑选、招募从新疆外逃的分裂分子、刑事犯罪分子和暴力恐怖分子，秘密接受专门训练，从事恐怖活动。

从 1990 年代至 2001 年，该组织策划实施了超过 200 起恐怖活动，造成至少 162 人死亡，超过 440 人受伤。该组织和“基地”组织在资金上有密切来往，许多成员曾在阿富汗接受过由“基地”组织和塔利班资助的恐怖主义训练。2001 年至 2007 年

---

① 资料来源：http：//www. bing. com/knows/search？ q = % e4% b8% 9c% e7% aa% 81% e5% 8e% a5% e6% 96% af% e5% 9d% a6% e4% bc% 8a% e6% 96% af% e5% 85% b0% e8% bf% 90% e5% 8a% a8&mkt = zh – cn（2016 年 7 月 19 日访问）

期间，该组织受到美国、巴基斯坦的打击遭受重创。2007 年后，该组织重新活跃起来，是危害性最为突出的东突恐怖组织。据媒体报道，巴基斯坦北部山区部落区沦为东突分子境外的恐怖活动策源地。

该组织曾针对 2008 年北京奥运会部署搜集资料、招募人员、筹集资金策划实施恐怖活动。2013 年 11 月 24 日，"东突" 组织发布视频认领了 2013 年 10 月 28 日中午发生在天安门前金水桥边的一起汽车冲撞致人伤亡案件。该组织称该事件为“圣战者”发动的“圣战行动”。2002 年 9 月 11 日，联合国安理会正式将该组织列入恐怖主义组织名单，对其实行制裁措施。该组织网上宣传煽动、组织策划活动十分活跃，频繁发布恐怖视频鼓动进行圣战。

四、 东突厥斯坦解放组织

公开资料显示，东突厥斯坦解放组织是“东突”势力中最具危害性的恐怖组织之一。又称“东突民族党”。简称“东突解放组织”。1996 年在土耳其建立，总部设在伊斯坦布尔，创建人为买买提明·艾孜来提（新疆和田墨玉人），主要负责人有吾买尔·卡拉提、多力坤·艾沙、吾布力·卡斯木等。该组织宗旨是通过暴力恐怖手段在新疆建立“东突厥斯坦”。

该组织在我国和中亚地区实施了一系列暴力恐怖活动，主要通过武装抢劫、走私武器和毒品等获取资金，并得到“基地”组织的援助。

五、 世界维吾尔代表大会

公开资料显示，世界维吾尔代表大会是“东突”恐怖组织之一。2004年4月在德国慕尼黑成立，简称“世维会”，（拉丁维文：Dunya Uyghur Qurultiyi；缩写：DUQ，英语：World Uyghur Congress，缩写：WUC），是以“东突厥民族大会”（成立于土耳其伊斯坦布尔）和“世界维吾尔青年代表大会”（成立于德国慕尼黑）组织为主、统合其他相关组织成立的恐怖组织。2003年，“世界维吾尔青年代表大会”被公安部确定为恐怖组织后自行解散，全面融入“世维会”。“世维会”组织总部设在德国慕尼黑市，在20多个国家建立了数十个分支机构。该组织下设主席、常委会、秘书处、宣传中心、出版中心等机构，现任主席热比娅·卡德尔（1951年生于新疆阿勒泰市，现定居美国）。该组织热衷推行东突国际化，曾组织策划了新疆乌鲁木齐“7·5”事件，是新疆民族分裂势力中危害最大的组织。

该组织及其分支机构在境外建立了大量网站进行宣传煽动活动。该组织发言人迪里夏提常在包括境外网络媒体在内的各种媒体上发表言论。

六、东突厥斯坦新闻信息中心

公开资料显示，东突厥斯坦新闻信息中心是“东突”恐怖组织之一。又称“东土耳其斯坦信息中心”、“东突信息联络中心”。简称“东突信息中心”（英语：The East Turkistan Information Center），由旅居德国的新疆籍民族分裂分子于1996年6月在德国慕尼黑建立，创始人、第一任“主席”为新疆墨玉县人阿不都吉力力·卡拉卡西。该组织旨在中国境内发展网络，策划从事暴力恐怖活动，进行极端宗教和“圣战”宣传的恐怖组织。组织成员有两部分：一是以记者、发行人身份出现的工作人员；二是在境内外发展的所谓的新闻提供者。

该组织长期利用媒体特别是互联网进行恐怖主义、极端主义、分裂主义宣传，煽动、教唆以暴力恐怖手段进行“圣战”，公开号召针对汉族幼儿园、学校和政府等目标进行恐怖活动，积极声援“东突”恐怖主义、极端主义、分裂主义活动。通过互联网向境内“东突”分子秘密传授爆炸物、毒剂等制作方法，并策划发动暴力恐怖袭击。

第十节　网络恐怖组织

从媒体报道情况看，当前比较活跃的网络恐怖组织基本上是隶属于各恐怖组织的网络组织，与恐怖组织无隶属关系的、纯正的网络恐怖组织相对较少。现有的比较活跃的、值得关注的网络恐怖组织有的隶属于“伊斯兰国”恐怖组织体系，有的隶属于“基地”恐怖组织体系，有的隶属于“东突”恐怖势力，还有少量从事网络恐怖攻击活动的网络组织。

笔者梳理了近年来媒体报道过的以及其他公开资料披露的情况，认为以下网络组织符合网络恐怖组织的标准和条件，并且值得关注。

一、网络哈里发

据国外媒体报道，网络哈里发（Cyber Caliphate）是2014年末由来自英国伯明翰的青年朱奈德·侯赛因（JunaidHussain）建立的“伊斯兰国”组织中的黑客团队，专门从事网络恐怖活动。

媒体报道称，朱奈德·侯赛因在英国长大，其黑客之路始于11岁，15岁时建立了自己的黑客团队Team Poison。该黑客团队曾宣称黑过Facebook创始人马克·扎克伯格（Mark Zuckerberg）

的个人网页，入侵过北约、英国国防部网站。2012 年该人因网络袭击布莱尔被判入狱 6 个月。在监狱中，侯赛因从黑客转变成 IS 组织黑客团队负责人。2013 年被保释出狱后，侯赛因前往叙利亚拉卡效力 IS 恐怖组织。

公开资料显示，“伊斯兰国”是首个拥有网络黑客分支的恐怖组织。2015 年，“伊斯兰国”开始对世界各地的目标发动网络袭击，曾侵入美国新闻机构网站、法国市政府网站、科威特议会网站，甚至还攻陷过《国际商业时报》和《新闻周刊》的社交网 Twitter（推特）账户。他们利用网络方式发现至少两名反 IS 活动人员的真实身份，其后两名反 IS 活动人员于 2015 年 7 月被伊斯兰国处决。2015 年 1 月，侯赛因通过美军中央司令部 Twitter（推特）账户对其 10.9 万名追随者发布信息称：“美国士兵们，我们来了，留神你们的背后！”他还曝光了美军高级军官的联系信息，并在美军中央司令部的 YouTube 视频分享网上发布 IS 宣传视频。2015 年 8 月，侯赛因在拉卡郊外被美军空袭击毙，年仅 21 岁。美军空袭前，美国黑客曾利用侯赛因的网络工具反击他，设下圈套引诱他点击含有恶意文件的链接，曝光了他的上网 IP 地址（网络地址）和具体地理位置。①

据媒体报道，美国国防部前网络犯罪调查员吉姆·克里斯蒂（Jim Christy）认为，“基地”组织和“IS”组织的行事风格完全不同，“基地”组织利用技术保护自己，而“IS”则利用其进行宣传和进攻。公开资料显示，“基地”组织有自己的网站，甚至曾为恐怖分子发布专门的加密通讯软件，但其几乎从未发动过网络攻击。而“IS”组织则利用笔记本电脑和互联网发动“超越边境式攻击”，包括入侵网站、接管 Twitter 账户、散布宣传资料

① http://tech.163.com/16/0617/15/BPP7NN8600097U7R.html（2016 年 7 月 18 日访问）

等。据媒体披露，2016 年 4 月，“IS”已将旗下不同黑客组织合并为联合哈里发组织（United Cyber Caliphate）。

二、联合网络哈里发

公开资料显示，联合网络哈里发（英文 United Cyber Caliphate，简称 UCC），又名“伊斯兰国互联网防御者”组织，由支持“伊斯兰国”的黑客组成的网络恐怖组织，被视为 IS 的官方网络部队。据 Techworm 网站报道，2016 年 4 月 4 日，哈里发网络军（CCA）联合哈里发军之子（SCA）与 Kalacnikov. TN（KTN）等共同建立起联合网络哈里发（UCC）。媒体披露，该组织曾破坏网站、发布暗杀名单、为“伊斯兰国”支持者提供网络技术资源。该组织曾在 4 个月内发布 9 份“暗杀名单”。2016 年 6 月发布了一份 8300 名的“暗杀名单”，包括美国人、澳大利亚人、英国人、加拿大人等。据中东媒体研究院（Middle East Media Research Institute）称，它在一个支持“伊斯兰国”的账号最先发现这份名单。该名单囊括了 43 位效力于五角大楼、国土安全部、国务院以及其他多个机构的美国政府雇员姓名，还有 151 名加拿大人。其公开的信息包括人员姓名、电话号码、所在城市及目标地邮政编码。联合网络哈里发的成员通过加密即时通信应用 Telegram（电报）传播这份“暗杀名单”。

另外，名单中还确定将美国驻圣地亚哥与加德满都以及密西西比州格尔夫波特海军基地作为攻击目标。有分析认为，IS 发布暗杀名单不一定是真的要杀害名单上的人，让普通民众感到恐惧、让警方奔波繁忙才是恐怖分子真正的目的。此外，公开资料显示，2015 年 5 月，联合网络哈里发黑客团队还曾威胁对美国及欧洲开展“电子战”。

三、圣战帮助站[①]

公开资料显示，“圣战帮助站”（Jihadi Help Desk），是恐怖组织IS提供24小时网络服务的网站，约有6名IS组织高级成员运营，主要用于帮助招募新成员，了解如何使用加密和私人信息平台等。美国“对抗恐怖主义中心”（Combating Terrorism Center）反恐专家亚伦·布拉特利（Aaron Brantly）在媒体采访时认为，该组织负责回答各种各样与技术有关的问题，并鼓励所有圣战组织在全球进行恐怖活动。该帮助站能够让恐怖分子以更快捷的方式进行沟通。布拉特利还称，运行“圣战帮助站”的人至少拥有信息技术领域大学甚至硕士研究生水平。他们在世界各地还有帮助者，在各个方面提供帮助。他说，当他们签名呼吁穆斯林参加祷告时，你可能感觉到他们的存在，因为这种传统发生在每天的五个特定时间。他们非常集中，几乎在世界各个地方都存在。让新招募的成员和不太懂技术的人跟上最新隐私技术的发展趋势，对于IS来说可以降低袭击或网络入侵阴谋被发现的危险。

四、“基地”电子军

公开资料显示，“基地”电子军是隶属于基地组织的网络恐怖机构。2015年1月20日，“基地”组织（Al-Qaeda）发布视频，宣布成立名为“电子圣战基地”的新的分支。同年1月22日，“电子圣战基地”在WorldAnalysis. net网站上发布公告公开宣告成立。该组织在“基地”组织成员“Yahya al-Nemr”的指挥下开展

---

① http：//www. aiweibang. com/yuedu/66456172. html

“网络圣战”，并在推特上创建了官方账号。该组织成立后频频出手，先后攻击美陆军网站以及美国政府、金融、电力、供水部门网站，并扬言在网络空间对美国“全面宣战”。媒体披露，2015年1月23日，“基地”电子军针对美国coyalta商业贸易网站等多个网站发起了系列网络攻击，篡改了网站页面。同年2月17日，攻击篡改了意大利电信公司Telecom Italia S. p. A的网站。3月20日，入侵了多个国家和地区的监控摄像设备，包括美国、墨西哥、捷克、德国、西班牙、俄罗斯、台湾及芬兰等。

公开资料显示，2015年2月，“电子圣战基地”对我国一些互联网网站进行了攻击，并上传了宣传“基地”组织圣战理念和“伊斯兰国（IS）”旗帜的页面。从媒体披露的情况看，“电子圣战基地”组织网络攻击的目标多为小型网站以及一些管理不严的地方政府网站，采取的手法主要是篡改网站页面，留下恐怖组织标识、宣传口号等，目的是在国际上制造影响、炫耀攻击能力、宣扬“圣战”思想。

第十一节　网络恐怖活动人员

一、恐怖活动人员

我国的反恐怖主义法对什么是恐怖活动人员进行了明确的界定。根据该法第3条规定，恐怖活动人员是指实施恐怖活动的人和恐怖活动组织的成员。据此，恐怖活动人员包括两种：一种是恐怖活动组织成员。包括组织、领导、参加恐怖活动组织的人员，在恐怖活动组织中从事恐怖活动准备、宣传煽动、恐怖活动培训、恐怖活动融资等活动的人员。凡是参加恐怖活动组织的，无论是否实施了恐怖活动，都应当认定为恐怖活动人员。一种是不属于恐怖活动组织而单独实施恐怖活动的人员，如临时参加恐怖活动的人员，独立实施恐怖活动的人员，即俗称“独狼式”恐怖活动人员。

有专家对有数据记录以来查获的恐怖活动人员进行过统计学分析，发现恐怖活动人员大多数是年轻人，故得出结论称恐怖主义是年轻人的“职业”。统计数据显示，世界各地恐怖分子的年龄多数在 30 岁以下，集中在 22 至 25 岁年龄段。恐怖活动人员的年龄在 20 世纪 70 年代末和 80 年代总体上呈下降趋势，但 20 世纪 90 年代以来这一下降趋势有所逆转。从目前的情况看，年轻化与低龄化仍是恐怖活动人员的主流。有观点认为，16 至 22 岁的年轻人最容易被培养成恐怖分子。这个年龄段的人冲动、盲目，经过训练后可以培养成为毫不质疑、任凭恐怖组织头目支配与指挥的无情杀手。数据显示，恐怖分子中还不乏少年甚至儿童。特别是随着宗教极端主义思想的泛滥，不少年龄较大的人甚至老年人也加入到恐怖活动中，恐怖分子的年龄有多样化发展趋势，但总体上是年轻人居多。

统计数据显示，从性别和婚姻状况看，世界各地的恐怖活动人员多数是男性，并且未婚。研究发现，恐怖组织的骨干成员大多数是男性，80% 以上的重大恐怖活动是由男性恐怖分子指挥、领导和实施的。但是，有的恐怖组织女性成员的比例相当突出，如“黑寡妇”之类的恐怖组织。而且，女性恐怖分子往往比男性恐怖分子更加强硬、更加狂热、更加忠诚、更加凶残、更有承受痛苦的能力。不少自杀式恐怖袭击者是女性。

二、 网络恐怖活动人员

网络恐怖活动人员是指恐怖活动组织中从事网络恐怖活动的

人员和实施网络恐怖活动的人。据此定义，网络恐怖活动人员包括两种：一种是恐怖活动组织中从事网络恐怖活动的人员；一种是不一定属于恐怖活动组织而实施网络恐怖活动的人员，包括独立实施网络恐怖活动的“独狼”。

三、“独狼”恐怖人员

专家将独自从事恐怖活动的恐怖分子称为“独狼”。有研究认为，“独狼”恐怖主义（英语：A lone wolf、Lone Wolf Terrorism），又称“个体化恐怖主义”，是指用恐怖主义行为支持一些团体、社会运动或意识形态，但独自策划、执行。此种恐怖分子与恐怖组织之间没有联络，各种活动皆独自行动，故称为“独狼”。“独狼”在实践中难以预防或发现。有人认为，“独狼”恐怖主义是最符合无领袖抵抗和不对称攻击理论的恐怖主义。“独狼”恐怖主义往往不属于任何一个恐怖组织，也不受任何恐怖组织的资助，大多是本土滋生的。“独狼”恐怖主义产生的动机复杂，目标刻意，行动隐蔽，使得恐怖活动具有不可预测性。不少“独狼”具有极端思想，如果受到网络宣传煽动的“教化”影响，随时有可能被激活实施暴力恐怖行动。从表面上看，“独狼行动”不受任何恐怖组织授意和资助，是独来独往的个人行为。但实际上，“独狼”已经受到恐怖主义宣传的侵蚀，其中互联网充当了“染缸”。网上教唆的“鼓励”，现实事件的“示范”，都会使“独狼”产生对现实社会的反叛和报复，以及献身等畸形心理。有专家认为，极端主义性质的精神病患者也是一种新型的独狼式恐怖人员。独狼恐怖主义在具备条件的时候可能向独狼黑客恐怖主义发展。而且，“独狼”恐怖手段往往十分残忍，选择实施恐怖活动的地点多数是火车站、大型聚会、商场等人流密集场所，使用的是自制炸弹、砍刀、汽车等作案工具，目标精准，由此引发极大的伤亡，造成严重的社会恐慌。

“伊斯兰国”恐怖组织看到了独狼恐怖主义的作用和影响力，竭力通过网络宣传，在全球各地鼓动其追随者实施“独狼”个人恐怖袭击活动。统计数据表明，从2005年至2014年，西方国家有近3/4的恐怖袭击死难者死于独狼个人恐怖袭击。

由于“独狼”具有不确定性和突发性特点，国际社会对此种类型的恐怖主义予以了高度关注。美国国家安全专家认为，在所有的恐怖分子中，最难对付的就是单独行动的“独狼”恐怖分子。2010年2月，时任美国中情局局长的莱昂·帕内塔指出，“独狼”恐怖袭击是美国应该重点关注的国家安全威胁。2011年7月22日发生的造成77人遇难的挪威奥斯陆和于特岛恐怖袭击事件，以及2013年美国波士顿发生的马拉松爆炸案等恐怖袭击事件，提醒反恐部门要重视“独狼”恐怖袭击带来的安全威胁。

有专家归纳了“独狼”恐怖人员的特点：第一，受恐怖主义宣传煽动和思想渗透的影响；第二，不属于哪个恐怖组织，系个人行动，或自发形成的小团体行为；第三，对现实极度不满；第四，具有突发性，不易预警防范。“独狼”恐怖人员多数自我封闭，不能融入当地社会文化，自我激进特征明显，根深蒂固的怨恨心态和宗教意识形态的影响是激进思想产生的基础。网络极端主义的煽动是激进思想爆发的催化剂。从“独狼”恐怖主义的心理看，有羡慕需求型、荣誉追求型、英雄崇拜型、个人浪漫型和激进利他等多种心理类型。

第三章

网络恐怖主义的形态

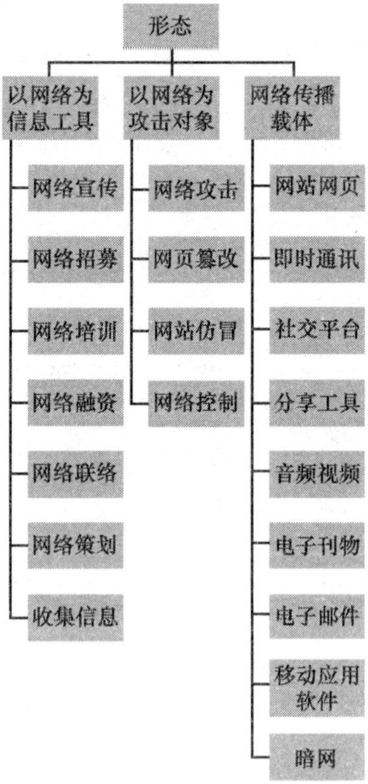

阅读导图

第一节 网络恐怖主义形态的定义

形态，即事物的形式或状态，是指事物在一定条件下的表现形式。网络成为恐怖主义活动空间与网络发展的历程密切相关。恐怖主义在利用网络这个新空间、新领域、新平台开展恐怖活动的过程中，逐渐形成了与传统恐怖主义不同的新形态。一方面，恐怖组织利用网络改变了组织结构形态。另一方面，网络为恐怖活动提供了新的活动手段和目标。众所周知，传统的恐怖主义主要是运用爆炸、枪击、砍人、车撞、纵火、绑架等暴力手段，而网络恐怖主义是运用互联网进行宣传、联络、策划、培训、收集信息和招募，以发展壮大组织力量，扩大组织影响，通过组织实施网络恐怖活动来制造社会恐慌，从而达到恐怖主义的目的。

网络恐怖主义的形态既表现为利用网络的行为，又表现为针对网络的行为。网络恐怖主义有两种基本形态：一种是以网络为信息工具的工具型形态（或者称信息类网络恐怖主义）；一种是以网络为目标的对象型形态（或者称攻击类网络恐怖主义）。其中，工具型网络恐怖主义（或者称信息类网络恐怖主义）表现形式有网络宣传、网络招募、网络培训、网络筹资、网络联络、网络策划、收集信息等；对象型网络恐怖主义（或者称攻击类网络恐怖主义）表现形式主要是网络攻击，有针对关键基础设施的网络攻击、针对政府网站的网络攻击、针对传统媒体网站的网络攻击等等。

从恐怖组织的结构形式上看，在网络出现以前，恐怖组织的结构表现为分层级和等级化结构形式，即组织的最高层级是领导阶层或精神领袖，依次为各级组织及其领导人，再到底层恐怖分子。有了网络助力，恐怖组织变成了网状结构和分散型。在这种网状结构中，不存在位居中心的强人领导，取而代之的是分散性、分权式组织结构，即去中心化的组织结构。这种组织结构呈现扁平化，遍布世界各地的恐怖组织有自己相对独立的组织网络。这种结构的好处是任何一个环节的破坏都不影响其他环节的运转。比如“基地”组织，并不是一个单一的集团，而是演变成分散在数十个国家的恐怖组织网络。基地组织的领导人扮演协调和支援角色，没有其介入、组织和资助，各分散的组织网络也能自行采取行动。

互联网为恐怖组织的发展和崛起提供了便捷而有效的全球性信息工具，并拓展了其发挥作用的空间。互联网成为恐怖组织对内指挥和联络、对外宣传和攻击的有效工具，在宣传、招募、培训、融资、联络、指挥和策划等多方面发挥越来越重要的作用，成为恐怖组织的重要阵地和离不开的工具。从总体看，主要涉及以下活动内容：

一是通过互联网散布恐怖信息，达到造成社会恐慌的目的。网络传播速度快、受众人员多、影响面广，容易形成严重的社会恐慌心理，达到制造社会恐慌的目的和效果。恐怖信息越恐怖越令人震惊，其影响力就越巨大，效果就越明显。恐怖组织或恐怖分子利用网络视频、图片等分享网站频繁在互联网上发布恐怖视频，将现实暴力恐怖活动的录像、图像在网上传播，其血腥暴力场景很容易给社会民众带来恐慌。

二是通过互联网传播恐怖主义思想，传授恐怖活动的方法和手段。例如，恐怖组织利用网站、社交媒体传播恐怖主义思想，通过网络聊天室开办网络课堂进行恐怖主义思想宣传活动。在视频、音频分享网站上传播制作简易炸弹的方法等等。

三是通过互联网招募恐怖分子，或为恐怖活动融资。互联网成为恐怖组织进行联络、洗钱和筹资的重要渠道和场所。通过开办网站，宣传恐怖组织、恐怖活动业绩，劝诱潜在的人员加入恐怖组织。通过在网站论坛发布链接来扩大宣传影响并招募会员。有的恐怖组织为招募新成员，在网上提供了详细的加入方法、资助手段以及如何开展恐怖活动等。互联网给恐怖组织提供了一种便捷的融资方式，通过互联网使用虚拟货币（如比特币）、信用卡或网上银行等手段给恐怖活动提供资金援助。

四是通过互联网策划煽动、教唆实施暴力恐怖活动。例如，利用网上各种社交工具鼓动、煽动他人开展“圣战”，实施暴力恐怖行为。

五是通过互联网对关键基础设施等目标进行攻击，实现制造社会恐慌的目的。包括能源、通信、金融、交通等在内的关键基础设施事关国计民生，社会生活离不开这些基础设施，而且各国的关键基础设施越来越多地使用，甚至依赖计算机信息系统进行指挥控制和日常运行维护，这给网络攻击提供了目标和便利条件。针对网络系统的袭击效果比传统恐怖活动的破坏力更大，危害速度更快、范围广，而袭击者本身的成本和风险却很小。

第二节　网络宣传

一、网络宣传渠道

有人说得好，子弹能消灭人的肉体，宣传则在子弹触及不到的地方威慑人的灵魂。媒介的演化催生新的传播渠道。网络为恐怖主义宣传提供了新型传播渠道。现代恐怖组织十分重视互联网的不受限制性和传播的广泛性、快捷性，将其作为宣传的主要渠道和主要平台。互联网打破了“政府—媒体—受众”的传统传播形态，规避了政府监管部门对宣传渠道的垄断，使得恐怖主义宣传不受各种审查、审批等现实法律和监管制度的约束，为逃避政府控制提供了条件。在互联网出现之前，恐怖组织是无法通过传统渠道，诸如报纸、广播、电视等做宣传的，而互联网却提供了各种宣传的可能性。随着全球互联互通的增强和各语种社交网站的兴起，恐怖组织对网络的利用越来越老练。事实表明，恐怖组织基本上都建立了自己的网络宣传体系，大肆开展网上恐怖宣传活动。与传统的恐怖主义宣传相比，如今恐怖组织的宣传在宣传渠道、宣传机构、宣传内容、宣传对象、宣传方法等方面都发生了很大的变化。在宣传渠道上，恐怖组织纷纷从传统传播媒介转向各种网络媒介。在宣传机构上，“伊斯兰国”（英文简称IS）、“基地”组织、“东伊运”等恐怖组织均建立了专门的互联网宣传机构。媒体披露，“伊斯兰国”设立了“阿尔·哈亚特媒体中心”（Al-Hayat），“东伊运”设立了“伊斯兰之声宣传中心”等宣传机构开展互联网宣传。这些宣传机构在互联网技术和应用方面显得十分专业，善于利用各种网络技术构建宣传平台，互联网成为其拓展宣传空间的重要手段。在宣传方式上，更加注重结合网络特点宣传恐怖组织的业绩等，恐怖主义宣传的网络化、信息化、全球化特点和话语特征更加明显，恐怖主义进入了网络时代。

一是建立专门的网络宣传网站。有关研究显示，1988 年，全球互联网尚处于发展初期，世界上就已经有了 12 个恐怖主义网站。联合国的一项研究显示，1998 年到 2006 年间，“基地”组织网站数量从 12 个增加到约 2600 个。2014 年，全世界范围内极端组织的网站已接近 1 万个。2003 年 4 月，“基地”组织第三号人物祖巴亚达被捕，执法人员从他的个人计算机中发现了大量从一个秘密阿拉伯文网站上下载的保密资料。美国反恐专家指出，2005 年以来，恐怖组织开办的网站以平均每天一个的速度增长，现在已经超过 6000 个，这些自建网站设计精良，运作有序，保护措施到位，抗攻击能力强，即使被摧毁，也能在较短的时间内恢复运行。如“圣战之声”杂志网站，该网站域名不断更换，内容颇具特色，时常出现对恐怖组织头目的采访，以及关于妇女参与“圣战”的报道。为了扩大知名度和访问量，有的恐怖组织还在一些网络论坛中张贴自建网站的链接地址，或者直接在新闻跟帖中给出链接地址，还有的恐怖组织利用电子邮件到处散布网站链接地址和涉恐信息。“基地”组织自建的网站已成为该组织的“传话筒”，它不仅曾刊发过本·拉登的讲话录音和录像，还曾多次刊登过“基地”组织发言人要对美国发动更多、更具破坏性袭击的威胁言论。公开资料显示，“东伊运”恐怖组织利用谷歌开放式应用等创建的“忠诚者”网站，发布了大量由其宣传机构“伊斯兰之声宣传中心”制作的暴恐音视频和网络杂志、电子书、图片等电子资料。这些宣传资料传播宗教极端和恐怖主义思想，教唆煽动“圣战”，是对我国威胁较大的恐怖主义宣传材料。

二是充分利用各种公共网站、论坛和网络社交平台资源。恐怖组织意识到自建网站容易被清理和关闭，加上国际社会打击力度越来越大，以及缺乏相关的网络技术人才，恐怖组织在利用自己直接控制的网站和各种网上媒体的同时，还利用合法网站、网络媒体以及各种网络社交工具实施网络宣传活动，进行心理战、舆论战，进行“非对称性”信息对抗。其中最常用的方法就是不停地在各类网络社交平台注册账号进行宣传。基地组织很早就学会使用社交媒体公布信息，先后在 Twitter（推特）、Facebook（脸谱）和 YouTube（优兔）社交媒体三巨头上注册了大量账号。公开资料显示，“伊斯兰国”已累计在 Twitter（推特）上注册超过 2 万个恐怖主义宣传账号，这些宣传账号上信息发布的频率超过了一半以上的 Twitter 活跃用户，大量账号每天发布超过 50 条的涉恐信息。虽然 Twitter 对“伊斯兰国”账号不断采取封号措施，但仍阻止不了其开设新账号的速度。美国中情局将这一做法形象地比喻成“九头蛇效应”（Hydra Effect）。意思是，你砍掉了它的一个脑袋，它可以长出两个新的脑袋来。

三是借助公共网络存储和分享平台提供信息服务。互联网上有各种免费的存储服务、资源分享服务网站和工具，特别是一些大型互联网公司的网盘存储服务可以提供大容量的免费存储空间，并且网络访问速度快、共享人数无限制。恐怖组织看中了网络存储和分享平台的优点，将其用来存储、传播恐怖主义宣传资料。正是有了提供存储服务的网盘、提供实时点看的移动终端网络应用 APP 软件，使得恐怖组织提高了传播恐怖音视频的能力。在网上，只需要轻轻点击一个链接地址，就能够直接访问制作好的恐怖视频并在线播放观看，这些视频对受众人员的煽动性、蛊惑力远远超过一般的文字和语音信息。

网络安全公司趋势科技（Trend Micro）2016 年 5 月发布的一份研究报告显示，安全研究人员通过对恐怖分子在线活动进行分析，发现了恐怖分子宣传时所使用的技术和工具。恐怖分子还利用一些即将上线的新型网络服务来宣传恐怖主义。

二、网络宣传内容

对恐怖组织而言，网络的诱人之处在于为恐怖主义宣传提供全球范围的受众人员，同时通过制作的宣传内容，使人们对可能发生的暴力恐怖事件产生恐惧感，从而给社会带来极大的恐慌和混乱。综合各种公开资料，网络宣传的内容常见的主要是以下几类：

一是宣传恐怖主义思想。恐怖组织通常将他们的意识形态经过包装，或冠以诱人的名称来粉饰，试图影响更多的人员。恐怖组织通过自建的网站，大肆宣传恐怖组织的历史、组织纲领、政治目的、组织头目及骨干、突出“英雄事迹”、声明、活动动向新闻等内容。恐怖组织利用其他网站、网络媒体、社交平台和网络应用，散布恐怖主义和宗教极端思想等内容。恐怖组织通过强化对“圣战”的歪曲认知，渲染危机感，为受众人员的思想蜕变进行舆论铺垫和“洗脑”。据德国《明镜》周刊网站报道，“伊斯兰国”组织长期以来一直在网络上为自己做宣传，该组织计划打造自己的媒体帝国。该组织的电视台“哈里发直播台”在网上开播后有10个电视频道和3个广播频道的内容，一点击即可进行在线观看。2011年3月1日，恐怖分子乌卡（Arid Uka）登上德国法兰克福机场的一辆大巴实施自杀式爆炸袭击前的几小时还在网上看“基地”组织在YouTubc上的宣传视频。

二是发布恐怖信息，营造恐怖气氛。俗话说：谣言可以杀人。虽然恐怖谣言并不能直接杀人，但是如果恐怖谣言信息快速传播，就能在社会上形成恐慌情绪，比用刀子杀人制造的恐怖效果还管用。制造恐怖气氛是目前常见的网络恐怖主义行为。恐怖组织擅长运用谋略在网络上发布信息制造事端，发起舆论战、心理战。恐怖组织最拿手的就是策划发布信息制造恐怖气氛，形成恐怖压力。资料显示，恐怖组织每隔一段时间就要在在网上发布一份恐怖袭击行动计划，或者一份警告信息，或者一份暗杀名单，信息真伪难辨，目的是引起社会关注。每当有恐怖事件发生，相关恐怖组织一定会在第一时间发布声明，认领恐怖事件。恐怖组织还在网上刊登有关恐怖袭击的血腥图片，报道对恐怖组织头目及恐怖活动具体执行者的采访，以及发布各种恐怖活动现场的视频等等，极力渲染制造恐怖气氛，给社会公众造成心理压力，试图引发社会恐慌。一些恐怖袭击视频通过互联网等媒体在全球范围内进行传播，使血腥暴力、恐怖景象广泛流传，从而对更多人的身心造成巨大冲击。一些恐怖组织在网站上张贴告示，公开发布悬赏，提供欲除掉人员的姓名、地址和照片等个人资料，给当事人形成巨大压力。一些恐怖组织通过互联网发出攻击的恫吓，严重干扰社会正常秩序。近年来，伊斯兰国（IS）组织通过发布斩首视频进行恐吓性宣传令世人印象深刻，通过传统媒体的报道广为人知，这是恐怖组织惯用的一种宣传策略和伎俩，即越血腥越恐怖的内容越容易成为新闻报道的焦点，引起人们的注意。2014 年 8 月 20 日，伊斯兰国（IS）在视频网站 YouTube 上公布了美国记者詹姆斯·弗利（JamesFoley）被斩首的视频，通过精心设置的标签，视频短时间内获得大量用户转发评论，几乎立即就登上了全球各大媒体的头条。据法国《费加罗报》网站报道，一些枪杀视频被上传到 YouTube，相关报复性言论在脸谱网上发表，一些可怕的照片也经常会出现在推特（Twitter，美国社交网络及微博客服务网站）上。这些信息通常会用阿拉伯语、英语、法语、德语或俄语等多种语言发表，这些举动意味着恐怖组织想把这类信息传达给更多的受众，既包括潜在的支持者，也包括那些他们想要恐吓的人。

三是发布各种攻击政府的信息，利用宗教和民族等问题挑起人们对政府的不满，可以对政府施加压力和影响。恐怖组织在网上发布一些挑拨性的信息，如政府限制宗教信仰，限制言论自由，少数民族受到政府迫害等等这类信息，在其支持者中引发共鸣，博取世界范围内的同情，误导社会公众舆论，影响公众的意见，削弱政府的支持率，从而对政府施加影响力，试图达到恐怖主义宣传的目的。

第三节　网络招募

互联网无疑极大地拓展了恐怖组织招募新生力量和人才的空间，使其可以在全球范围内进行招募。全球有数以千计的恐怖组织官方网站，极端分子和恐怖主义支持者可以很容易获取恐怖组织的信息。与传统招募渠道相比，网络招募面向全球，范围更加广泛，招募更加便利。一些恐怖组织通过收集网络信息，寻找自己需要的专业人才。通过在网上获取的信息，可以向潜在的符合条件的人员进行招募，通过筛选后发展成为组织的新成员。通过网络，还可以发现掌握有极端思想、支持者等后备人员的资料，在需要的时候将其招募到恐怖组织。一些人尤其是年轻人受网络宣传的极端主义、恐怖主义思想影响而走上恐怖袭击的道路。公开资料显示，“基地”组织就曾通过家庭、亲友及熟悉人士的途径招募新成员，而在互联网上发表激烈言论的穆斯林青年成为“基地”组织招募的重点对象。

有了互联网，恐怖组织和恐怖分子之间的联系消除了障碍。恐怖组织不必建立有形的或正式的组织机构，便可以实施各种恐怖活动。恐怖组织把互联网作为勾联渠道，以扩大影响、招募人员、发展组织。不少恐怖组织利用网络社交平台进行各种招募活动。“东伊运”等组织在美国 Twitter（推特）、Facebook（脸谱）等网站上建有数千个不同层级、标识统一的宣传账号，不断发布组织活动战果展示实力，诱惑拉拢人员加入该组织。公开数据显示，“伊斯兰国”注册了超过 2 万个推特账号，用于分享“圣战者”日常生活情况，对有意加入的人员，通过加密通信工具或专门研发的网络应用服务进一步沟通。恐怖组织还利用网络私密空间和互联网工具对付严格的网络监管，甚至以自组网方式进行私密性较强的交流招募新成员。

以色列海法大学教授加布里埃尔·威曼（Gabriel Weimann）2014 年发布一份题为《新恐怖主义与新媒体》的报告，呼吁警惕社交媒体变成恐怖组织新阵地，并解释了恐怖组织是如何运用各个新媒体渠道来吸引居住在欧洲、美国乃至全世界年轻人的。报告指出，恐怖分子的最重要的目的是宣传、激化以及招募新人。社交媒体对恐怖组织而言是实现这一目的最好方式。报告显示，恐怖分子已经把大本营转移到了社交媒体上，其中最喜欢的网络应用是以保护用户隐私和言论自由而著称的社交网站 Twitter（推特），因为全世界主流新闻媒体都在 Twitter（推特）上有着广泛的影响力，读者也将其作为主要新闻来源。2013 年 9 月，恐怖组织伊斯兰青年党袭击了肯尼亚的一家商场（Westgate Mall），并在数小时后将袭击过程细节披露在推特上。该组织在推特上注册的账户在 2011 年底建立之后一直非常活跃，并获得了超过 1.5 万个追随者，其中包括不少记者和恐怖主义分析师。

事实证明，通过互联网，恐怖组织招募“圣战”分子较以往容易得多，而且一些招募宣传实现了“个性化”操作。有的恐怖组织借鉴广告信息的做法，有针对性地进行宣传。有专家分析认为，恐怖宣传的目的首先是给人们带来心理上的冲击，然后再激发起人们想要为某种“事业”献身的冲动。例如，针对年轻男子的是战争视频，以激发起他们的“战斗欲望”；针对年轻女性的宣传则采用“浪漫攻势”，让一些女子误认为与极端组织人员相恋。据专家掌握，这种宣传效果十分明显，有些女性就是要嫁给“圣战者”。但是事实证明，这些女子一旦陷入浪漫陷阱，追悔莫及。法国总理瓦尔斯 2015 年 1 月 12 日在接受法国媒体采访时说，有 1400 人为了叙利亚与伊拉克境内的“圣战”与恐怖主义而离开法国。值得警惕的是，在欧洲国家，仍活跃着一批“伊斯兰国”招募者，这些人通常是年长女性，她们利用社交网络等方式教唆年轻女子加入该组织。有专家研究发现，一旦有人在社交网站上被恐怖组织盯上，就有可能收到上千条鼓动加入的信息。

第四节　网络培训

恐怖组织成员需要特殊的技能训练，而网络培训可以不受时间、地域的限制。更具吸引力的是，不少社交媒体能够通过语音和视频进行实时教学互动。一些恐怖组织利用网络聊天室等社交应用开办“网上培训学校”网站，或者通过制作暴恐视频的方式传播恐怖活动方法，培训恐怖人员掌握恐怖活动的技能。

一是通过开办网络学校和网络课堂进行培训。对于分散世界各地的恐怖分子而言，互联网是首选的培训课堂。与传统的基地训练营相比，网络拥有受众面更广、无需人员集中、形象直观、不受时空限制、成本更加低廉等优势，远胜现实生活中恐怖分子培训基地效果。因此，愈来愈多的恐怖组织倾向于采取网络培训方式，这种培训无须担心被打掉。因为在国际反恐力度加大的情况下，开办现实的恐怖训练营已经不那么容易，即使开办也很快被发现而摧毁。专门跟踪网络恐怖活动的西方网络安全专家研究指出，网络已经成为恐怖组织的新训练营地。基地组织在阿富汗训练营内培训的内容，都可以搬到网络上完成。网络聊天室、在线培训网为恐怖分子培训提供了技术便利，而且网络培训方便互动交流、相互传授经验。一些恐怖分子可以在网络聊天室、论坛上实时回答问题，解疑答惑。基地组织等恐怖组织还在网上建立了图书资料室，存储了大量培训教材。

二是通过网上发布信息传授恐怖活动方法。一些恐怖组织在网上发布了如何组建恐怖组织、实施恐怖袭击，如何制作使用爆炸装置、危险物品，如何实施网络攻击、网络筹资等的信息，提供给恐怖分子学习使用。恐怖分子在网上即可学到如何制造爆炸装置、危险物品的方法和技术细节。公开资料显示，在一个名为“利剑”的恐怖组织网站上，恐怖分子互相讨论绑架、杀害人质的技巧和方法。该网站还提供了有关爆炸物的全部信息等“恐怖教程”，包括普通爆炸物、毒气弹、汽车炸弹以及各种爆炸物的杀伤力和使用方法等等。据美国中央情报局调查报告，制造西班牙马德里火车站“3·11”爆炸案的恐怖分子就是从互联网上学到如何引爆炸弹技术的。2006 年 8 月 21 日，莫斯科切尔基佐夫市场恐怖爆炸案中，3 名俄罗斯大学生犯罪分子就是利用互联网信息制作炸弹夺去了 11 条生命，并导致 55 人受伤。研究发现，一些恐怖分子从网上下载武器模拟训练软件，体验手枪、火箭筒等使用教程，开展场景模拟、战术射击练习。“伊斯兰国”组织在网上曾经发布过一本行为手册，里面详细介绍了如何使用手机加密、断网时如何通信，以及安全浏览、邮箱安全的各种方法。

三是通过制作发布暴恐视频进行技能培训。采用音视频方式进行教唆培训是“东伊运”恐怖组织宣传的一大特色。公开资料显示，该组织建立了专门的拍摄和编辑基地，形成了集素材拍摄、编辑制作、宣传渗透于一体的制作传播环节，发布的暴恐音视频逐年增加，危害很大。专家研究发现，在“东伊运”发布的暴恐音视频中，详细展示了上百种制作爆炸物品的技术方法，其教授的爆炸物原料来源广泛、装置可就地取材、制作方法简单，威力不断增大，有时还对爆炸物适用的攻击目标给出了具体的建议。

第五节　网络融资

没有雄厚的财力支撑，恐怖组织很难长期生存发展。恐怖组织维持正常的运作、实施恐怖活动需要大量的资金。大多数恐怖组织依赖从第三方获得的资金。现有资料表明，恐怖组织的资金来源通常涉及下列渠道的一种或数种：（1）国家赞助；（2）全球筹资；（3）合法的工商企业；（4）毒品买卖；（5）就地筹资；（6）普通犯罪活动（敲诈勒索、抢劫、诈骗等）。

以“伊斯兰国”（IS）恐怖组织为例，据《经济学人》杂志提供的数据显示，“伊斯兰国”武装人员每月工资为400美元，3万人的武装力量一天支出为40万美元，再算上其他恐怖活动开支，一天得支出100万美元才能维持“伊斯兰国”目前的正常运行。据法国外交部驻布鲁金斯学会美国与欧洲事务研究中心资深研究员菲利普·陆克（Philippe Le Corre）研究发现，“伊斯兰国”当前掌握的资产总值超过2万亿美元，年收入则达到29亿美元。

公开研究资料显示，“伊斯兰国”的资金获得途径主要有：第一是绑架人质换取赎金，一般每月可达1000万美金。第二是收取苛捐杂税。巴格达和大马士革市内“伊斯兰国”“辖区”里的政府公务员必须将月工资的50%上缴给“伊斯兰国”，通过这项盘剥能获取每年3亿美金的高额收入。在“伊斯兰国”有“实体政府”的“领土”上（如摩苏尔），税率则高达55%。第三是销售石油和天然气。迄今为止，“伊斯兰国”已经掌握了伊拉克和叙利亚境内共十多个油田的控制权，每天的售油收入达到140万美金，年收入过5亿美元。第四是掠夺金融机构。例如，2014年6月“伊斯兰国”在“接管”摩苏尔的时候，同时夺取了伊拉克中央银行摩苏尔分行的控制权，该行约4.5亿美元的资产（包括现金和经常账户存款额）落入“伊斯兰国”的荷包。摩苏尔银行仍维持正常的运营和交易活动，落入恐怖组织手里的金融机构无疑会通过干扰世界金融体系的正常运行来达到政治企图。第五是洗钱。“伊斯兰国”试图将他们的战争基金掩藏于常规银行系统中。恐怖主义活动资金来源多种多样，很多时候资金本身是合法的，有关资金渠道几乎是不可察的，大部分恐怖分子对国际金融监管试图切断其洗钱和融资渠道的手法烂熟于胸。"伊斯兰国"利用的是一些成立于几十年前但仍行之有效的洗钱网络。第六是农产品交易。伊拉克和叙利亚土壤肥沃、盛产谷物，"伊斯兰国"控制下的尼尼微省（Nineveh）和萨拉赫丁省（Salaheddine）每年小麦产量高达100万吨，占伊拉克全国产量的30%，两个省份的大麦产量则为伊拉克全国产量的40%。"伊斯兰国"仅凭小麦交易每年就能获得约1.2亿美金的收入。此外，不排除非法资助恐怖组织行为。有证据表明，潜伏于以突尼斯和沙特阿拉伯为首的110个国家的"伊斯兰国""圣战士"也定期提供资金。

互联网是恐怖组织的一个重要而隐秘的融资渠道。研究发现，恐怖组织网络融资的主要方式有：一是在网站上发布筹资公告。恐怖组织可以利用电子支付系统来接受在线捐赠。恐怖组织通过在网上直接发布信息呼吁支持者、同情者提供资金支持，一些支持者、同情者特别是其中的一些富商通过恐怖组织公布在网上的银行账号进行汇款转账，或以其他网络支付方式提供活动资金。有些恐怖组织还以慈善的名义接受他人的日常捐赠。但是，这种方法存在一定的风险，即公布的信息会被反恐执法机构发现，并用来追查这些金融交易。二是网络犯罪方式。一些恐怖组织通过各种网络非法活动获得资助，网络犯罪正日益成为恐怖主义获得资助的方法之一。"深网"或"暗网"是恐怖组织地下交易的重要场所和渠道。例如，中东一些恐怖分子利用网络在国际金融市场上筹集恐怖活动资金。2002年造成202人丧生的印度尼西亚巴厘岛爆炸事件的幕后主谋沙姆特拉，曾多次试图通过互联网诈骗的方法资助巴厘爆炸案，并号召追随者应充分利用互联网来筹集恐怖活动所需要的经费。网络敲诈勒索也是一种方法。

三是网络经营方式。恐怖组织通过电子贸易、合法的网络经营活动等进行洗钱，为恐怖活动筹集资金。例如，在互联网上开办一个在线商店相对比较简单，而且电子商务业务可以在全球范围内进行。

第六节　网络联络

互联网特别是网络通信工具极大地便利了恐怖组织的联系沟通。这些网络通信工具用户众多，很难区别哪些用户是恐怖分子。正因为如此，恐怖组织充分利用网络通信的便利，建立跨国性组织，并利用网络通信工具下达指令，指导实施网络恐怖活动，相互协调配合完成任务。研究发现，只要具有通信联络功能的网络应用，都是恐怖组织和恐怖分子利用的工具和渠道。恐怖组织和恐怖分子常用的网络联络方式包括利用即时通信工具、电子邮件、网络聊天室、论坛和“暗网”等。

恐怖组织的全球化、分散化以及国际反恐斗争带来的高压态势，使得恐怖组织积极构建广泛、迅速、保密、安全的内部联系渠道。互联网符合这些要求，具备这些功能，成为恐怖组织和恐怖分子联络的隐秘工具。在互联网的早期阶段，恐怖组织利用电子邮件与组织成员之间进行联系。网络即时通信工具出现后，恐怖分子青睐使用网络即时通信工具进行联系沟通。反恐专家科尔曼认为，目前90%的网络恐怖活动是利用社交网络工具进行的。“9·11”事件之后，基地组织成员已把互联网当作主要联络渠道。本·拉登通过网络、电传、卫星电话等，同分布在世界各地的素未谋面的追随者进行联系。依托互联网，恐怖组织使用密码、暗语互通情况信息。媒体报道称，在一家涉嫌恐怖的网站上，美国安全官员曾发现其中的一些文字和图片都含有特殊意义，图片中的人物的每一个姿势、表情乃至眼神都有特指含义。安全人员虽然知道这些文字图片有问题，但无法摸清要传达的信息内容。“9·11”事件策划者之一哈利德·谢赫·穆罕默德曾使用所谓“电子死亡”的技巧，防止自己的电子邮件地址被美国及其盟友截取。例如，他一般开设一个免费公共信箱，写一封信存入草稿箱，再到一个相对安全的聊天室把邮箱的账户和密码告诉对方。收到账户和密码的人进入邮箱草稿文件夹内阅读信件。由于没有发生电子邮件传送行为，遭到截获的风险也就大大降低。

研究发现，恐怖组织热衷于将网络即时通信工具当做指挥联络的工具，网上网下互动，指挥组织实施各种现实的暴力恐怖活动。他们依托移动互联网和智能手机建立密切的勾联渠道，实施策划指挥。公开研究资料显示，恐怖分子之间普遍使用网络加密通信工具进行联系。一些恐怖分子利用网络社交工具建立网络群组，通过群组交流策划活动。近年来，包括 Twitter、Instagram、WhatsApp 在内的社交网络工具，屡屡被媒体指责成为中东极端恐怖组织“伊斯兰国”的通信工具和宣传平台。

网络安全公司趋势科技（Trend Micro）2016 年 5 月发布一份关于恐怖分子通讯方式的研究报告，披露了恐怖组织使用即时通信软件情况。研究报告显示，34% 的恐怖分子使用免费手机聊天服务 Telegram（电报）进行沟通。该研究证实了此前有关极端组织伊斯兰国（IS）使用 Telegram 进行秘密联系的研究。Telegram 的开发者是一名强调隐私和自由的俄罗斯科技创业者，该软件具有匿名和信息加密的特点。研究人员通过监控恐怖分子活跃的论坛，对 2301 个账户信息进行了归类分析，发现除 Telegram 外，在恐怖分子中较受欢迎的其他免费聊天应用软件还包括：Signal、Facebook 旗下的 WhatsApp、Wickr，这三款应用分别有大约 15% 的恐怖分子在使用。报告显示，在有报道称调查人员通过监控 WhatsApp 成功逮捕 16 名嫌疑人之后，WhatsApp 在恐怖分子中的受欢迎程度有所下降。还有一小部分恐怖分子使用的是更为小众的聊天服务，如 Surespot 和 Threema。所有这些聊天应用都提供加密服务，也就是将文本对话转换成“乱码”。这种技术给监管部门带来难题，有时候甚至不可能对恐怖分子实施监控。美国联邦调查局（FBI）局长科米（James Comey）曾对此警告说，加密功能令恐怖分子得以隐藏各种阴谋计划。但如果限制加密，那么银行信息等日常沟通容易暴露在黑客和恐怖分子的眼皮底下，也会产生不堪设想的后果。从这一点看，加密问题对于执法部门而言是个“两难问题”。

研究报告称，伊斯兰国组织认为电子邮箱是最重要的保密通信方式之一，该组织推荐使用服务器位于瑞士的安全电子邮箱服务 ProtonMail，该邮箱服务由哈佛大学和麻省理工学院的物理学家负责监督。

研究报告称，通常情况下，Gmail 是恐怖分子间的通用电子邮件服务，约有 34% 的人使用 Gmail。这一现象表明，恐怖分子已经聚集在全球最受欢迎的电子邮件服务周围。尽管邮件使用者的姓名仍被隐藏了起来，但美国联邦调查局（FBI）可以通过要求谷歌提供用户的唯一 IP 地址的方式，追踪到 Gmail 使用者的实际地理位置所在。排在第二和第三位的邮件服务为较为小众的 Mail2Tor 和 SIGAINT，这两项服务均有近 20% 的恐怖分子在使用。执法部门对这两项服务的追踪尤为困难，因为它们在很大程度上都是在“暗网”（匿名的互联网领域）Tor 中运行。Tor 是一种对信息加密，并将互联网信号“弹射”回全球互联网的一种系统。它能帮助浏览网页时逃离审查，并隐藏计算机的真实位置，它也能隐藏到底是谁在使用 Mail2Tor 和 SIGAINT 服务。研究显示，使用 RuggedInbox 和雅虎邮件的恐怖分子人数较少。

研究报告称，恐怖分子还自己开发“定制”工具。一款名为 Mojahedeen Secrets 的工具能够加密电子邮件，2007 年，其作为流行加密软件 PGP 的替代品推出。这是首款特别为伊斯兰国恐怖分子打造的专业软件，目前不清楚开发者是何人。恐怖分子还自己开发了一款名为 Asrar al-Dardashah 的工具，该工具能够十分便捷地和全球聊天软件 Pidgin 进行嵌入，从而对 AIM、Google Talk、MSN 和 Yahoo 账户之间的对话进行加密。研究称，这款软件是由专业公司为恐怖分子打造的。2013 年，一个名为“全球伊斯兰媒体前沿”（Global Islamic Media Front）的组织开发了一款能够加密移动设备的应用程序 Tashfeer al-Jawwal。同年，一个名为“Al-Fajr 技术委员会”的组织开发了一款能够加密邮件和文本信息的工具 Amn al-Mujahed。网络安全专家格雷厄姆（Robert Graham）表示，并不是所有工具都能正常工作，恐怖分子自己开发加密工具是一项颇具挑战性的工作，他认为恐怖分子开发的部分工具只是对现有工具的改头换面而已。

上述研究显示，恐怖组织在开发利用网络联络工具方面动了脑筋，想了很多逃避追踪的办法，无所不用其极。特别是在通信方面，一些恐怖组织和恐怖分子选择无法对内容进行解读的加密通信软件，如 WhatsApp、SnapChat、Confide 以及 Signal 等。最新的加密方法是“阅后即焚”，即在信息传输完成后几秒之内自动进行销毁，从而防止对信息内容进行复制。

第七节　网络策划

互联网使得恐怖组织和恐怖分子很容易进行沟通，这种便利性为策划活动提供了基础条件。研究显示，除了一些独狼个人恐怖行动外，恐怖组织的每项恐怖行动，都是事先经过周密安排的，多则提前数年，少则也要提前几个月。对于分散在世界各地又不便于直接碰头的恐怖分子来说，互联网是策划和协调行动的最便捷有效的联络工具。许多恐怖袭击最初的策划就是从网络开始的。网络上很容易获取一些有战略价值的信息。恐怖组织和恐怖分子会经常更换邮件地址、社交网络的账号，或使用一些更隐秘的通讯工具。互联网在“9·11”事件的谋划中扮演重要角色。美国的调查者事后发现了几百封与恐怖分子相关的用英语、阿拉伯语和乌尔都语写的电子信件。这些信件有的是从美国国内发出的，有的是从其他国家发出的。这些信中有很多含有“9·11”袭击的操作细节。

事实证明，恐怖组织善于利用大众常用的网络交流工具进行联系策划。随着技术的进步和通信标准的更新换代，网络交流工具的功能不断丰富，已经具备实时视频、音频交流和电子文件快速传输功能。这些网络交流工具成为恐怖分子从事网上策划联络活动的便捷工具，一些恐怖组织和恐怖分子利用其建立网络群组进行交流。通过网络策划实施恐怖活动隐秘性强，不受时空限制，不少恐怖活动就是通过网络组织策划的。

第八节　收集信息

互联网是信息资源的汇聚地和宝库。包括个人信息在内的海量的信息资源为恐怖组织收集恐怖活动相关信息，策划实施恐怖行动提供了便利。通过互联网，恐怖组织和恐怖分子可以从事以下信息收集活动：一是通过互联网收集个人信息。恐怖组织可以收集查找追随者的个人信息资料，了解其个人特长和能力，以便根据其个人特长进行招募。互联网上社交网站存储的大量个人信息，以及泛滥的个人信息买卖交易活动，为寻找潜在的招募人员提供了便利。有关个人信息既有文字介绍，又有本人照片和简历，对于了解被招募人员的情况提供了便利。二是通过互联网收集袭击目标和攻击对象的信息。有专家认为，网络有各种各样免费的互联网地图服务，这些地图不少属于高分别率的卫星照片。网络电子地图为策划恐怖活动提供了行动指引。特别是谷歌卫星地图，分辨率高，图像清晰，查阅方便，为恐怖分子查找有关目标实景提供了便利。三是通过互联网收集政府机构安全防范信息。恐怖组织利用互联网的信息资源，一方面了解政府部门采取的安全防范措施，观察反恐动向，以发现漏洞，增强自身逃避打击的能力。另一方面，可以利用政府防范上的空白，策划实施活动。总之，只要想收集的信息，基本上在网络都可以找到。

收集网上的信息，有两种途径：一种是公开获取，一种是通过入侵秘密窃取。公开获取到的既有免费的信息，也有收费的信息。通过网络入侵系统可以窃取大量的数据信息。据媒体报道，1994 年日本奥姆真理教组织曾侵入三菱重工集团的主控计算机，窃取了大量秘密数据，偷窃数据的目的是用来破坏日本高技术信息产业的基础。“9・11”事件的劫机者在发动袭击两周前，曾通过网络为劫机者预定了至少 9 张机票，并通过网络查询航空公司有关携带诸如杀虫剂等物品的规定。美国国家安全局曾在一份特别报告中指出，恐怖组织通过对脸谱网的数据挖掘，收集打击目标的有关信息，进行远程侦察活动，掌握目标动态情况。

第九节　网络攻击

网络攻击是除信息内容外，网络恐怖主义活动的另一种主要形态。研究认为，网络恐怖攻击的目标一般是能够造成社会恐慌、重大经济损失等后果的关键信息基础设施、政府信息系统、公共服务信息系统以及涉及国家安全、关系国计民生的其他重要网络与信息系统。

研究认为，网络恐怖攻击的手段，与黑客采用的攻击手段并无区别。目前，常见的黑客攻击手段有分布式拒绝服务攻击（英文缩写 DDoS）、高级持续性威胁（英文缩写 APT，是指利用先进的攻击手段对特定目标进行长期持续性网络攻击的形式）、水坑攻击、跨站脚本攻击、SQL 注入攻击、中间人攻击、DNS 污染、零日漏洞攻击、缓冲区溢出、跳板攻击、社会工程学攻击以及网页篡改等。

恐怖分子试图通过网络攻击破坏，使关键信息基础设施、公共服务系统等涉及国计民生的系统丧失功能，从而威胁国家安全和社会稳定，造成大量人员伤亡等后果。现代社会对网络的依赖性很强，如果实施网络攻击，破坏国家关键信息基础设施和重要的业务信息系统，使其不能正常运行，从而破坏正常的社会秩序，造成社会动荡和社会恐慌。通过网络攻击可以干扰和破坏通信系统。一切与互联网相连的设施系统，例如环境控制系统、金融交易和档案储存系统、医疗和教育网络、运输系统、公共事业监督控制系统以及政府计算机系统等，都可能成为网络攻击的对象。但是，值得庆幸的是，截至目前，全球尚未发生针对关键基础设施的恐怖性质的网络攻击。有专家认为，主要原因是恐怖组织缺乏相关的网络技术专业人才和网络资源条件，在这方面的能力还不足。但是必须看到，网络恐怖攻击破坏性强、杀伤力大，一旦恐怖组织实施，其造成的后果和现实威胁不可低估。目前已经发现的网络攻击恐怖活动，主要是针对政府网站、社交网站、媒体网站等发起的攻击。媒体报道，2005 年 1 月，美国网站“反恐联盟”遭到匿名黑客的攻击，在不到一个小时的时间里，网站所有关于反恐的内容和新闻被删除一空，整个网站陷于瘫痪之中。一个伊斯兰激进组织还威胁将对证券交易网络进行恐怖攻击。2015年1月仅一周时间，法国就有超过1.9万个网站遭到了伊斯兰极端组织的攻击，受攻击的网站包括十几个与国防事务相关的网站。[①]

实施网络攻击，需要具备一定的网络技术条件和网络技术能力，实施者不一定是高学历计算机人才，不少黑客人员的学历并不高。在开展网络攻击前，通常要通过专门程序软件和工具查找目标系统是否存在安全漏洞，这种漏洞包括软件和硬件两个方面。如前所述，截至目前，虽然尚未发生恐怖性质的网络攻击活动，但是据网络安全公司趋势科技研究发现，恐怖分子的网络攻击技术能力在逐步提高。研究显示，恐怖分子都想在线上活动时保持匿名性，他们利用各种工具和在线服务来隐藏活动踪迹，其中包括Tor（俗称“洋葱浏览器”，一种匿名浏览网页的浏览器）和加密工具。为了利用分布式拒绝服务攻击（DDoS攻击）防护服务，Cloudflare（一种CDN服务，CDN即内容分发网络，是通过在不同的地点缓存内容，让用户就近获取访问内容，提高用户访问网站速度的技术服务）也成为恐怖分子经常使用的工具。Cloudflare可以向用户提供网站安全管理、性能优化以及相关的技术支持。通过基于反向代理的内容传递网络，以及分布式域名解析服务，Cloudflare可以帮助受保护站点抵御包括拒绝服务攻击在内的大多数网络攻击，以确保该网站长期在线，同时提升网站的性能、访问速度以改善访客体验。除此之外，恐怖分子还可以利用Cloudflare来隐藏主机的真实IP地址和网站的所在地。为确保匿名，恐怖分子还要求追随者关闭社交媒体账号。伊斯兰国

① 资料来源：http://news.hexun.com/2015-01-18/172491149.html（2016年7月15日访问）

极端组织建立秘密地下论坛，在地下论坛中传递信息、商讨计划。

值得警惕的是，一些网络安全公司开发的商用黑客工具和恶意软件，因为唯利是图、管理不善，可能被恐怖组织和恐怖分子用来实施网络攻击。据媒体报道，网上有网络安全公司声称，只要有人愿意出资，可以提供任何网络攻击工具和攻击服务。专家担心，这类工具和服务容易被恐怖组织得到实施网络恐怖活动。

第十节　“伊斯兰国”组织的网络活动

“伊斯兰国”（IS）组织作为近几年迅速崛起的新兴国际极端组织，对网络的应用十分热衷，擅长通过互联网开展各种活动。公开资料显示，“伊斯兰国”的网络活动具有如下特点：一是建立了专门的互联网宣传中心。该中心的标识为 ALHAYAT（Alhayat Media Center）。创办了杂志《DABIQ》，该杂志制作精美，选题讲究，有一段时间还在亚马逊网站公开销售过。创办了互联网在线周刊《伊斯兰共和国》，通过网络宣传伊斯兰圣战运动历史和圣战动态情况，以及未来“伊斯兰国”的社会生活前景。二是在推特、脸谱、优酷等社交媒体上注册账号，建立网页，使用英语、法语、俄语、阿拉伯语等多语种向全球进行宣传煽动，实时发布“伊斯兰国”动态情况，扩大组织影响。三是制作发布恐怖血腥视频。该组织建立了网上发布、存储、传播恐怖音视频、电子杂志的平台，创建了多语种博客、论坛，建立了恐怖音视频制作传播体系，发布了大量血腥恐怖视频和音频、电子书籍。四是建立了官方宣传网站、微博客、博客账号等，专门发布该组织新闻、活动情况和各类声明。官方标识是“ISLAMIC

STATE”、“AMAQ NEWS AGENCY” 等。五是开发了移动网络应用 APP 软件，版本涵盖现有主流操作系统，并提供下载安装，用于快速传播该组织有关信息。

“伊斯兰国” 组织善于利用社交网站招募成员、扩大影响。民间反恐黑客组织 Ghost Security Group（通常译为“鬼兵团”）的首席运营官迈克尔·史密斯二世在接受美国《基督教科学箴言报》采访时说，“伊斯兰国” 通过利用 Facebook 和 Twitter 的构建机制，建立了一个安全、影响力更广的社交广播网络。在全球范围内不断招募组织成员，发展恐怖势力，扩大“伊斯兰国”的影响。Ghost Security Group 黑客组织在网络上参与了一系列针对打击伊斯兰国的反恐网络行动。2016 年 7 月，该组织还对美国执法部门和情报机构摧毁“伊斯兰国” 极端分子在纽约和突尼斯的据点的行动，表达了支持的态度。

公开资料显示，“伊斯兰国” 组织专门开发了移动互联网应用程序 APP。开发该 APP 程序的目的是为了宣传该组织的思想，扩展成员。用户可以通过 APP 了解关于“伊斯兰国” 的最新动态和观看视频集锦。位于美国马里兰州的国际恐怖组织搜索情报集团（SITE）监测发现，2015 年底以来，“伊斯兰国” 已经正式开发了至少 6 个移动应用程序，并采取了加密通信。2015 年 11 月 29 日，“伊斯兰国” 发布的第一个应用程序是 “Amaq Agency APP”，提供“伊斯兰国” 新闻报道（Amaq，即“伊斯兰国通讯社”）。2016 年 1 月 30 日，发布一个安卓（Android）应用程序的电台广播，提供伊斯兰国每日新闻、宗教有声读物和圣战歌曲。2016 年 4 月 17 日发布了 Amaq 应用程序的英文版，4 月 21 日和 5 月 2 日分别发布了法语和土耳其语版本。2016 年 5 月 10 日发布了圣战主题的阿拉伯字母学习应用软件。这些应用程序都是针对安卓（Android）系统开发。因为苹果应用商店的应用软件需要通过审查才能上传安装，而安卓系统可以创建和开发独立的安装应用程序包（. apk）。据媒体报道，“Amaq Agency”安卓系统的安装应用程序在不断更新版本。“伊斯兰国”组织的成员利用社交平台 Telegram 和 Twitter 的帐号，不断转发下载程序安装包的网址。“伊斯兰国”还推出了叫 Alrawi. apk 或是 Alrawi 的安卓版本的私密通讯 App 。为防止被假冒伪造，该组织还专门提醒要取得官方正式版本。民间反恐黑客组织 Ghost Security Group 称，“伊斯兰国”还在使用过时的蓝牙方式进行共享加密通信。[①]

公开资料显示，“伊斯兰国”组织建立了专门的网络黑客团队实施网络入侵攻击。目前已知的“伊斯兰国”组织建立的网络恐怖组织有“伊斯兰国黑客部”（Islamic State Hacking Division，简称 ISHD）、“哈里发网络军”（Caliphate Cyber Army ，简称 CCA）、“联合网络哈里发”（United Cyber Caliphate，简称 UCC）。哈里发网络军是“伊斯兰国”的主要黑客组织。资料显示，哈里发网络军 2014 年 12 月以来表现活跃，黑客活动包括网页篡改，入侵服务器偷取数据。2015 年 3 月，“伊斯兰国”黑客部（Islamic State Hacking Division ，ISHD）曾披露居住了美国的超过 100 名美军成员个人信息，同时煽动其追随者组织开展有针对性的暗杀行动。该组织还宣称曾经成功从英国国防部军方服务器中窃取到信息，并访问到了机密数据库与电子邮件内容。不过美国国防部官员否认其军事系统曾遭黑客入侵，并猜测黑客是从公共来源收集到这些信息的。

目前，国际情报界对“伊斯兰国”的网络攻击能力的评估有两种观点：一种观点认为“伊斯兰国”应该拥有较强的网络能力与技术储备，另一种观点则认为不能夸大了“伊斯兰国”

---

① 资料来源：http：//motherboard. vice. com/read/isis-mobile-app-developers-are-in-crisis-mode

的网络实际水平。持此种观点的目前居多数。例如，澳大利亚战略政策研究所2015年发表的题为《“伊斯兰国”加紧发展进攻性网络能力》的文章称，极端恐怖组织“伊斯兰国”的网上活动旨在实现三个目标：一是维持其存在感，并将此作为其吸引和招募成员的途径；二是将网络恐怖作为传播恐惧的方式；三是试图利用网络空间实现进攻性目的。文章分析，虽然“伊斯兰国”希望将进攻性网络能力发展到新阶段，但发生类似“震网”的网络攻击活动不大可能，该类攻击需要财力支持、技术高超的人员以及丰富的人力情报，最有可能发生的就是攻击网站和社交媒体账户。

国外情报企业闪点公司（Flashpoint）认为，目前，“伊斯兰国”在网络空间处于守势。该公司2016年7月22日发布的题为《圣战集团的科技：剖析圣战主义者的数字工具箱》（Tech for Jihad：Dissecting Jihadists' Digital Toolbox）的报告指出，“伊斯兰国”（IS）恐怖组织已经调整其在网络空间的策略，试图抵抗旨在对其使用国际互联网能力进行破坏和限制的行动。该报告对“伊斯兰国”等恐怖集团经常使用的36项技术和工具进行了分析，认为其中大部分技术在“伊斯兰国”进入公共视野之前一段时间就已经开始使用了。圣战主义者组织使用加密技术保护其在多种平台和服务中的通信，其中包括浏览器、电子邮件服务、移动设备和应用等。报告称，尽管许多人都使用谷歌浏览器Chrome、火狐浏览器Firefox和苹果浏览器Safari等传统浏览器，但是这些服务并不安全。报告认为，“圣战主义者”在浏览器这一互联网的入口工具中采用极为严苛的安全措施。擅长技术的“圣战主义者”越来越多地转向使用安全性更高的替代选项，其中包括Tor和Opera浏览器等，从而使其网上行为更加隐秘，不会轻易泄露其登陆IP地址。“圣战主义者”还使用虚拟专用网络（VPN）和域名服务器

（NDS）工具隐藏其所在地理位置和 IP 地址。电子邮件和移动应用程序中的通信也得到加密保护。“伊斯兰国”（IS）等恐怖组织使用的电子邮件防护服务包括电子邮件端对端加密、能够对附件和主题行进行加密的收件箱加密服务、防止垃圾邮件和网络钓鱼的警戒措施等。此外，常用的移动加密通信包括 Threema、WhatsApp 和 Telegram 等。“伊斯兰国”等恐怖组织还会使用隐藏和删除设备文件的工具以及一种名为网络警卫（NetGuard）的软件，这种开源防火墙软件允许用户添加特定的联网应用程序。研究报告认为，“伊斯兰国”在推特上的活动已经显著下降，而加密平台的使用量则急剧上涨。

此前，闪点公司（Flashpoint）曾发布一份题为《ISIS 黑客行动：新兴网络威胁态势》的报告，详尽披露了“伊斯兰国”组织的网络能力细节。研究报告认为，目前“伊斯兰国”黑客集团发起的网络攻击只达到初学者水平，包括利用已知漏洞对网站进行入侵。从公开来源处下载黑客工具，而非自行开发定制化黑客工具与恶意软件。“伊斯兰国”集团成员曾于 2014 年年末使用过一款定制化恶意软件，其被伪装成演示文稿并通过 Twitter（推特）传播。经专家检测得出的分析结论表明，这款定制化恶意软件只是一套非常简单的样本。“伊斯兰国”网络威胁行动者已通过社交媒体散布恶意软件。“伊斯兰国”黑客还曾对政府、银行业及媒体目标发动攻击。闪点公司 Flashpoint 的研究人员认为，预计随着成熟程度的逐步提高，“伊斯兰国”将更多地把着眼点放在金融领域。“伊斯兰国”的追随者能够通过黑客课程、工具及指导资料从“深网”及“暗网”论坛当中获取提升知识及技能水平的信息，并可能会从公开来源处下载黑客工具，利用现成及定制化恶意软件实现企图。“伊斯兰国”黑客的网络技术水平在很大程度上取决于组织内部是否拥有高级网络技术人员。作为“伊斯兰国”组织的高水平黑客之一，曾参与 Teampoison

的朱奈德·侯赛因是一个例子。安全专家认为，“伊斯兰国”将通过付费招募网络雇佣军或吸纳年轻黑客的方式快速提升其网络技术能力。

网络安全企业监测发现，“伊斯兰国”组织积极招募黑客企图提高网络能力。“伊斯兰国”组织正在将年轻黑客招募进来以推动其所谓“圣战”活动。2016年年初，有情报专家报告称，“伊斯兰国”成员有计划向印度黑客支付佣金以入侵政府网站并窃取敏感文件。“伊斯兰国”组织成员希望通过社交媒体建立一套潜在印度技术人才数据库，而成功入侵政府网站的黑客将能够收到最高每次1万美元的报酬。薪酬已成为伊斯兰国在印度拓展影响的主要手段。极端主义分子积极在印度黑客社区中招募人才。尽管目前“伊斯兰国”的网络技术能力尚不先进，但这种落后现状很可能在不久的将来出现转变。有数据显示，“伊斯兰国”的黑客数量呈现增长态势，各组织间相互合并并开始将目标集中在西方国家目标身上。专家预计，短期内，很可能会有一些网络黑客加入“伊斯兰国”，其中包括网络雇佣军，“伊斯兰国”的网络攻击活动将会增多。

据媒体报道，芬兰网络安全公司F-Secure首席研究官、网络安全专家MikkoHyppönen认为，“伊斯兰国”网络极端分子有可能突破关键性基础设施并借此造成严重危害。这位专家称，“伊斯兰国”很可能成为历史上第一支有能力针对政府基础设施组织攻击威胁的恐怖主义势力，而这种状况亦在逐步恶化，因为“伊斯兰国”组织已经越来越多地意识到网络攻击性活动的实际效果。而且，一些网络安全专家加入了“伊斯兰国”，为实施网络攻击活动提供了人才储备。另外，网络恐怖攻击难于追踪，这意味着情报机构很难像发现炸弹袭击那样对其做好预先防范准备。该名专家警告称，网络攻击活动可能源自全球任何位置，黑客们可以从任何地点针对任何关键基础设施组织攻击并导致其停运。网络恐怖分子能够将矛头指向工业控制系统的SCADA系统，从而对西方世界的基础设施核心进行破坏并造成严重后果（全球范围超过50%的工厂在利用西门子工业控制系统实现设备操控）。极端分子可能会倾向于组织这样的攻击活动。有美国执法人员称，来自“伊斯兰国”的黑客曾尝试对美国多家电力供应企业进行入侵。“伊斯兰国”方面确实拥有针对美国国内关键性基础设施发动网络攻击的技术能力，而美国情报机构也意识到了这一安全风险的威胁。

第十一节　“东伊运”恐怖组织网络活动

公开资料显示，“东伊运”恐怖组织设立了专门的宣传中心，充分利用互联网进行网络宣传活动。该组织建立了网络宣传体系，设有自己的网站，并利用各大社交网站和各种网络应用传播恐怖主义和极端思想。研究发现，“世界维吾尔青年代表大会”和“东突厥斯坦新闻信息中心”早在20世纪90年代就建立自己的网站，通过互联网向境内“东突”分子秘密传授有关毒剂和爆炸物的制作方法。境内“东突”恐怖势力利用网络工具与国外“东突”势力联系，并向他们“取经”。“东突”恐怖势力正在越来越多地通过网络学习恐怖活动技能和犯罪手段、传播恐怖主义和分裂思想，网络成为“东突”恐怖势力技能提升和信息传播的重要平台。

“东伊运”恐怖组织将暴恐音视频作为网上宣传的重要载体。大量的事实证明，近年来，在中国发生的暴力恐怖案件基本上都与暴恐音视频传播有关联，涉案人员无一例外都曾观看或收听过暴恐音视频，受过暴恐音视频的思想“洗脑”。暴恐音视频已经成为受众人员接受极端思想洗脑的“精神鸦片”和学习暴恐技术方法的“培训教材”。

研究发现，“东伊运”暴恐音视频的内容大体包括三个方面：一是宣扬宗教极端思想。在“东伊运”发布的恐怖音视频中，有的歪曲伊斯兰历史和教义，宣扬“圣战流血就能洗刷罪过，可以带自己的72位亲友上天堂”等歪理说法，有的鼓动受众人员对“异教徒”开展“圣战”，有的煽动进行“伊吉拉特”非法出境活动。二是传授制爆技术和暴恐方法。“东伊运”暴恐音视频中介绍的技术方法，简单实用，直观性强，危害很大。三是拉拢或招募支持人员。在“东伊运”发布的一些暴恐音视频中，不少是鼓吹该组织在境外取得的所谓战斗成果的内容，通过这些看似富有吸引力的“战斗场景”，煽动中国境内的人员进行所谓的“伊吉拉特”非法出境活动。近年来，一些境内人员看过暴恐音视频后，思想产生极端化，受到蛊惑的人员甚至变卖家产，从边境偷渡要去伊拉克、叙利亚参加“圣战”。四是煽动民族仇恨。一些暴恐音视频采取移花接木、无中生有等种种欺骗手法，歪曲事实和历史，挑拨民族之间的仇恨，煽动民族对立和对抗。

研究发现，“东伊运”暴恐音视频的制作传播能力在不断提高。一是专业化程度进一步提高。“东伊运”宣传机构“伊斯兰之声宣传中心”建立了暴恐音视频制作基地，招募专业的计算机技术人员和视频制作人员，购置专业的拍摄设备和计算机设备，形成了视频拍摄、素材收集、视频编辑、网络发布、宣传推广等一系列完整的制作传播流程，制作水平在不断提高，使用的摄像器材、编辑软件和设计制作越来越精良，从内容上看，煽动性、蛊惑力和洗脑作用越来越强。二是建立了大量网站宣传平台和社交网站宣传账号。“东伊运”组织在互联网上建立了多个宣传网站，在谷歌、脸谱、推特等大型社交网站上累计注册了数万个账号，广泛发布暴恐音视频存储和下载的网络链接地址。为了扩大影响和知悉面，该组织还充分利用各种即时通讯工具在社会关系人员中进行传播。在传播中，采用存储与下载分离的办法，利用我国境内的社交网站、数据分享、应用推送音视频内容。三是加强与其他恐怖组织的合作进行传播。因自身影响有限，"东伊运"在利用互联网主动传播的同时，还与"伊斯兰国"、"基地"组织等极端组织的宣传部门建立了密切的联系，在彼此的网络平台上相互发布相关音视频内容，借助其他恐怖组织强大的传播体系广泛进行传播扩散。

国家互联网信息办公室曾经制作发布了时长 24 分钟的电视专题片《恐怖主义的网上推手——"东伊运"恐怖音视频》。在这部宣传片里，详细介绍了"东伊运"恐怖音视频的危害及其传播手段途径和方法。根据宣传片的介绍，目前，越来越多的恐怖组织利用互联网招募人员，传播暴恐思想，传授暴恐技术，筹集恐怖活动资金，策划恐怖袭击活动，互联网已成为恐怖势力开展活动的主要工具。恐怖音视频也已成为影响互联网健康发展的"毒瘤"。该专题片通过梳理已破获的昆明"3・01"、乌鲁木齐"4・30"、乌鲁木齐"5・22"、北京"10・28"等多起暴力恐怖袭击案件，采访国内外反恐专家、有关学者和各界群众，揭示了暴恐音视频的危害以及与暴力恐怖违法犯罪活动之间的联系，并将境外"东伊运"组织指挥、在网上传播涉暴恐音视频、煽动境内恐怖活动的行径公之于众。据专题片介绍，在中国发生的暴力恐怖案件中，涉案人员几乎无一例外观看、收听过宣扬、煽动暴力恐怖的音视频。中国境内发生的暴恐事件都与"东伊运"以及其发布的恐怖音视频有直接关联。数据显示，近年来，"东伊运"制作的恐怖音视频数量呈明显增长态势，尤其是在 2013 年出现爆发式增长。而这一年，也是中国境内发生暴恐事件数量激增的一年。恐怖组织意识到，相对于此前派人潜伏入境实施恐怖活动、进行恐怖主义宣传的传统方法，通过互联网发布恐怖音视频进行恐怖主义宣传和煽动成本低、风险小、效果明显。“东伊运”恐怖音视频已经成为影响社会安全和公众利益的一大公害。

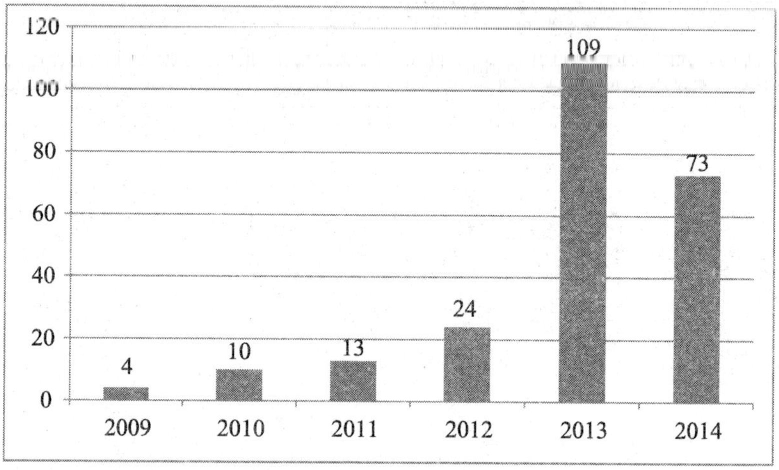

图 3—1　2009—2014 年“东伊运”发布的暴恐音视频数量

（资料来源：新华网）

第四章

网络恐怖主义的行为

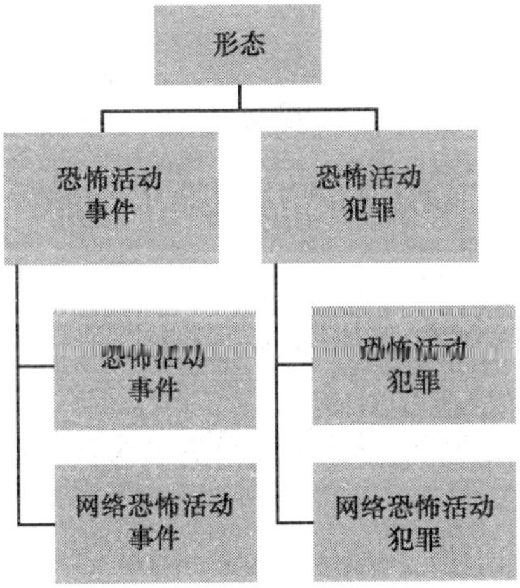

阅读导图

第一节 网络恐怖主义行为的定义

行为，即举止行动，是指受思想支配而表现出来的外表活动。哲学理论认为，行为是人们日常生活所表现的一切活动。行为与人们一定的目的、欲望、意识、意志相联系。可以说，行为是人们在一定的目的、欲望、意识、意志支配下所做出的外部举动。法学理论一般从刑事和民事意义对行为进行解读，认为行为包括犯罪行为和民事行为，合法行为和非法行为等。社会学理论认为，人的行为由五个基本要素构成：行为主体、行为客体、行为环境、行为手段和行为结果。

笔者认为，恐怖主义行为是指行为主体（恐怖组织和恐怖人员）基于恐怖主义目的而实施的各种暴力恐怖活动及其相关辅助行为的总称。有观点认为，恐怖主义行为作为一个行为体系，包括实行行为和辅助行为。实行行为即针对选定的行为对象实施直接的暴力攻击行动。辅助行为是指围绕实行行为的帮助行为、准备行为等，也有学者将辅助行为称为边缘性行为。

网络恐怖主义行为，是指行为主体基于恐怖主义目的而实施的各种网络恐怖活动的总称。网络恐怖主义与传统恐怖主义不同之处在于它的实行行为与辅助行为边界不清晰，有时不容易区分。工具型网络恐怖主义的实行行为与辅助行为的界限比较模糊，两者很多时候表现为同一行为、交叉行为等。对象型网络恐怖主义的实行行为与辅助行为界限比较分明，其中实行行为是指直接实施网络攻击，辅助行为是提供网络攻击的软件、工具、程序、网络条件等技术支持和资源支持等。

笔者认为，恐怖主义行为与恐怖主义形态是有区别的。行为是一种活动，形态是一种表现形式。前者重在动，后者重在静。故此，本书将网络恐怖主义的形态与行为分为不同的两章分别阐述。2005 年设立的联合国反恐执行工作队（CTITF）将网络恐怖主义行为界定为四类：（1）利用互联网通过远程改变计算机系统的信息或者干扰计算机系统之间的数据通信以实施恐怖袭击；（2）为恐怖活动目的将互联网作为其信息资源进行使用；（3）将使用互联网作为散布与恐怖活动目的有关信息的手段；（4）

为了支持用于追求或支持恐怖活动目的的联络和组织网络而使用互联网。这里描述的行为，既有形态的成分，也有行为的成分。从形态角度看，有网络攻击、网络宣传、网络联络、网络策划等。从行为角度看，有非法侵入行为、非法利用信息网络行为等等。当然，行为与形态的区别并不是根本区别，更不是本质的不同，两者其实是表现形式与体现内容的不同，是看问题的角度侧重点不同而已。

第二节　网络恐怖活动的认定

一、　恐怖活动的认定

关于恐怖活动的认定问题，各国有不同的法律规定和认定标准。中国认定恐怖活动的法律依据和标准是《中华人民共和国反恐怖主义法》。根据反恐法第3条的规定，恐怖活动，是指恐怖主义性质的下列行为：（一）组织、策划、准备实施、实施造成或者意图造成人员伤亡、重大财产损失、公共设施损坏、社会秩序混乱等严重社会危害的活动的；（二）宣扬恐怖主义，煽动实施恐怖活动，或者非法持有宣扬恐怖主义的物品，强制他人在公共场所穿戴宣扬恐怖主义的服饰、标志的；（三）组织、领导、参加恐怖活动组织的；（四）为恐怖活动组织、恐怖活动人员、实施恐怖活动或者恐怖活动培训提供信息、资金、物资、劳务、技术、场所等支持、协助、便利的；（五）其他恐怖活动。

我国新疆维吾尔自治区制定了认定恐怖活动的地方性法规依据和标准。根据2016年7月29日新疆维吾尔自治区第十二届人民代表大会常务委员会第二十三次会议通过的《新疆维吾尔自治区实施〈中华人民共和国反恐怖主义法〉办法》（自2016年8月1日起施行）第6条规定，实施下列行为之一的，认定为恐怖活动：（一）与境内外恐怖活动组织、个人勾连或者接受境外恐怖活动组织、个人指使、派遣、资助，实施或者准备实施恐怖活动的；（二）为组建恐怖活动组织、发展成员或者组织、策划、实施恐怖活动，而组织、纠集他人宣扬、传播恐怖主义、极端主义的；（三）为实施恐怖活动，建立训练场所或者组织、纠集他人进行体能、技能训练的；（四）为恐怖活动组织、为实施恐怖活动、为恐怖活动培训、招募、输送人员的；（五）为参加恐怖活动组织、接受恐怖活动培训或者实施恐怖活动，组织、煽动他人偷越国（边）境的；（六）利用手机、互联网、移动存储介质或者音频视频资料、电子文稿、音像制品、印刷品等，宣扬、传播恐怖主义、极端主义或者传授恐怖犯罪方法的；（七）其他恐怖活动。

二、 网络恐怖活动的认定

网络恐怖活动，是指涉及网络的恐怖活动。具体而言，包括下列行为：（一）利用互联网组织、策划、准备实施、实施造成或者意图造成人员伤亡、重大财产损失、公共设施损坏、社会秩序混乱等严重社会危害的活动；（二）针对互联网组织、策划、准备实施、实施造成或者意图造成人员伤亡、重大财产损失、公共设施损坏、社会秩序混乱等严重社会危害的活动；（三）通过互联网宣扬、传播恐怖主义、极端主义或者传授恐怖犯罪方法，煽动实施恐怖活动；（四）通过互联网组织、领导、参加恐怖活动组织的；（五）通过互联网为恐怖活动组织、恐怖活动人员、实施恐怖活动或者恐怖活动培训提供信息、资金、物资、劳务、技术、场所等支持、协助、便利的；（六）其他网络恐怖活动。

第三节　网络恐怖事件

一、恐怖事件

事件，根据现代汉语词典的解释，是指影响较大的事情。恐怖事件是指与恐怖活动相关的事件。根据《中华人民共和国反恐怖主义法》第3条规定，恐怖事件是指正在发生或者已经发生的造成或者可能造成重大社会危害的恐怖活动。据此，恐怖事件有两个特征：一是时间特征，即正在发生或者已经发生；二是后果特征，即造成或者可能造成重大社会危害。这里说的社会危害，包括制造社会恐慌、危害公共安全、侵犯人身财产等。

公开资料显示，截至2016年8月15日，国际知名的网络百科全书“维基百科”共收录了自1946年至2016年7月14日历史上发生的重大恐怖事件91件。其中包括影响国际政治和国际关系走向的重大恐怖事件。下面以时间为序，列举国际上发生的部分重大恐怖事件。

美国“9·11”恐怖袭击事件。2001年9月11日，美国本土发生了一系列自杀式恐怖袭击事件。当天早晨，19名“基地”组织恐怖分子劫持4架民航客机，其中有2架飞机分别冲撞纽约世界贸易中心双塔，造成飞机上的所有人和建筑物中的不少人死亡，两座建筑在2小时内倒塌，并导致临近的其他建筑被摧毁或损坏；第三架飞机撞向位于弗吉尼亚州阿灵顿县的五角大楼；第四架飞机在宾夕法尼亚州索美塞特县尚克斯维尔附近坠毁，飞机上均无人生还。事后统计，这次恐怖袭击事件共造成2749人死亡，涉及87个不同国家的人员。这次事件是继第二次世界大战日本袭击珍珠港后，美国本土首次遭受来自空中的袭击，也是继珍珠港事件后，外部势力首次对美国领土造成重大伤亡的袭击[①]。

俄罗斯莫斯科歌剧院恐怖袭击事件。2002 年 10 月 23 日，逾 40 名车臣分离主义武装分子闯入俄罗斯莫斯科轴承厂文化宫大楼剧院，劫持了 850 名人质。恐怖分子要求俄罗斯军队撤出车臣共和国。10 月 27 日，俄罗斯联邦军警及阿尔法特种部队以化学气体麻醉表演厅内所有人后强攻进入，共击毙 39 名恐怖分子，其余恐怖分子均被抓获。多数人质获救，但有 129 名人质因为吸入化学气体而死亡。

俄罗斯别斯兰恐怖袭击事件。2004 年 9 月 1 日，车臣分离主义武装分子在俄罗斯南部北奥塞梯共和国别斯兰市第一中学劫持了正在举行开学典礼的 1200 多名学生、教师和家长作为人质。俄罗斯军警及阿尔法特种部队包围了学校 3 天，期间试图通过谈判解救人质，未果后决定武力解决。事件于 9 月 3 日结束。这次事件造成至少 338 名人质死亡，数百人受伤，31 名恐怖分子被击毙。这是俄罗斯历史上最严重的恐怖袭击事件。

中国新疆鄯善“6·26”暴力恐怖案件。2013 年 6 月 26 日凌晨 5 时 50 分许，新疆吐鲁番地区鄯善县鲁克沁镇发生一起暴力恐怖袭击案，多名暴徒先后袭击鲁克沁镇派出所、特巡警中队、镇政府和民工工地，放火焚烧警车，造成 24 人遇害（其中有 16 人为维吾尔族，2 人为公安民警），21 人受伤。公安民警当场击毙暴徒 11 人、击伤并抓获 4 人。

中国北京“10·28”暴力恐怖案件。2013 年 10 月 28 日，北京市天安门城楼前发生一起汽车撞人恐怖袭击事件，造成 2 名来自菲律宾和广东的游客死亡，3 名恐怖分子当场被烧死。该事

---

① 资料来源：https：//zh. wikipedia. org/wiki/。

件为首次在北京地区发生的恐怖袭击事件。事件发生后，“突厥斯坦伊斯兰党”在网上发布声明认领了这起恐怖袭击事件。

中国云南昆明“3·01”暴力恐怖案件。2014 年 3 月 1 日，云南省昆明市昆明火车站发生一起由新疆恐怖分子策划实施的砍杀无辜平民的恐怖袭击事件。事件共造成 31 人死亡、141 人受伤。5 名直接参与袭击者中 4 人被当场击毙，1 人被当场击伤抓获，其余 3 名策划者在云南红河州个旧市沙甸镇被抓获。2014 年 9 月 12 日，云南省昆明市中级人民法院经审理，以组织、领导恐怖组织罪、故意杀人罪一审判处被告人依斯坎达尔·艾海提、吐尔洪·托合尼亚孜、玉山·买买提 3 人死刑，剥夺政治权利终身。被告人帕提古丽·托合提因怀孕免于死刑，以参加恐怖组织罪、故意杀人罪被判处无期徒刑并剥夺政治权利终身。2014 年 10 月 31 日，云南省高级人民法院对此案二审宣判，驳回被告人玉山·买买提的上诉（4 名被告人当中只有他上诉），裁定维持一审判决。

中国新疆乌鲁木齐市“5·22”暴力恐怖案件。2014 年 5 月 22 日 7 点 50 分，新疆维吾尔自治区乌鲁木齐市沙依巴克区人民公园西侧的公园北街早市发生一起严重暴力恐怖案件，造成 39 名无辜群众死亡，94 人受伤，死伤者中大多数是买早餐的老年人。

法国尼斯恐怖袭击事件。2016 年 7 月 14 日，突尼斯裔法国人穆罕默德·拉豪杰·布哈勒蓄意驾驶一辆货车撞向在法国尼斯盎格鲁街庆祝国庆日的人群，随后又向民众开枪，造成至少 84 人死亡，202 人受伤。袭击者穆罕默德·拉豪杰·布哈勒被警方击毙。这是自 2015 年 1 月 7 日法国巴黎“查理周刊”总部枪击案和 2015 年 11 月 13 日巴黎袭击事件之后法国发生的第三起较大的恐怖袭击。“伊斯兰国”于 2016 年 7 月 16 日认领了这次袭击事件。

阿富汗喀布尔恐怖袭击事件。2016 年 7 月 23 日，阿富汗首都喀布尔发生一起自杀式爆炸袭击，爆炸造成约 80 人死亡，231 人受伤。这是自 2001 年来，阿富汗死伤人数最多的炸弹袭击事件。“伊斯兰国”组织随后宣称对袭击事件负责，通过支持其媒体阿马克新闻社认领袭击事件。这是该组织对喀布尔发动的首次恐怖袭击。阿富汗塔利班组织谴责了“伊斯兰国”，指控他们试图挑起阿富汗内战。此次袭击由一位名叫阿布 · 阿里（Abo Ali）的“伊斯兰国”指挥官策划，他共指派了 3 名圣战士从阿东部与巴基斯坦交界地区的楠格哈尔省前往喀布尔进行恐怖袭击。只有一个袭击者成功地引爆了身上的炸药，第二个没有爆炸，第三个袭击者被安全部队击毙。据美联社分析称，“伊斯兰国”近年来在阿东部与巴基斯坦交界地区的楠格哈尔省比较活跃，其在阿富汗的成员主要由心怀不满的阿富汗塔利班武装分子和巴基斯坦激进组织成员构成，并在楠格哈尔省同阿富汗塔利班和阿安全部队作战。据英国广播公司（BBC）报道，有证据显示，“伊斯兰国”正在招募塔利班战士，有几个塔利班指挥官已经宣誓效忠“伊斯兰国”。“伊斯兰国”甚至在阿富汗开办广播，扩大宣传。联合国安理会 2016 年 7 月 23 日发表媒体声明，对塔利班、“基地”组织以及“伊斯兰国”等极端组织给阿富汗安全局势造成的威胁表示严重关切，同时强调必须将恐怖主义行径的实施者、组织者、资助者和支持者绳之以法，敦促所有国家按照国际法和安理会相关决议规定的义务，与阿富汗政府积极合作。

二、 网络恐怖事件

网络恐怖事件，是指正在发生或者已经发生的造成或者可能造成重大社会危害的网络恐怖活动。以时间和后果为分类标准，网络恐怖事件包括四种：一是正在发生的造成重大社会危害的网络恐怖活动。二是正在发生的可能造成重大社会危害的网络恐怖活动。三是已经发生的造成重大社会危害的网络恐怖活动。四是已经发生的可能造成重大社会危害的网络恐怖活动。

近年来，恐怖组织网络攻击事件不时见诸媒体报道，但是媒体公布的网络攻击事件主要攻击对象大部分是网站。但是，也有关于关键基础设施网络受到网络攻击的报道。2013 年，美国全国水坝数据库遭到黑客入侵。美国媒体称，针对水坝数据库的攻击可能成为恐怖组织破坏美电力网络或袭击水坝的网络攻击路线图。2013 年 5 月 25 日，以色列前国家网络安全顾问伊扎克·本·耶色列称，以色列安全机构成功阻止了叙利亚黑客“电子军”对以色列港口城市海法的供水系统发起的网络攻击。以色列网络防御系统每分钟记录了数百起针对国家基础设施实施的网络攻击，攻击的主要目标是供电和供水系统。

2015 年 1 月 12 日，自称效忠“伊斯兰国”的黑客入侵美国中央司令部的官方推特账号和视频网站 YouTube 账号，发布了宣传“伊斯兰国”意识形态的视频，并发布威胁美军留言。黑客还在推特账号上公布了数十名美国现任高级军官的个人信息，家庭住址、电话、邮箱以及私人照片。事发后，推特冻结了美国中央司令部的账号。美国官方承认两个账号被“黑”约 30 分钟，但是称没有任何机密信息泄露。

2015 年 4 月 8 日，覆盖全球 200 多个国家、2.6 亿户家庭的法国电视五台（TV5Monde）发表声明称，其旗下电视频道、官方网站和社交媒体帐号遭到“伊斯兰国”极端组织的黑客攻击，造成电视转播信号中断数小时，官方网站和社交媒体被篡改并张贴大量“圣战”标语、图片和视频。直至 9 日 18 时，电视台网络才全面恢复正常。媒体称，针对电视台如此大规模的恐怖袭击尚属首次。法国官员和专家表示，“伊斯兰国”此次行动显示其技术能力达到了新的阶段。据媒体报道，同年 10 月 26 日，“伊斯兰国”极端组织部分成员称其已攻破了法国国防部、外交部和文化部的网站，列出了部分法国工作人员邮箱地址和联系电话，包括部分法国军方资料。法国政府确认了上述资料的真实性，但表示三个部门的网络服务器未被攻击，其中的数据也暂未泄露。此后，“伊斯兰国”成员发布消息称窃取了国际民用航空组织、法参议院以及英吉利海峡中法国海军军区司令部所在港网站的数据。

媒体报道，从2014年夏到2015年中，有超过600家俄罗斯企业和政府机构网站遭到“伊斯兰国”等恐怖组织的攻击。专家分析称，“伊斯兰国”组织黑客按照统一计划行动，每次行动之后，在主页头版发布宣传信息。黑客攻击目的是盗取信息或资金支持恐怖活动。美国网络券商IB集团负责人还指出，恐怖分子正训练攻入各种平台，试图了解俄罗斯互联网的细节，可能对发电厂等更多的关键信息基础设施发动攻击，间接帮助在俄罗斯的“同党”。

2015年12月24日，哥斯达黎加环境部网站遭名为“匿名Rabaa”的黑客组织攻击，黑客贴出了2013年8月在埃及开罗Rabaa进行的大屠杀视频，并留下了Dr. AFN［D］ENA，Freedom Cry等网络攻击者名单，攻击者多次声称是与“伊斯兰国”有关的“网络哈里发”成员。

第四节　网络恐怖活动犯罪

一、网络恐怖活动犯罪的定义

绝大多数国家的刑法对恐怖活动犯罪作了明确的规定。我国第一次明确提出“恐怖活动犯罪”法律概念是2001年12月29日第九届全国人大常委会第二十五次会议通过的《中华人民共和国刑法修正案（三）》，但是该修正案未明确界定何谓“恐怖活动”、“恐怖活动犯罪”。2011 年 10 月 29 日第十一届全国人民代表大会常务委员会第二十三次会议通过《全国人大常委会关于加强反恐怖工作有关问题的决定》第 2 条对恐怖活动作了界定，即恐怖活动是指以制造社会恐慌、危害公共安全或者胁迫国家机关、国际组织为目的，采取暴力、破坏、恐吓等手段，造成或者意图造成人员伤亡、重大财产损失、公共设施损坏、社会秩序混乱等严重社会危害的行为，以及煽动、资助或者以其他方式协助实施上述活动的行为。2015 年 12 月通过的《中华人民共和国反恐怖主义法》对恐怖活动相关概念作了进一步界定。

笔者认为，恐怖活动犯罪，是指构成犯罪的恐怖活动。网络恐怖活动犯罪，是指构成犯罪的网络恐怖活动，也是恐怖活动犯罪中涉及网络的犯罪行为。

二、 网络恐怖活动犯罪相关罪名

由于恐怖活动的社会危害性重大，多数国家都规定了专门的恐怖活动犯罪，将恐怖活动犯罪与普通刑事犯罪区别开来。与恐怖活动罪相关的罪名众多。我国刑法有关恐怖活动犯罪的罪名分散在刑法分则的不同章节。2001 年通过的《刑法修正案（三）》和 2015 年通过的《刑法修正案（九）》等对恐怖活动犯罪进行了补充和完善。有学者将恐怖活动犯罪分为纯正的网络恐怖活动罪与非纯正的网络恐怖活动罪两类。

网络恐怖活动犯罪是一类犯罪的概括性称谓，涉及很多具体罪名，实际上，刑法并无网络恐怖活动犯罪的专门性称谓。使用网络恐怖活动犯罪主要是基于学理研究的需要。

笔者认为，涉及网络恐怖活动罪的犯罪类型包括以下类型：一是危害国家、颠覆政权类，如煽动分裂国家罪，煽动颠覆国家政权罪等；二是实施恐怖、危险活动危害公共安全类，如组织、领导、参加恐怖活动组织罪，宣扬恐怖主义、极端主义、煽动实施恐怖活动罪等；三是侵犯人身权利、民主权利类，如煽动民族仇恨、民族歧视罪；四是破坏社会主义市场经济秩序类，如洗钱罪；五是妨害社会管理秩序类，如非法侵入计算机信息系统罪，传授犯罪方法罪。

根据犯罪构成要件理论，网络恐怖活动犯罪的构成要件包括犯罪主体、犯罪主观方面、犯罪客体和犯罪客观方面。

笔者将我国刑法规定的罪名中涉及网络恐怖活动的罪名及其定罪量刑标准和刑事责任梳理如下。

网络恐怖活动犯罪罪名、定罪量刑标准及刑事责任一览表

罪名	犯罪主体	犯罪主观方面	犯罪客体	犯罪客观方面	刑事责任
煽动分裂国家罪（刑法第103条）	一般主体，即达到刑法规定的责任年龄、具有刑事责任能力的自然人	直接故意	国家统一和民族团结	实施了煽动分裂国家、破坏国家统一的行为	处五年以下有期徒刑、拘役、管制或者剥夺政治权利；首要分子或者罪行重大的，处五年以上有期徒刑
煽动颠覆国家政权罪（刑法第105条）	一般主体	直接故意	人民民主专政的国家政权和社会主义制度	以造谣、诽谤或者其他方式实施煽动颠覆国家证券、推翻社会主义制度的行为	处五年以下有期徒刑、拘役、管制或者剥夺政治权利；首要分子或者罪行重大的，处五年以上有期徒刑

续表

罪名	犯罪主体	犯罪主观方面	犯罪客体	犯罪客观方面	刑事责任
资助危害国家安全犯罪活动罪（刑法第107条，《刑法修正案八第20条）	一般主体	直接故意	国家安全和利益	为境外机构、组织和个人资助实施背叛国家罪、煽动分裂国家最、武装叛乱、暴乱罪、颠覆国家政权罪、煽动颠覆国家政权罪的行为	对直接责任人员，处五年以下有期徒刑、拘役、管制或者剥夺政治权利；情节严重的，处五年以上有期徒刑
破坏交通工具罪（刑法第116条、119条）	一般主体	故意	交通运输安全	破坏正在使用中的火车、汽车、电车、船只、航空器的行为	造尚未造成严重后果的，处三年以上十年以下有期徒刑，咸严重后果的，处十年以上有期徒刑、无期徒刑或者死刑
破坏交通设施罪（刑法第117条、119条）	一般主体	故意	交通运输安全	使用各种方法破坏轨道、桥梁、隧道、公路、机场、航道、灯塔、标志，或者进行	尚未造成严重后果的，处三年以上十年以下有期徒刑；造成严重后果的，处十年以上有期徒刑、无期徒刑或者死刑

续表

罪名	犯罪主体	犯罪主观方面	犯罪客体	犯罪客观方面	刑事责任
				其他破坏活动，足以使火车、汽车、电车、船只、航空器发生倾覆、毁坏危险的行为。	
破坏电力设备罪（刑法第118条、119条）	一般主体	故意	公共安全	故意破坏正在使用中的电力设备，危害公共安全行为	尚未造成严重后果的，处三年以上十年以下有期徒刑；造成严重后果的处十年以上有期徒刑、无期徒刑或者死刑
破坏易燃易爆设备罪（刑法第118、119条）	一般主体	故意	公共安全	使用各种方法破坏正在使用中的电力、燃气或者其他易燃易爆设备，足以危害公共安全的行为	尚未造成严重后果的，处三年以上十年以下有期徒刑；造成严重后果的，处十年以上有期徒刑、无期徒刑或者死刑

续表

罪名	犯罪主体	犯罪主观方面	犯罪客体	犯罪客观方面	刑事责任
组织、领导、参加恐怖组织罪（刑法第120条）	一般主体	故意	公共安全	组织、领导、参加恐怖组织的行为	处十年以上有期徒刑或者无期徒刑，并处没收财产；积极参加的，处三年以上十年以下有期徒刑，并处罚金；其他参加的，处三年以下有期徒刑、拘役、管制或者剥夺政治权利，可以并处罚金。
助恐怖活动罪（刑法第120条之一）	一般主体，包括白然人工体和单位	故意	公共安全	帮助恐怖活动组织或者试试恐怖活动的个人的行为	处五年以下有期徒刑、拘役、管制或者剥夺政治权利，并处罚金；情节严重的，处五年以上有期徒刑，并处罚金或者没收财产。单位犯本罪的，对单位判处罚金，并对其直接负责的主管人员和其他直接责任人员，依照上述规定处罚

续表

罪名	犯罪主体	犯罪主观方面	犯罪客体	犯罪客观方面	刑事责任
准备实施恐怖活动罪（刑法第120条之二）	一般主体	故意	公共安全	包括四种行为：一是为实施恐怖活动准备凶器、危险物品或者其他工具的，二是组织恐怖活动培训或者积极参加恐怖活动培训的，三是为实施恐怖活动与境外恐怖活动组织或者人员联络的，四是为实施恐怖活动进行策划或者其他准备的。	处五年以下有期徒刑、拘役、管制或者剥夺政治权利，并处罚金；情节严重的，处五年以上有期徒刑，并处罚金或者没收财产
宣扬恐怖主义、极端主义、煽动实施恐怖活动罪（刑法第120条之三）	一般主体	直接故意	公共安全	制作、散发宣传恐怖主义、极端主义的图书、音频资料或者其他物品，或者通过讲授、发布信息等方式宣扬	处五年以下有期徒刑、拘役、管制或者剥夺政治权利，并处罚金；情节严重的，处五年以上有期徒刑，并处罚金或者没收财产

续表

罪名	犯罪主体	犯罪主观方面	犯罪客体	犯罪客观方面	刑事责任
				恐怖主义、极端主义，或者煽动实施恐怖活动的行为	
利用极端主义破坏法律实施罪（刑法第120条之四）	一般主体	直接故意	公共安全	利用极端主义煽动、胁迫群众破坏国家法律确立的婚姻、司法、教育、社会管理等制度实施的行为	处三年以下有期徒刑、拘役或者管制，并处罚金；情节严重的，处三年以上七年以下有期徒刑，并处罚金；情节特别严重的，处七年以上有期徒刑，并处罚金或者没收财产
强制穿戴宣扬恐怖主义、极端主义服饰、标志罪（刑法第120条之五）	一般主体	直接故意	公共安全	以暴力、胁迫等方式强制他人在公共场所穿着、佩戴宣扬恐怖主义、极端主义服饰、标志的行为	处三年以下有期徒刑、拘役或者管制，并处罚金

续表

罪名	犯罪主体	犯罪主观方面	犯罪客体	犯罪客观方面	刑事责任
非法持有宣扬恐怖主义、极端主义物品罪（刑法第120条之六）	一般主体	直接故意	公共安全	非法持有宣扬恐怖主义、极端主义的图书、音频视频资料或者其他物品，情节严重的行为	处三年以下有期徒刑、拘役或者管制，并处或者单处罚金
破坏广播电视设施、公用电信设施罪（刑法第124条）	一般主体	故意	通信公共安全	破坏广播电视设施、公共电信设施，足以危害公共安全的行为	处三年以上七年以下有期徒刑；造成严重后果的，处七年以上有期徒刑
洗钱罪（刑法第191条）	一般主体，包括自然人主体和单位	故意	国家金融管理制度和司法机关正常活动	包括以下五种行为：一是提供账户资金。二是协助将财产转换为现金、金融票据、有价证券。三是通过转账或者其他结算方式协助资金转移。四	没收实施犯罪的所得及其产生的收益，处五年以下有期徒刑或者拘役，并处或者单处洗钱数额百分之五以上百分之二十以下罚金；情节严重的，处五年以上十年以下有期徒刑，并

续表

罪名	犯罪主体	犯罪主观方面	犯罪客体	犯罪客观方面	刑事责任
				是协助将资金汇往境外。五是以其他方法掩饰、隐瞒犯罪所得及其收益的来源和性质。	处洗钱数额百分之五以上百分之二十以下罚金。单位犯本罪的，对单位判处罚金，并对其直接负责的主管人员和其他直接责任人员，处五年以下有期徒刑或者拘役；情节严重的，处五年以上十年以下有期徒刑
煽动民族仇恨、民族歧视罪（刑法第249条）	一般主体	故意	我国各民族间平等、团结、互助关系	以各种蛊惑人心的方法，公开煽动民族仇恨、民族歧视的行为	处三年以下有期徒刑、拘役、管制或者剥夺政治权利；情节特别严重的，处三年以上十年以下有期徒刑
煽动暴力抗拒法律实施罪（刑法第278条）	一般主体	故意	国家法律实施秩序	煽动群众暴力抗拒国家法律、行政法规实施，扰乱社会秩序的行为	处三年以下有期徒刑、拘役、管制或者剥夺政治权利；造成严重后果的，处三年以上七年以下有期徒刑

续表

罪名	犯罪主体	犯罪主观方面	犯罪客体	犯罪客观方面	刑事责任
非法侵入计算机信息系统罪（刑法第285条）	一般主体，包括自然人主体和单位	故意	国家事务、国防建设、尖端科技领域的计算机信息系统的安全	违反国家规定，侵入国家事务、国防建设、尖端科技领域的计算机信息系统的行为	处三年以下有期徒刑或者拘役。单位犯本罪的，对单位判处罚金，并对其直接负责的主管人员和其他直接责任人员，依照上述规定处罚
非法获取计算机信息系统数据罪（刑法第285条）	一般主体，包括自然人主体和单位	故意	除国家事务、国防建设、尖端科技领域以外，其他计算机信息系统中存储、处理和传输的数据安全	违反国家规定，侵入除国家事务、国防建设、尖端科技领域以外的计算机信息系统，或者采取其他技术手段，获取该计算机信息系统中存储、处理或者传输的数据，情节严重的行为	处三年以下有期徒刑或者拘役，并处或者单处罚金；情节特别严重的，处三年以上七年以下有期徒刑，并处罚金。单位犯本罪的，对单位判处罚金，并对其直接负责的主管人员和其他直接责任人员，依照上述规定处罚

续表

罪名	犯罪主体	犯罪主观方面	犯罪客体	犯罪客观方面	刑事责任
非法控制计算机信息系统罪（刑法第285条）	一般主体，包括自然人主体和单位	故意	除国家事务、国防建设、尖端科技领域以外，其他计算机信息系统的安全	侵入除国家事务、国防建设、尖端科技领域以外的计算机信息系统，对计算机信息系统实施非法控制，或者利用其他技术手段，对计算机信息系统实施非法控制，情节严重的行为	处三年以下有期徒刑或者拘役，并处或者单处罚金；情节特别严重的，处三年以上七年以下有期徒刑，并处罚金。单位犯本罪的，对单位判处罚金，并对其直接负责的主管人员和其他直接责任人员，依照上述规定处罚
提供侵入、非法控制计算机信息系统程序、工具罪（刑法第285条）	一般主体，包括自然人主体和单位	故意	计算机信息系统安全	提供侵入、非法控制计算机信息系统程序、工具的行为	处三年以下有期徒刑或者拘役，并处或者单处罚金；情节特别严重的，处三年以上七年以下有期徒刑，并处罚金。单位犯本罪的，对单位判处罚金，并对其直接负责的主管人员和其他直接责任人员，依照上述规定处罚

续表

罪名	犯罪主体	犯罪主观方面	犯罪客体	犯罪客观方面	刑事责任
破坏计算机信息系统罪（刑法第286条）	一般主体	故意	计算机信息系统安全	违反国家规定，破坏计算机信息系统功能和信息系统中存储、处理、传输的数据和应用程序，后果严重的行为	处五年以下有期徒刑或者拘役；后果特别严重的，处五年以上有期徒刑
非法利用信息网络罪（刑法第287条之一）	一般主体，包括自然人主体和单位	故意	国家信息网络监管秩序和公民人身财产合法权益	利用信息网络实施准备违法犯罪活动，情节严重的行为	处三年以下有期徒刑或者拘役，并处或者单处罚金。单位犯本罪的，对单位判处罚金，并对其直接负责的主管人员和其他直接责任人员，依照上述规定处罚
帮助信息网络犯罪活动罪（刑法第287条之二）	一般主体，包括自然人主体和单位	故意	国家信息网络监管秩序和公民公民人身财产合法权益	为他人犯罪提供网络接入、服务器托管、网络存储、通讯传输等技术支持，或者提供广告推广、支付结算等帮助，情节严重的行为	处三年以下有期徒刑或者拘役，并处或者单处罚金。单位犯本罪的，对单位判处罚金，并对其直接负责的主管人员和其他直接责任人员，依照上述规定处罚

续表

罪名	犯罪主体	犯罪主观方面	犯罪客体	犯罪客观方面	刑事责任
编造、故意传播虚假恐怖信息罪（刑法第291条之一）	一般主体	故意	社会秩序	编造爆炸威胁、生化威胁、放射威胁等恐怖信息，或明知是编造的恐怖信息而故意传播，严重扰乱社会秩序的行为	处五年以下有期徒刑、拘役或者管制；造成严重后果的，处五年以上有期徒刑
传授犯罪方法罪（刑法第295条）	一般主体	直接故意	社会治安管理秩序	实施了传授犯罪方法的行为	处五年以下有期徒刑、拘役或者管制；情节严重的，处五年以上十年以下有期徒刑；情节特别严重的，处十年以上有期徒刑或者无期徒刑
拒绝提供间谍犯罪、恐怖主义犯罪、极端主义犯罪证据罪（刑法第311条）	一般主体	故意	国家司法机关的正常活动	拒绝向国家司法机关提供有关间谍犯罪、恐怖主义犯罪、极端主义犯罪证据，情节严重的行为	处三年以下有期徒刑、拘役或者管制

第五节 网络恐怖活动违法行为

网络恐怖活动违法行为，是指实施恐怖活动，情节轻微，尚不构成犯罪的行为。根据我国反恐怖主义法第 80 条规定，参与下列活动之一，情节轻微，尚不构成犯罪的，由公安机关处十日以上十五日以下拘留，可以并处一万元以下罚款：

（一）宣扬恐怖主义、极端主义或者煽动实施恐怖活动、极端主义活动的；

（二）制作、传播、非法持有宣扬恐怖主义、极端主义的物品的；

（三）强制他人在公共场所穿戴宣扬恐怖主义、极端主义的服饰、标志的；

（四）为宣扬恐怖主义、极端主义或者实施恐怖主义、极端主义活动提供信息、资金、物资、劳务、技术、场所等支持、协助、便利的。

根据我国反恐怖主义法第 81 条规定，利用极端主义，实施下列行为之一，情节轻微，尚不构成犯罪的，由公安机关处五日以上十五日以下拘留，可以并处一万元以下罚款：

（一）强迫他人参加宗教活动，或者强迫他人向宗教活动场所、宗教教职人员提供财物或者劳务的；

（二）以恐吓、骚扰等方式驱赶其他民族或者有其他信仰的人员离开居住地的；

（三）以恐吓、骚扰等方式干涉他人与其他民族或者有其他信仰的人员交往、共同生活的；

（四）以恐吓、骚扰等方式干涉他人生活习俗、方式和生产经营的；

（五）阻碍国家机关工作人员依法执行职务的；

（六）歪曲、诋毁国家政策、法律、行政法规，煽动、教唆抵制人民政府依法管理的；

（七）煽动、胁迫群众损毁或者故意损毁居民身份证、户口簿等国家法定证件以及人民币的；

（八）煽动、胁迫他人以宗教仪式取代结婚、离婚登记的；

（九）煽动、胁迫未成年人不接受义务教育的；

（十）其他利用极端主义破坏国家法律制度实施的。

2016 年 7 月 29 日新疆维吾尔自治区第十二届人民代表大会常务委员会第二十三次会议上通过的《新疆维吾尔自治区实施〈中华人民共和国反恐怖主义法〉办法》对恐怖活动违法行为进行了细化。该办法第 50 条规定，实施下列行为之一，情节轻微，尚不构成犯罪的，依照《中华人民共和国反恐怖主义法》第 80 条的规定处罚：

（一）利用教经、讲经、解经、学经、婚礼、葬礼、聚会和文体活动等宣扬恐怖主义、极端主义的；

（二）制作、下载、存储、复制、查阅、摘抄含有恐怖主义、极端主义等内容的音频、视频、图片、文字材料或者网络链接地址的；

（三）非法持有含有恐怖主义、极端主义等内容的印刷品或者电子产品的；

（四）设计、制作、散发、邮寄、销售、展示含有恐怖主义、极端主义内容的服饰、标志、旗帜、徽章、器物、纪念品等的；

（五）在公共场所利用服饰、标志等宣扬恐怖主义、极端主义或者强制他人穿着、佩戴恐怖主义、极端主义服饰、标志的；

（六）为他人实施恐怖主义、极端主义活动提供信息、物资、运输服务等便利或者充当向导、帮助探查偷越国（边）境线路的；

（七）协助恐怖活动、极端主义活动嫌疑人员进行非法出境入境、走私、偷运夹带违禁物品的。

根据《新疆维吾尔自治区实施〈中华人民共和国反恐怖主义法〉办法》第51条规定，实施下列行为之一，情节轻微，尚不构成犯罪的，依照《中华人民共和国反恐怖主义法》第81条的规定处罚：

（一）干涉他人宗教信仰自由的；

（二）组织、强迫、唆使、纵容、引诱未成年人参加宗教活动的；

（三）利用宗教妨碍、干涉他人婚丧嫁娶、遗产继承等活动的；

（四）歪曲“清真”概念，将“清真”概念泛化，扩大、异化到社会生活及其他方面的；

（五）恐吓、诱导他人抵制享受国家政策措施，毁损居民身份证、户口簿和结婚证等国家法定证件及人民币的；

（六）蓄意炒作或者编造、歪曲社会敏感案（事）件，或者故意造谣，传播不实信息，破坏社会管理制度实施的。

上述违法行为中涉及网络的属于网络恐怖活动违法行为。

第五章

网络恐怖主义的成因

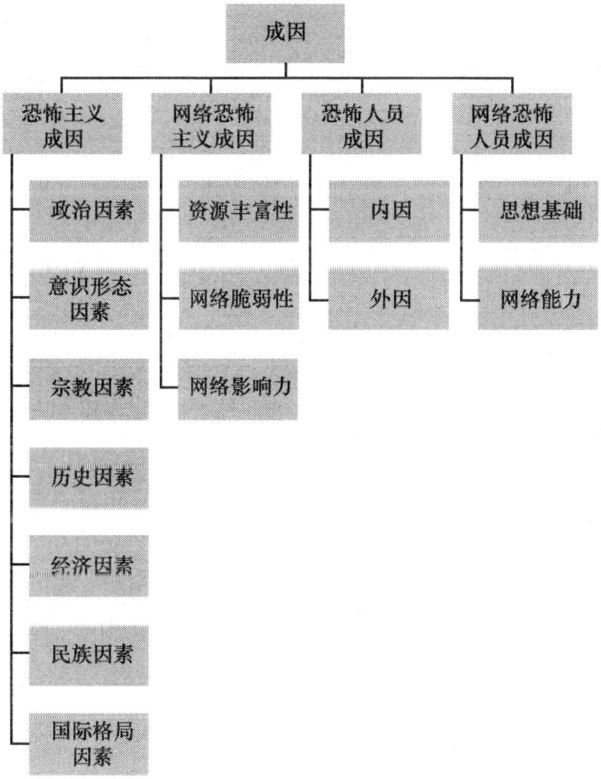

阅读导图

第一节 恐怖主义的成因

恐怖主义是如何形成的？关于这个问题，自恐怖主义产生以来，国内外学者对此进行了大量的分析研究，有关文献资料十分丰富，见仁见智，各种观点都有。有从政治学、宗教学、社会学、心理学角度分析的，有从民族学、国际关系学、经济学角度、传播学、统计学角度分析的，有从法学、犯罪学角度分析的等等，不同的学科、不同的视角、不同的研究方法、不同时期的研究，形成的观点看法都不一样，有关恐怖主义成因的流派和学说也很多。其中有的分析和观点还带有某些偏见和政治利益因素。这种现象充分反映了恐怖主义根源问题的复杂性。

2015 年，联合国发布了新的全球反恐战略《防止暴力极端主义行动计划》，对暴力极端主义的背景和促成因素进行了分析梳理。该报告认为，没有权威数据表明个人是如何走向激进化的。虽然可以辨认出一些趋势和动向，但研究人员意见一致的领域不多。研究表明，暴力极端主义的形成有两大类促成因素：一是推出因素。即有利于暴力极端主义的条件和出现暴力极端主义的体制原因。主要表现是缺少社会经济机遇、被边缘化和受到社会歧视、未获得解决的长期冲突、在监狱中走向激进化。二是推进因素。即个人的动机和过程。因为它们在把思想和抱怨变成暴力极端主义行动中的过程中起重要作用，需要对这一不断变化的现象进行更多的定性和定量研究。包括人的背景和动机、集体怨恨和受害、歪曲和滥用信仰、政治思想体系和族裔与文化差异、领导人和社会网络等。

应当看到，恐怖主义的成因非常的复杂，是多种因素、多重矛盾相互融合、相互交织的结果。研究者认为，恐怖主义的成因没有一个固定的模式，不同类型、不同国家、不同时期的恐怖主义，其形成的原因也各有不同。一种恐怖主义产生的原因并不能用来解释另一种恐怖主义的成因。但总的来说，现代恐怖主义作为反人类、反文明的行为，是国内、国际矛盾激化的产物，是各种矛盾冲突的反映，其根源既有外部环境原因，也有内在动力原因，既有团体成因，也有个体成因，与政治、历史、宗教、民族、经济、文化、国际关系等各种因素密切有关。

令人不解的是，即使在当前国际社会的严厉打击下，国际恐怖主义仍然十分活跃、猖獗，例如“伊斯兰国”现象的出现，可见这个问题远超人们的想象，具有非常复杂的一面。从内部看，恐怖主义的产生具有深刻复杂的外部环境和历史、社会根源，当今社会存在着滋生恐怖主义的土壤和温床；从外部看，全球化发展不平衡，南北差距加大，贫困现象加剧；一些国家和地区的民族、宗教矛盾持续上升，分裂主义和宗教极端主义发展蔓延；国际格局发生重大变化，原有稳定的结构平衡被打破，局部地区战乱不断，给恐怖主义留下活动发展的空间等等。总之，恐怖主义的形成有极其复杂的根源和因素，每个恐怖组织和每个恐怖事件背后都混杂政治、经济、宗教、文化、历史等多种因素，既具有共性成因，也有个性原因，诸如此类，各种因素的综合作用成为现代恐怖主义形成的根源，这一点，我们在分析恐怖主义成因的时候，务必要有清醒的认识。

一、政治因素

政治性是恐怖主义的基本属性，政治目的是恐怖主义追求的目的之一。政治性也是恐怖主义区别于普通刑事犯罪的标志。有学者指出，政治是助长恐怖主义疯狂的发动机。恐怖主义试图通过暴力恐怖手段，影响或改变一国的国内或国际政策，达到改变政治地位，或者分裂国家，或者颠覆国家政权等政治目的。著名恐怖主义研究专家霍夫曼（Bruce Hoffman）指出："恐怖主义本质上说是政治的"，它必然是关于权力的问题——权力的追求、获取，或使用权力来达到政治目的。"恐怖主义因此是用来或直接是追求或服务于政治目的的暴力，或同样是暴力的威胁"[①]。恐怖组织通常都会明确自己的政治纲领、政治理想和政治目标，并且多数情况下将政治诉求公之于众。明确的政治目标是凝结恐怖组织成员的精神支柱和思想基础。

有研究认为，霸权主义、强权政治是国际恐怖主义发展蔓延的政治诱因。霸权主义者干涉他国内政，扶持对己有利的政治势力，对他国进行经济制裁或军事打击，招致广泛不满，客观上为极端民族主义者进行恐怖活动提供了活动空间。长期在政治上受到发达国家压迫的国家出现仇恨心理，转而组成恐怖组织对发达国家的平民和设施进行恐怖袭击。例如美国在冷战结束后，为了建立美主导的单极世界，大搞霸权主义和强权政治，干涉介入他国内部事务，它的单边主义政策引起世界其他国家，特别是弱小的不发达国家的不满与仇恨，造成反西方情绪蔓延，客观上助长了国际恐怖主义的发展，美国等西方国家也成为国际恐怖主义的主要矛头。

国内政治矛盾激化，政治走向畸形化和极端化，往往成为恐怖主义产生的政治诱因。专制统治、政权腐败和政治权威的丧失为恐怖主义的产生和发展提供了依据和借口。国内宗教政策的失误会引发宗教极端主义泛滥。一些国家政权不稳定，政府治理能力低下，公民政治权利丧失，不同政治势力和派别冲突不断，社会控制出现真空，这些都为滋生恐怖主义提供了国内政治环境。

---

① Bruce Hoffman, Inside Terrorism, New York: Columbia University Press, 1998, pp. 14–15.

二、意识形态因素

剖析恐怖主义产生的根源，不能忽视意识形态这一重要因素。恐怖主义本身包含一定的意识形态含义，它的一个重要特点是与意识形态密切相关。意识形态是恐怖主义追求的目的和主张之一。

研究认为，“意识形态”一词出现在16世纪末，用于指称“观念的科学”。关于意识形态的含义，政治学者给出的定义很多。网络词典百度百科认为，意识形态是对事物的理解、认知，是观念、观点、概念、思想、价值观等要素的总和。不同的意识形态，对同一种事物的理解、认知也不同。有学者认为，意识形态由认知——解释因素、价值因素、目标——策略因素三个基本因素构成。认识——解释因素主要是说明这个世界是什么。价值因素是意识形态的基本价值理念，它向世人表明什么样的价值才是正价值，什么样的价值是负价值，什么样的价值观是高尚的价值观，什么样的价值观是卑下的价值观等等。目标——策略因素是意识形态的基本理念实现的目标、途径和方法。也有学者认为，意识形态由五个要素构成：一是认知——知识和信仰；二是影响——感觉和情感；三是价值——规范和判断；四是项目——计划和目标；五是社会基础——支持群体和集体。意识形态形式上是一种观念，是一套规则，调整和决定人们的行为。它又是一种世界观、一个价值体系，是个人、群体或社会认为真实或重要的态度或信仰，其本质具有政治性。

恐怖主义作为一种政治暴力，表现出一定的社会或政治诉求，它必然会受到意识形态的支配。恐怖组织是非理性的，都受一定的意识形态所驱动。恐怖组织的意识形态是极端化的，无论哪个恐怖组织，都包含偏执、极端化的意识形态。

不同的恐怖组织的意识形态不完全相同，每一个恐怖组织都对应着与其高度相关的意识形态。例如，维基百科认为，“基地”组织的意识形态有泛伊斯兰主义、伊斯兰教逊尼派瓦哈比派和库特布主义。伊斯兰主义，又称伊斯兰原教旨主义，是指主张伊斯兰不仅仅是宗教信仰，而且是一套政治体制的意识形态，伊斯兰主义呼吁现代穆斯林去宗教信仰中寻根，并在政治上统一思想。泛伊斯兰主义，是指所有信仰伊斯兰教的穆斯林应该团结起来成立一个叫乌玛的政治实体或一个伊斯兰王国来共同对付以英国为首的西方殖民统治。库特布主义是伊斯兰主义的一个派别，源于穆斯林兄弟会已故领导者赛义德·库特布的思想，是一种主动的圣战主义，宣扬攻击型圣战。

“伊斯兰国”极端组织的意识形态有极权主义、伊斯兰恐怖主义、萨拉菲圣战思想、伊斯兰教逊尼派瓦哈比派。伊斯兰恐怖主义是团体和个人的伊斯兰性质恐怖主义，打着伊斯兰经文和圣训的旗号，把政治性质的暴力行为合理化。

“东突厥斯坦解放组织”恐怖组织的意识形态是通过武装斗争解决争端。“东突厥斯坦伊斯兰运动”（“东伊运”）恐怖组织的意识形态是恐怖主义、分裂主义、泛突厥主义。所谓泛突厥主义（英语 Pan-Turkism），又称大突厥主义，是在沙皇俄国形成的，主张所有讲突厥语的民族即突厥语族，建立突厥联盟，共同对抗沙皇俄国的“泛斯拉夫主义”。沙皇俄国当时实行民族歧视，俄罗斯人是东斯拉夫人，所以他们实行“泛斯拉夫主义”。泛突厥主义是一种极端的民族沙文主义思潮，目标是在政治、经济、文化、语言上建立统一的突厥语民族和“大突厥国”①。

学者认为，意识形态是恐怖主义的内在驱动力，是恐怖组织形成内部凝聚力的思想组织原则，为恐怖活动提供了动机，是恐

① 资料来源：http：//baike. baidu. com

怖组织大众动员的遮羞布，也是恐怖组织向社会大众传播暴力文化的载体。正因为如此，恐怖组织才将意识形态视为“法宝”和思想保障。

三、 宗教因素

通常认为，宗教矛盾和冲突是恐怖主义泛滥的重要原因。宗教既是一种意识形态，也是一种社会行为。宗教与恐怖主义并没有必然的联系。恐怖主义是利用宗教或打着宗教旗号进行恐怖活动。与恐怖主义形成有关的是宗教矛盾和宗教极端化，即宗教极端主义。

著名学者塞缪尔·亨廷顿曾经说过一句话：“宗教是战争不竭的动力。”宗教作为人们的一种信仰，是平等的、自由的。宗教之所以被恐怖组织利用，是因为宗教信仰被神圣化后，有丰富的政治价值、规范价值、思想价值。研究认为，宗教具有强烈的内聚性和排斥性特点。内聚性是指宗教作为一种获取身份认同的重要源泉，能够跨越年龄、性别、民族、职业与国籍，将不同的人们凝聚在一起；排斥性是指不同宗教信仰之间、宗教信仰与无神论之间总是界限明晰、相互排斥。特别是一神教爱憎分明。塞缪尔·亨廷顿在分析伊斯兰教文明和基督教文明之间的冲突时，认为这两种宗教都是一神教，与多神教不同，它们不容易接受其他的神；它们都用二元的、非我即彼的眼光看待世界；它们又都是普世主义的，声称自己是全人类都应追随的唯一真正信仰；它们都是负有使命感的宗教，认为其教徒有义务说服非教徒皈依这一唯一的真正信仰。宗教信徒把信仰差异变成社会冲突，并上升到永恒真理，自认为只有自己信仰的宗教才代表真善美，而对方则代表邪恶，这必然会导致宗教矛盾和冲突。一些宗教信徒为维护信仰和教义不惜采取恐怖极端手段去消灭“异教徒”。利用宗教的内聚性和排斥性诠释其教义极端化，将崇尚和平与仁爱的宗教转变成狂热的信条，成为恐怖组织最好的理论武器。宗教工具化、极端化是现代社会宗教型恐怖组织居多的原因之一。

宗教极端化，是宗教走火入魔的一种表现。本来，每一种宗教的创立都发始于善的本意，导人向善。不同宗教之间应该是平等的、相互尊重的、求同存异和相互融合的。但是，如果把宗教极端化，就会歧视、排斥甚至敌视其他宗教以及非信仰本宗教的人，宗教冲突和文明冲突就会激化。恐怖组织以宗教为幌子，传播极端宗教思想，这是恐怖主义利用宗教特性的具体表现。

宗教极端主义是打着宗教旗号出现的一种极端主义思潮，其目的是要恢复神权统治，建立政教合一的国家。宗教极端主义是宗教蜕变的产物，它不是人们信仰的宗教，是假借宗教之名，行极端主义之实的怪物。宗教极端主义在信仰同一宗教的、特定的人群中从事活动，它绝对排斥一切异质文化和一切异教信仰，进而对之冲击、拒绝、打杀、毁灭一切异质文化和一切异教信仰的载体或象征物。它是在宗教名义下的罪恶行径的精神支柱和活的灵魂，为了所谓的“信仰”和神灵的事业，它鼓动、激励追随者采取极端暴力手段，可以杀人放火，也可以自我牺牲，奉献生命。它的一切思想观念、行为活动表面上是以所信仰的神灵的启示、旨意和经典的教诲为转移、确定其是非准则，主张一切应对神灵而不是对人类、对社会负责，实际上这些都是骗人的幌子。

宗教极端化中影响最大的是伊斯兰原教旨主义。原教旨是对教义的一种保守的信仰。原教旨主义提倡对其宗教的基本经文或文献做字面的、传统的解释，并且相信从这些阐释中获得的教义应该被运用于社会、经济和政治生活的各个方面。原教旨主义理论上的共同点是反对现代主义、自由主义和世俗主义。原教旨主义起源于欧洲基督教社会，后被广泛应用于描述世界各地的宗教极端主义活动。与所谓保守主义不同的是，原教旨主义者认为必须强制制止别的信仰，用暴力推行自己的教旨。原教旨主义有极强的保守性、对抗性、排他性及战斗性。原教旨主义者用暴力推行的“教旨”中包括了强制的法律，凡是不合他们教义的都是有罪的。原教旨主义不是宗教，只是以宗教为借口的暴力。

伊斯兰原教旨主义是近现代伊斯兰社会思潮与社会运动之一，系西方学者对“伊斯兰复古主义”的称谓，主张严格遵循伊斯兰教初创时期的原旨教义和传统，用伊斯兰教的本来精神作为改良、复兴宗教与社会的动力，以消除腐败，纯洁信仰，清除外来的各种异端学说以及西方文化和生活方式的污染，重建以伊斯兰教法为基础，以古代麦地那哈里发国家为楷模的理想伊斯兰国家、伊斯兰社会、伊斯兰秩序。系与世俗主义、民族主义、伊斯兰现代主义相对立的一种传统的宗教、社会改良学说。当代伊斯兰原教旨主义同历史上的原教旨主义有明显的区别。既有主张以合法方式争取社会舆论支持的传统派，也有同政府有某种联系、主张通过同官方合作逐步实现伊斯兰化的温和派，还有采取暗杀、恐怖等活动，企图以暴力夺取政权的激进派。由于西方势力的插手培植，伊斯兰原教旨主义中的恐怖主义倾向得到迅速发展。伊斯兰极端主义沉渣泛起，伊斯兰教义被歪曲，部分民间伊斯兰复兴运动被引向极端主义泥潭，伊斯兰“圣战”思想被误读，伊斯兰复兴思潮滑向政治化、极端化，“基地”组织、“伊斯兰国”等恐怖组织发展壮大，将伊斯兰极端主义引向全球。宗教极端主义是伊斯兰发展的“毒瘤”，是被异化的伊斯兰教[①]。

四、历史因素

历史积怨是某些类型恐怖主义的成因。如果历史上两个民族

---

① 资料来源：http：//xiuxing. baike. com/article－931461. html。

曾产生过矛盾，而且这种矛盾一直没有得到有效的疏导化解，就可能会转化为社会积怨。社会积怨会随着时间不断积累沉淀转化为现实仇恨，从而演变成恐怖主义。例如，车臣人和俄罗斯人因为历史积怨而产生的恐怖主义事件。18 世纪初，沙俄开始向高加索地区扩张。沙俄经过多年血腥战争，从波斯帝国和奥斯曼土耳其帝国手中夺得车臣。19 世纪中期，俄罗斯为消灭和赶走包括车臣人在内的山民，兼并北高加索。沙俄政府一方面大量地驱逐当地土著居民，另一方面向该地区移民，使车臣和北高加索其他各民族很快成为少数民族。车臣人与俄罗斯人因此结下深仇大恨。进入 21 世纪以来，车臣分裂武装分子先后制造了“莫斯科人质事件”、“莫斯科图什诺机场音乐会爆炸案”、“莫斯科地铁爆炸案”、“卡德罗夫总统被炸案”等一系列恐怖袭击事件，这些恐怖袭击事件又加重了车臣与俄罗斯的社会积怨。

五、 经济因素

通常认为，经济上的不公平是恐怖主义产生的根本原因。与恐怖主义形成相关的经济因素主要是贫困和经济极化。贫困只是滋生恐怖主义的温床，但不一定是恐怖主义产生的根源，两者之间不一定存在关联性。普林斯顿大学经济学家阿兰·克鲁格在著作《恐怖分子从何而来?》中对全球恐怖主义袭击事件进行了数据统计，得出了具有统计学意义的发现，结论之一是恐怖分子不是极端贫困的人，受教育程度也不低，“恐怖分子通常来自受过良好教育的中产阶级或高收入家庭。”克鲁格教授推测，由于恐怖分子的行动一般都带有政治目的，所以只有受过高等教育和家境殷实的人才有最大的动力去改变社会，这些人尤其忍受不了压制，从而走向恐怖主义。比如，中东地区恐怖活动频发，但中东地区并非当今世界最贫困的地区。“基地”恐怖组织的头目本·

拉丹本人就是亿万富翁，他并不缺钱。但是，应当看到，贫困在一定程度上促进了恐怖主义的形成和增长。

经济全球化是与恐怖主义形成与发展相关的背景因素。从总体上看，经济全球化为人类社会带来了积极的推动作用，但是经济全球化发展的不平衡必然会导致出现很多社会问题，如加剧国际社会的不公正和不合理性，加剧国际社会文化价值观的冲突，拉大发达国家与发展中国家的贫富差距等，这些都是导致恐怖主义发生和发展的经济因素。

经济极化是经济全球化时代恐怖主义形成的经济因素之一。经济极化包括国内经济因素和国际经济因素两方面。从国内经济因素讲，主要与本国的贫困问题、失业问题、贫富差距问题、社会保障问题等有关。全球经济危机以来，失业率的不断攀升和社会福利水平的下降，造成极左和极右势力的不满。不论发达国家还是发展中国家，只要国内存在经济问题，就可能遭受不同程度的恐怖主义危害。国际经济因素，主要是指持续扩大的南北差距问题。由于国际经济秩序的不合理性，南北经济差距在加大，富者愈富、穷者愈穷，不仅影响全球经济的持续健康发展，引发社会不满、导致区域碰撞、造成社会割裂，而且非法移民增多、难民数量增加，使国际社会更加动荡不安，为恐怖主义泛滥提供了环境，也为恐怖组织添加了新生力量来源。在经济危机面前，西方发达国家自顾不暇，发展中国家经济也急剧衰退，失业大军激增。这些失业大军有的成为难民、移民迁入欧美，成为欧美恐怖势力的一大来源。有的就地变为恐怖人员，比如索马里海盗。2008 年以来索马里海盗猖獗的一个重要原因就是失业大军加入海盗组织，力量壮大加上经济持续恶化使海盗日渐猖獗。有学者认为，造成“伊斯兰国”崛起的根源虽然很复杂，但绝大部分是因为贫穷、无知、缺乏教育和绝望。极端分子分布在中东一些经济非常落后的地方，人们很难找到工作的机会，极端组织看中了这一点，利用这些情况去招募更多的人员加入该组织，因为该组织支付较高的工资。

六、 民族因素

民族是人类社会发展到一定阶段的产物，它具有自然属性、社会属性、生物属性等。与恐怖主义形成有关联的民族因素主要是极端民族主义，即民族分裂主义。

民族分裂主义是恐怖主义产生的根源之一。民族分裂型恐怖主义以建立单一的民族国家为借口大肆进行恐怖活动，不顾历史形成的现状，将本民族的利益凌驾于其他民族利益之上，通过暴力恐怖手段，企图从现有国家中分离出去。如英国的爱尔兰共和军、俄罗斯的车臣民族分裂组织等。

有学者研究认为，民族标识的做法容易形成民族隔阂，造成民族不平等。民族标识的危害在于破坏民族平等，引发民族矛盾，使其成为恐怖主义的一个重要源头。所谓民族标识，是指将一定的地域、权利、宗教、政策等作为某一个民族固有的资源，将民族问题政治化。随着民族标识的强化，会不断强化民族差异、民族身份认同和民族群体意识，造成民族的不平等，以种族身份为由在政治任命、选举、教育、工作机会、地域居住、历史文化等方面给特定民族以优待或者歧视，将国民的财富、地位、权力、名誉、职业、教育等个人差距与族群身份、族群集体、族群区域联系起来。这样做，容易造成社会个体之间的矛盾演化、上升或归于民族矛盾和冲突。国家一旦发生动荡，或者一旦出现与民族标识相关的社会冲突事件，就会产生分裂活动和恐怖活动。

七、国际格局因素

学者研究认为，国际格局的演变和急剧变化削弱了国际社会的控制能力，成为恐怖主义形成的时代背景和外部原因之一。国际恐怖主义的兴起与国际政治格局的变化密切相关。冷战时期，国际政治格局是美苏争霸，国际社会围绕社会主义和资本主义两大阵营的对立艰难向前发展，在政治上表现为扩张与遏制的对抗；在意识形态上表现为社会主义与资本主义的对抗；在经济上表现为计划经济与市场经济的对抗；在军事上表现为北约集团与华约集团的对抗。冷战结束后，美苏两极格局维持的相对稳定状态被打破，国际社会呈多极化发展趋势，国际社会的结构也由两级变成多级，原有的世界格局瓦解，为各种极端势力的兴起提供了国际环境。一是美苏矛盾结束，民族矛盾、宗教矛盾等其他矛盾浮上水面；二是霸权主义国家以武力为后盾，以高压政策为手段，建立了一种极不公正的国际秩序，引起受害国的强烈不满和反抗，促使小国、弱国的极端人员以暴力恐怖手段进行反抗；三是一些国家通过支持极端组织在他国活动来获得利益，从而使恐怖人员有强大后援和容身之地，造成恐怖主义活动活跃；四是适合非对称对抗的武器、科技以及大众传媒的爆炸式发展，恐怖组织有条件掌握更多先进的技术手段并获取各种新式武器，从而为实现在心理上大面积影响受众这一重要目的提供了条件；五是单纯“以暴制暴”的反恐策略加剧了原有的社会矛盾，引发恐怖主义活动；六是资本主义基本矛盾加剧社会撕裂和动荡。

国际格局剧变带来的动荡给国际恐怖主义兴起提供了机遇和社会环境。乱世枭雄多，局势动荡地区，一些有“英雄情结”的人自然就涌现出来，趁着乱世实现“英雄梦”。一些中东国家长期战乱，不但催生极端伊斯兰原教旨主义的勃兴，更吸引了各国因不满现状、前赴战场实践“圣战”梦想的伊斯兰教徒。他们有些在参战前，已经受社交媒体的极端思潮影响而“自我激进化”。来自全球各地的“圣战”参与者，也会把在前线沾染的恐怖主义思潮带回本国，让极端主义犹如疫情般扩散，给世界制造更大的不安。

事实证明，一些西方国家面对别国的动荡，往往不是提供帮助劝和促谈，使局势走向稳定，而是按照其固有的是非判断，要么趁火打劫，要么火上浇油，这些干预、干涉乃至军事打击，制造了一个又一个国家的动荡，为国际恐怖主义的生根发芽开垦了肥沃土壤，激化了民族间、国家间、不同宗教和文明间的冲突，最终酿成恐怖主义得以蓬勃发展的局面。专家分析认为，“伊斯兰国”之所以能在中东多国泛起，制造国际恐怖主义事件，破坏地区稳定，正是西方国家破坏了那里原有的稳定，制造了纷争和仇恨，开辟了国际恐怖主义得以滋生的肥沃土壤。伊拉克、阿富汗等伊斯兰国家，在美国以反恐之名入侵后，相继成为伊斯兰恐怖主义的温床。2011 年陷入内战的叙利亚，则是最新的例子。

第二节　恐怖主义个体特征

一、统计学特征

关于恐怖分子的个体特征，新疆大学法学院维吾尔族女学者古丽阿扎提·吐尔逊曾对此进行过专门分析。她在《现代国际关系》杂志上发表的题为《“东突”恐怖势力个体特征及发展趋势》一文，从犯罪学和社会学角度，对中国公安部认定的三批“东突”分子和 2013 年国内法院所审理的“东突”恐怖分子的个人特点进行了梳理，分析了“东突”恐怖势力的个体特征。她认为，“东突”恐怖势力以新疆和田、喀什为主要基地，以只具有小学和初中文化水平的 18－35 周岁的青年为主要构成，并具备互联网使用能力。从年龄上看，“东突”恐怖势力团伙的年龄结构呈现出低龄化特点，绝大多数生于 80—90 年代。从性别看，“东突”恐怖势力团伙中呈现出女性增多态势。2013 年 10 月 28 日在北京天安门广场发生的驾车冲撞致人伤亡暴力恐怖袭击案件中，有 4 名女性参与，其中 2 名直接参加自杀性袭击。从文化程度上看，“东突”恐怖势力成员的文化素质普遍较低。新疆涉恐涉暴案件人员中，初中和初中以下占总数的 85%。从地理分布特征看，以南疆地区为中心，辐射到东疆和北疆。2013 年，媒体公布的 11 起暴力恐怖事件，有 8 起发生在南疆。

二、 个体心理特征

恐怖人员与常人有何区别？恐怖人员是不是心理上有精神疾病？社会大众对此有很多疑问。这个问题涉及到恐怖主义个体心理学研究。对恐怖人员的个体心理学分析，是研究恐怖人员个体行为成因的方法之一。关于恐怖人员的心理学研究，美国学者在这方面推出了大量在国际上有影响的研究成果。

恐怖人员对与自己无冤无仇、手无寸铁的普通民众挥起屠刀大肆杀戮，让公众感到不解。表面看，恐怖人员普遍显得偏执、残忍、盲目信仰、宗教狂热、对现实世界充满不满和怨恨、绝望，似乎具有某种性格缺陷和精神疾病。但是，研究人员通过大量实证研究发现，恐怖分子并没有心理上或者临床诊断出的精神疾病，虽然其行为可能存在一些精神病态的行为特点或心理特征。迄今为止，心理学研究成果显示恐怖人员与常人并没有太大区别。恐怖人员并不是丧失理智和控制实施恐怖活动，他们在行为中也考虑各方面的可行性因素，经过认真准备，遵循与平常人一样或类似的行为与心理规律。国内外心理学者对恐怖人员的心理进行了系统分析研究，从恐怖人员的人格、动机、认知、情绪等方面分析了恐怖人员的心理特征。

从恐怖人员的人格看，学者一致认为并不存在单纯的“恐怖人员人格”，因为恐怖主义并不只是宣泄暴力，它仅仅是一种工具或手段。所谓人格是指每个人独特的、稳定的行为方式和反应倾向，是先天遗传素质与后天环境影响相互作用的结果。国外学者对恐怖人员人格的研究结论各异，但有一点达成了共识，即恐怖人员并非变态人格者。有学者认为，把恐怖行动看成病理性行为，实际上回避了恐怖主义带来的政治和社会问题。恐怖人员实施的行为与变态人格的行为本质是不同的。虽然恐怖人员不是变态人格者，但恐怖人员的人格构成还是具有一些共性。有学者认为恐怖人员有较高的智商、压抑感、冒险敢为、狂热性等共同特质。恐怖人员在日常生活中表现得与常人无异，没有任何迹象显示他们与恐怖活动相挂钩，但在其平常表现的正常行为的背后，潜伏着被掩饰、被压抑的非常态人格。恐怖人员的非常态型人格主要表现为反社会人格和偏执型人格。还有学者认为，压力寻求也是恐怖人员的一个心理特质。恐怖主义之所以对有些人有吸引力，部分原因在于它能够带来生理上的危险性，恐怖人员可能是“压力寻求者”，他们喜欢能够提高情绪紧张和机体激活的行为。

从恐怖人员的动机看，与挫折感、不公平感（委屈情绪）、身份认同和归属需要等有关。有学者认为，分析恐怖分子心理，可考虑从人性和马斯洛需要层次去挖掘。有学者用精神分析心理学的本能理论、心理动力学的自恋症理论来解释暴力行为的根源，认为攻击是人类天生的本能，暴力是把自我的“死的本能”转置到他人身上；攻击行为是由于挫折感引起的。恐怖分子对人生目标的期望与现实之间的巨大差距，造成了严重的挫折感。还有学者认为恐怖人员的人格是病态性自恋，对自我过高估计，对他人低估，从而忽视他人的意义和价值，产生攻击性的暴力行为。有学者认为，恐怖人员的动机与不公平感（委屈和不满情绪）、身份认同和归属需要有关。可挽回的不公正感是恐怖主义的基本动机。身份认同是为求得心理上的安全感，个人需要寻找社会身份，需要认同他所处的环境的价值规范、习惯和重要人物的态度，也有冲动去提高或保护他所做出的认同，或试图主动地提高保护他的身份。有学者认为，恐怖组织的成员身份为恐怖人员提供了身份价值意义，对于这些个体来讲，归属于恐怖组织，成为他们社会身份的最重要部分。对于潜在的恐怖人员而言，其加入恐怖组织的心理动机是巨大的归属需要。归属感是加入恐怖组织动机因素、是留在恐怖组织的强制性理由。

从恐怖人员的认知看，存在认知结构的偏差和认知过程的强烈偏执性特点。认知是人类心理的基本过程，人们与环境的交互作用是以人们如何知觉和解释环境为基础的。有学者认为，恐怖人员的行动是以对外部世界的主观解释，而不是客观现实为基础的。这样造成恐怖人员认知的偏差，甚至是无知。高攻击性的人往往缺乏对冲突、对环境的错误认知过程。恐怖人员常把自己在现实生活中的失败归责于他人，因而对外部世界抱有敌对态度。大部分恐怖人员的行为特征都表明极端的宗教信仰和民族意识的影响巨大，他们接受“信仰”洗脑，从而形成一种偏执的宗教狂热，坚信恐怖手段的合法性和必要性，而这种认知偏差会逐渐发展为对恐怖活动的合理化认识，他们认为现存的社会必须被摧毁，这样才能建立新秩序。比如，新疆“6・26”爆恐案件中的落网凶手吾拉音・艾力，曾在记者采访讲述自己的杀人动机时说，杀人是为了换取进“天堂”的资格，因为“天堂里有仙女，有美酒，可以喝酒，怎么喝都不醉，流出的汗都是香的，想要什么有什么”。这种对“天堂”的认知，正是在新疆流传的宣扬极端宗教思想和迁徙、圣战内容的音频视频中宣传的内容之一。据新疆某律师观察，在2013年至2014年新疆发生的暴力恐怖案件中，大多数受害人均为维吾尔族人，包括2013年巴楚县“4·23”暴力恐怖袭击事件、2013年鄯善县“6·26”暴力恐怖袭击事件。参与这些暴力恐怖事件的人，一般都带有宗教背景，其目的是“解放”全世界，在全世界建立政教合一的“哈里发”国家。这些人不认可任何民族，包括维吾尔族，他们认为世界上仅有两个群体：穆斯林（教徒）、卡菲尔（异教徒）。

从恐怖人员的情绪看，通常是因为他们对现实社会抱有一种强烈的绝望和不满情绪，有对世俗社会极端失望的情绪，把希望寄托在未来。有学者认为，恐怖人员是宗教信仰者，对现实已经绝望，但是对超未来，如来世、转世等，抱有坚定的、无尽的希望。超未来时间观是自杀式恐怖袭击的影响因素。恐怖人员过去的痛苦时间和宿命般痛苦时间占据其主要人生历程。特别是生命中充斥无力改变现状、痛苦和死亡的记忆，无法掌控自己的命运。有学者认为，恐怖人员大多持有一种极端麻木冷酷的情绪状态，对世俗社会极端失望，对自己追求的目标极端绝望，没有同情怜悯之心，认为再严重的后果，只要是目的需要都是必要的。恐怖人员对恐怖行为不但没有罪恶感，相反还有一些成就感、胜利感，因此从其情感特点来看，表现出很强的与主流社会的对立性和冷酷麻木的特征。

“独狼”恐怖主义的人格、动机、认知、情绪等具有上述心理特征。“独狼”是指独自策划和发动恐怖袭击的个体恐怖人员，袭击目标为无辜平民，虽然有时也打着恐怖组织的旗号，但与恐怖组织没有直接联系。法国巴黎大学专门研究思想激进化的学者马蒂厄·吉丹赫认为，针对2016年7月发生在法国和德国的几起恐怖袭击事件，极端组织“伊斯兰国”所谓“声称负责”

只是想刷一下存在感。其实这几起恐怖事件和该组织没有直接关联，恐怖事件制造者既不是任何恐怖组织的成员，也未执行任何人的指令，自始至终都是一个人在“战斗”。有专家分析认为，“独狼”袭击虽然是个体行为，但一个普通人变成“独狼”过程却是因为受到了极端组织的蛊惑。欧洲刑警组织调查发现，极端组织“伊斯兰国”通过互联网对西方国家穆斯林“洗脑”，鼓励他们发动“独狼式”恐怖袭击。极端组织向在德国的叙利亚难民发出“动员令”，鼓励他们对德国发动“独狼式”恐怖袭击。

三、群体心理特征

恐怖组织是如何将普通人变为恐怖人员的呢？学者从群体行为心理角度进行了分析。有学者提出群体划分理论，认为社会存在不同的群体，人们通过社会分类将自己和别人归入不同的群体，然后再强化身份认同，最简单的分类就是“我与非我”、“我们与他们”。由此，人们把世界分为“内团体”和“外团体”，对前者，个体把自己看作是其中的一员，后者则相反。当个人利益不十分突出和明显时，个体行为以群体为中心。恐怖组织通过意识形态灌输，强化成员的群体认同，提供他们对组织的忠诚度。伊斯兰极端主义将世界划分为“穆斯林世界”（“内团体”）和“非穆斯林世界”（“外团体”）。“外团体”往往成为“内团体”在不如意时的泄愤对象和替罪羊，恐怖组织经常灌输这样的思想：对“外团体”施加暴力是正义的，这样恐怖分子就毫无负罪感地滥杀无辜了。正是从众心理、社会认同心理、团体的社会心理效应使正常的人们变得疯狂、残忍。美国心理学家菲利普·津巴多等社会心理学家曾提出群体动力学论、去个性化论、道德脱离论等心理学理论解释恐怖组织是如何使人们走向暴力恐怖之路的。

群体动力学论认为，在群体中，只要有别人在场，一个人的思想行为就同他单独一个人时有所不同，会受到其他人的影响。对恐怖人员来说，他们生活在一定的社会群体之中，除了“独狼恐怖主义”外，其行为具有高度的复杂性、特殊性，恐怖组织一般都是以群体为单位进行生存，特别是在制造一定规模的恐怖行动时，更需要集体的智慧与支持。个体行为随着本身与所处环境条件变化而改变。当恐怖人员生活在一个群体时，群体的生活空间将有力影响个人生活与心理态度。个体与群体的接触越来越亲密，与外界的联系越来越少，形成与其他社会群体孤立的小群体，产生群体极化现象，在有外界与其目标或利益冲突的刺激条件下，群体将会急剧走向暴力方向。

去个性化理论认为，某些情况下个体丧失其个体性而融合于群体当中。恐怖主义组织是在极端的外部威胁和压力下生存的。当人们到了极端危险的情况下，组织的团结性就会极大的提高，组织成员就会更加服从，成员之间自然形成很强的情感、依赖关系。由于组织与外部世界的隔离性，大部分信息交流来自团体内部，外部世界的信息经过了团体的过滤，这样很容易使成员去个性化，把敌人看得更加有敌意。

道德脱离理论认为，个体在社会化过程中，会逐渐掌握一些道德准则。当人际控制能力发展起来后，人们就会用约束力来控制自己的行为，克制那些违背他们道德标准的行为。但是自我约束能够有选择地被“激活和脱离”。打破行为障碍的过程为“道德脱离”，通过道德辩护（恐怖人员对自己的行动进行辩护）、责备受害者（敌人或对手是因为自己的所作所为而罪有应得）、丑化受害者（对非人性的“敌人”实施恐怖行为是顺理成章的事）三个过程完成。

美国研究宗教恐怖主义的宗教心理学家詹姆斯·琼斯通过对

伊斯兰圣战者和其他传统中的恐怖分子的个案分析，认为当宗教传统强调羞耻和羞辱时更容易引发恐怖主义行为。这样的宗教组织有以下特点：把世界分为势不两立的“至善”和“至恶”两大阵营，妖魔化那些与他们不一致的人并对他们发起讨伐，鼓吹暴力和流血牺牲是洗涤罪行的主要手段，信徒寻求慰藉，或者与具有惩罚和羞辱特性的理想化人物和机构合为一体，用神学上的理由作为暴力行为的借口，促进偏见和专制行为，这些宗教因素导致他们的成员成为恐怖分子。

从心理学的角度看，恐怖主义暴行之所以发生，除去经济、政治等原因之外，人性中的一些固有的弱点也产生了很大的作用。宗教组织正是利用了这种弱点，通过营造一定的情景，改变组织成员的信念系统，加上长时间的训练，使组织成员的良知彻底泯灭，从而成为了不可救药的暴徒。

第三节　区域恐怖主义成因分析

一、美国本土恐怖主义根源分析

研究认为，美国之所以成为恐怖袭击的主要对象，与美国政治、经济和文化有很大关系。政治霸权、经济失衡、宗教文化矛盾等因素是美国与恐怖主义之间矛盾的根源。除了国际恐怖主义威胁外，本土恐怖主义是美国面临的又一类型恐怖主义威胁。美国的本土恐怖主义，指的是美国公民、永久居民或访美人士在美国本土发起的恐怖活动。“9·11”事件以来，美国发生数十起本土恐怖活动，作案者均为美国公民或永久居民。有学者认为，美国圣战暴力恐怖分子是思想激进化并通过暴力活动实现激进想法的人。仅有激进化思想并不构成犯罪，只有从极端信仰变成暴力行为才被称为恐怖分子。激进化过程中，社交圈、社交网络、网络圣战材料以及监狱等都对个人激进化起到催化作用。激进化形成过程有三个核心要素：一是对现实不满；二是接受极端思想和理论；三是转化。这种转化可能来自个人经历，也可能来自对外部世界的主观认识。当不满情绪与极端思想和理论相结合，便开始向暴恐分子转化。

察哈尔学会研究员、中国人民大学重阳金融研究院客座研究员张敬伟针对 2016 年 6 月份以来美国接连发生的枪击袭警案，分析了美国本土恐怖主义（也称内生恐怖主义）形成的原因。他认为除了因果直接的社会报复，还掺杂了警民、种族以及宗教冲突等问题。警民冲突，尤其是白人警察对黑人发生的暴力执法，以及由此导致的黑人袭警报复，可谓美国种族冲突沉疴难解的顽疾。除了种族冲突，反移民也成为美国内生恐怖主义的土壤。种族问题和移民问题是难以割裂的。从 2013 年波士顿爆炸案到 2016 年的奥兰多夜店恐袭案，凶嫌都有伊斯兰背景。这些暴力事件，虽然不能简单地和伊斯兰极端分子联系起来，但也说明美国虽然可以阻止外来的伊斯兰极端分子输入的恐怖袭击，但本国特定人士亦可在美国本土制造恐袭。这可能会被“伊斯兰国”所利用。在美国本土，“伊斯兰国”也有相当的影响力。美国内生恐怖还因为美国战略地位的下降趋势而滋生的不安。美国在全球战略和市场话语权上的下降，使美国民众的幸福体验和自豪感不如从前，宏观上滋生了反全球化，民间层面陷入焦虑，因而容易产生极端事件。

二、 中亚地区恐怖主义根源分析

有学者专门分析了中亚地区恐怖主义产生的原因。研究认为，从内部因素看，一是地缘因素。中亚国家险峻的地形地貌、管控有漏洞的边界地区为恐怖组织提供了有利于生存和逃避打击的自然环境。中亚地处国际恐怖主义活动枢纽地带，受到国际恐怖势力渗透的影响。二是民族因素。中亚国家推行的主体化民族政策和主体民族之间的矛盾，造成民族关系紧张。三是宗教因素，原有的社会主义意识形态被放弃后，社会缺乏统一的思想和道德标准，为伊斯兰极端主义传播提供了市场。四是社会和经济因素。中亚地区社会和经济问题很多，失业率高、收入低，积累的普遍性社会矛盾无法调和并且不断恶化，恐怖主义成为释放的手段之一。五是政治因素。重要地区的政治环境和体制，是中亚恐怖主义频繁作乱的原因之一。家族统治与反对派的实力对决，大国在该地区的利益分歧，使得各阶层、集团利益无法得到充分平衡。

从外部因素看，国际恐怖主义的支持是主要因素。中亚地区是伊斯兰极端势力和国际恐怖主义的枢纽之一，“基地”组织、“伊斯兰国”组织与中亚恐怖势力在资金、人员等方面联系密切。国际恐怖势力也在向中亚地区渗透。

三、“东突”恐怖主义的形成

“东突”恐怖主义是民族分裂型恐怖主义，它的形成有其复杂的社会历史根源。分析“东突”恐怖主义的形成，首先要了解“东突”分裂主义的历史。“东突”分裂主义是指以“东突厥斯坦独立”为政治纲领，以宗教极端和暴力恐怖为活动手段，企图将新疆从祖国分裂出去的极端民族主义主张和行为。

有学者指出，突厥是历史上的一个游牧民族，曾在中亚一带建立了东西两个突厥汗国。东突厥被回纥人（维吾尔族的直接祖先）所灭，西突厥被唐朝所灭，突厥人从此失去了发展成为当代民族的历史机会。西突厥的两个部落西迁到小亚细亚半岛定居，他们的后代建立了辉煌一时的奥斯曼伊斯兰帝国。第一次世界大战后，凯末尔在帝国的废墟上建立了土耳其共和国。

关于东突厥斯坦问题的由来，国务院新闻办公室 2004 年 5 月发表的《新疆的历史与发展》白皮书指出，在中世纪阿拉伯地理学著作中，曾出现过突厥斯坦一词，意为突厥人的地域，是指中亚锡尔河以北及毗连的东部地区。随着历史的演进，中亚近代各民族相继确立，到 18 世纪，突厥斯坦的地理概念已相当模糊，在当时史籍中也已基本无人使用。19 世纪初，随着帝国主义列强在中亚地区殖民扩张的深入，地理名词突厥斯坦重新被提出。1805 年，俄国人季姆科夫斯基在使团出使报告中又使用了突厥斯坦的名称，用以从地理上表述中亚及中国新疆南部塔里木盆地。鉴于两地历史、语言、习俗的差异和政治归属的不同，他将位于突厥斯坦东部的中国新疆塔里木盆地称为东突厥斯坦，或称为中国突厥斯坦。19 世纪中期，俄国先后吞并了中亚希瓦、布哈拉、浩罕三汗国，在中亚河中地区设立了突厥斯坦总督区，于是西方一些人称中亚河中地区为西突厥斯坦，或俄属突厥斯坦，把中国新疆地区称为东突厥斯坦。20 世纪初以后，极少数新疆分裂分子和宗教极端分子，受国际上宗教极端主义和民族沙文主义思潮的影响，根据老殖民主义者炮制的说法，将不规范的地理名词东突厥斯坦政治化，编造了一套所谓的东突厥斯坦独立的思想理论体系。鼓吹东突厥斯坦自古以来就是一个独立的国家，其民族有近万年历史，是人类历史上最优秀的民族；鼓噪所有说突厥语和信奉伊斯兰教的民族联合起来，组成一个政教合一的国家；否认中国各民族共同缔造伟大祖国的历史；叫嚣要反对突厥民族以外的一切民族，消灭异教徒，中国是东突厥斯坦民族 3000 年的敌国等等。所谓的东突理论形成后，形形色色的分裂分子都打着东突的旗号进行活动，企图实现其建立东突厥斯坦国的妄想。

有学者指出，19 世纪中期，阿富汗人哲马丁鲁提出了联合所有伊斯兰教国家，创立统一的伊斯兰政治实体的主张，开始了泛伊斯兰主义的传播。泛突厥主义运动源于沙俄统治下受泛斯拉夫主义压迫的鞑靼人，其目的是要联合从小亚细亚到中亚的所有突厥斯坦语系的民族，建立一个统一的突厥帝国。这两种思潮在我国新疆的表现就是“东突厥斯坦独立运动”。

有学者分析认为，“东突”分裂主义是旧中国遗留下来的后患，并随着形势的发展不断变化，其形成的原因有三点：

一是受历史上泛伊斯兰主义和泛突厥主义（简称“双泛主义”）影响。这一点是学术研究的共识。清末民国初期，西亚、中亚、南亚的“泛伊斯兰主义”和“泛突厥主义”两种社会思潮兴起并传到新疆以后，新疆一部分民族上层包括宗教上层接受了这种思潮，并将它与当时新疆的形势结合起来。土耳其人艾买提·卡马尔和从土耳其留学归来的维吾尔知识分子麦斯武德，是宣传这两种思潮的代表。在这种思潮影响下，借着新疆当时军阀统治的混乱，英国和日本扶植维吾尔族一些上层人士于 1933 年 11 月 12 日在喀什建立“东突厥斯坦伊斯兰共和国”。虽然该分裂政权仅存在 3 个月，但却第一次公开提出新疆分裂，成为恶劣的开端，新疆民族分裂主义分子一直承袭至今。

二是对新疆历史的歪曲。1941 年，“东突”运动主要人物穆罕默德·伊敏在流亡印度时撰写了宣扬新疆独立的《东突厥斯坦史》，借助“泛突厥主义”思潮对新疆历史进行歪曲编造，杜撰“东突厥斯坦”自古以来就是“一个独立的国家”。该书被“东突”分裂分子视为经典。“泛突厥主义”政治势力一直在中国新疆和世界各地以各种方式从事分裂活动，其中产生直接影响的是“东突”恐怖主义。

三是境外势力的利用。《新疆的历史与发展》白皮书指出，

1933 年 11 月，沙比提大毛拉等在喀什建立了所谓“东突厥斯坦伊斯兰共和国”，但在新疆各族人民的反对下，不到 3 个月便垮台了。1944 年，爆发了反对国民党统治的、作为中国人民民主革命运动一部分的三区革命（三区是指当时新疆的伊犁、塔城和阿勒泰三个地区），分裂分子艾力汗·吐烈（原苏联乌兹别克人）窃取了三区革命初期的领导权，在伊宁成立了所谓“东突厥斯坦共和国”，自任主席。1946 年 6 月，三区革命领导人阿合买提江、阿巴索夫等撤消了艾力汗·吐烈的职务，将“东突厥斯坦共和国”改组为伊犁专区参议会，分裂势力受到了致命的打击。抗日战争胜利后，苏联以支持蒋介石为首的民国政府为筹码，要求允许外蒙古独立。作为交换条件，苏联撤销了对“东突厥斯坦共和国”分裂政权的支持，新疆重新回到中国一个省的位置，但却留下了历史后患。苏联在新疆进行的民族解放运动和民族独立宣传成为“东突”分裂势力的思想支柱。以美国为首的西方国家对中国始终采取“分化”战略，美国学者 2003 年出版的《中国新疆穆斯林的边陲》一书，再次提出新疆是中国殖民地的歪论。“东突”分裂势力利用伊斯兰圣战为精神理念开展暴力恐怖活动，搞“伊吉拉特”迁徙圣战，迁徙到一起组织实施暴力恐怖犯罪活动，同时还大搞网络恐怖主义活动[①]。

第四节　网络恐怖主义的成因

历史事实证明，技术从来不是中立的。网络恐怖主义的出现

① 资料来源：http：//www. ts. cn/homepage/content/2014 - 10/18/content_ 10621846. htm。

是信息技术发展的产物。信息网络的普及为网络恐怖主义提供了滋生的空间。网络恐怖主义形成的根本原因在于它符合传统恐怖主义的需要。网络为其提供了全球性的活动空间、取之不尽的信息资源和造成广泛影响的破坏目标，为其追求的目的提供了便利条件。

一、　网络提供了无边界的活动空间

一是网络资源的丰富性。互联网自推向社会后在全球迅猛发展，普及率、覆盖面日趋提高。统计数据显示，截至2015年底，全球有超过32亿人使用互联网，普及率为43.8%。据2016年7月发布的《中国互联网络发展状况统计报告》（CNNIC），截至2016年6月底，中国网民规模已达7.10亿，互联网普及率为51.7%，超过世界平均水平；手机网民规模达6.56亿，网民中使用手机上网人群占比92.5%，手机上网居主导地位；农村网民1.91亿；手机即时通信用户6.03亿；中国网民主要是40周岁以下的群体，其中39岁以下人员占总数的77.6%；初中文化的网民占37.0%；中国网站总数454万个。恐怖势力看中了发达的网络资源环境和庞大的网民数量，充分认识到网络在改变人们思想方面的巨大作用，组织实施网络恐怖主义宣传活动。

互联网的发展加速了信息化建设步伐，使得信息基础设施日趋完善。开放的网络提供了丰富的信息资源。如今，只要人们能想象到的信息资源和服务，网络基本上都能够提供。互联网为恐怖主义收集信息提供了便利。与网络恐怖主义相关的信息资源，包括网络攻击技术、炸弹制造使用技术等在网上都有详细的介绍。笔者用百度搜索“炸弹制作方法”两个关键词，发现有190万个网页刊登了有关炸弹的知识；搜索“黑客技术”关键词，有450万个网页刊载了有关黑客攻击程序的知识。公开资料显示，2006年，《纽约时报》报道称某一政府网站上居然公布了如何制造核武器的基本信息，提供了伊拉克政府如何制造核武器方法的证据。德国新闻媒体曾报道，调查人员在两名试图使用自制炸弹攻击公共交通系统的嫌疑人计算机中，发现了从互联网上下载的如何制造炸弹的指南。各种犯罪方法的资料在暗网中都能找到，网络已成为恐怖人员的“免费教材”、“免费老师”。

二是社会对网络的依赖性。网络已经深入到人们生活的方方面面，给民众带来方便的同时，也为网络恐怖活动提供了土壤和机会。现实世界的正常运行越来越依赖信息网络，人类社会的各个方面都离不开互联网，从金融、交通、通讯、电力、能源、供水等关系国计民生的关键基础设施，到卫星、飞机、军舰等关键军用设施，以及与民众生活密切相关的生活服务、教育、商业、文化、卫生等公共设施，都越来越依赖互联网。在这种环境下，任何一个依赖于互联网运行的网络信息系统遭到恐怖主义的袭击而瘫痪，都将会引起社会的混乱与恐慌，造成巨大的经济损失。可以说，现实世界对信息网络的依赖程度越高，网络恐怖活动发生的可能性就越大；信息网络自身越脆弱，网络恐怖活动可能造成的破坏性就越大。美国前国防部长科恩曾说：“我们越是依赖计算机和信息系统，我们在那些网络恐怖人员面前变得就越脆弱……”2015年2月26日，美国国家情报总监办公室发表的年度全球安全威胁报告称，网络安全比恐怖主义问题更加严重，是美国面临的最大威胁。据媒体报道，2013年4月23日下午，一条发出后不久被证实为黑客炮制的假消息通过社交媒体“推特”网站，令美国股市市值在短短十多分钟内蒸发了2000亿美元。美国战略和国际问题研究中心2014年6月发布报告称，当前网络攻击每年给全球带来高达4450亿美元的经济损失。全球主要的经济体经济损失也最高，例如，美国、中国、日本和德国每年合计损失达2000亿美元。

三是网络的开放性和交互性。国际互联网是开放的全球网络，没有国界、没有海关、没有边检、没有真实的身份认证。目前，互联网已经联通世界各地，无论是城市还是乡村，上网条件都得到了实质性改变。上网不受任何时间、地域的限制，不受接入方式的限制，无论是有线还是无线联网，都畅通无阻，已经具备全天候、全时空运行环境。可以说，网络所具有的全球性、开放性、共享性、快捷性、实时性等特性，使得在地球上的任何一个角落，在信息网络上的任何一个节点，任何个体，只要拥有齐全的信息网络硬件和技术条件，就可以在任意时间从外部和内部的任何一点对位置不同的任何一个网络目标发动网络恐怖袭击。网络恐怖人员在家里轻轻动动鼠标，就能利用远程控制技术实施网络攻击。网络的开放性特征为网络恐怖活动创造了环境条件，提供了极大的便利。

二、　网络的脆弱性提供了活动条件

网络空间的隐秘性为恐怖主义滥用网络、实施网络恐怖活动提供了逃避发现和追踪的便利。网络安全的脆弱性为网络恐怖袭击提供了技术上的可能性。网络恐怖袭击与普通网络犯罪性质的不易区分性，为其提供了掩护条件。网络技能的普及性，使得网络攻击的技术门槛很低。与其他恐怖活动方式相比，网络恐怖活动具有低风险、低成本、高收益的比较优势。

一是网络活动的隐密性。网络的技术设计架构（身份隐匿、加密通信）决定了网络能够隐匿上网者的身份、上网地点、活动时间和网络行踪。网络所具有的隐蔽性让网络恐怖人员活动“有恃无恐”。恐怖人员可以悄悄地进行恐怖活动，而不会暴露自己。即使事后被人们发觉也已为时过晚。网络攻击不同于现实恐怖袭击，不需要大规模的前期准备，如不需要购买武器、人员的组织和调动，不需要到现场事先安置炸弹等，所以不容易暴露，事先没有先兆。由于网络的匿身性，很难追查溯源到行为的实施者。

二是网络安全的脆弱性。网络系统层级多、数据存储点多、联网终端数量巨大。网络天生就具有高风险。网络安全是相对的，不安全是绝对的。信息系统的软件、硬件系统不可避免存在设计缺陷和安全漏洞，网络基础架构的开放性、安全的脆弱性，加上网络信息系统安全防范缺失，决定其容易遭受入侵攻击破坏。网络空间无绝对安全，安全保护防范措施的效果是有局限的。据专家介绍，即使是安全防范技术最好的美国，也有高达80%的网站抵不住黑客攻击。事实上，美国国家安全局、国防部、中央情报局、司法部这样的强力部门的信息系统也多次被黑客入侵破坏过。网络安全的脆弱性为恐怖组织开展信息战、网络战提供了便利。

三是网络行动的低成本。实施网络恐怖活动只需要一些基本设备，如硬件、软件和互联网接入即可。网络监管难度大、成本高，而网络恐怖不需要多少成本。只需要使用一台联网的计算机、网络资源就可以兴风作浪，而不需要像传统恐怖主义那样组织大量的人力物力来实施；网络即时通信工具多数是免费的而且安全隐秘；网络注册账号、发帖可以采用软件大规模自动发布。随着网络攻击技术的不断更新，网络攻击的资源、速度、强度等已突破传统限制，并可以实施多维、多点、多次的攻击，而网络恐怖人员发动攻击的成本只是使用流量、数据和信息符号。因此，网络恐怖活动几乎不需要付出多大的代价。同时，由于现代社会生活对关键基础设施的高度依赖性，网络恐怖人员一旦得手，其影响大、危害大，具有很高的“效费比”。

四是网络技能的普及性。发达的网络技术为网络恐怖主义提供了足够的技术条件。网络黑客攻击技术已经普及化、自动化，使用者无需很高的文化程度。网络攻击是非接触性攻击，比传统的恐怖手段容易实施。而且，当今社会，提供网络攻击服务的交易也比较多，网络上有各种各样的网络技术培训和团队提供服务，获取网络攻击技术轻而易举，雇佣实施网络攻击也不是难事。网络攻击手段的日渐成熟和便利化，为网络恐怖主义提供了技术条件。一旦恐怖组织和恐怖分子控制和掌握了网络武器和技术，网络恐怖活动将带来更多的威胁。

三、 网络蕴含的能量可以满足需求

一是网络攻击具有强大的破坏性和杀伤力。恐怖主义追求恐怖效果，而网络攻击能提供这种效果。与传统的恐怖手段相比，网络恐怖主义产生的后果更严重、波及面更广、损失更惨重，对社会稳定的危害更突出。通过互联网发动恐怖袭击，所造成灾难的波及面从理论上说应该是“全球件的”，影响到网络的每一个角落。互联网安全公司赛门铁克 2012 年 9 月的报告显示，在过去的 12 个月中，包括恶意软件攻击和钓鱼攻击在内的网络攻击给全球带来了 1110 亿美元的损失。美国《基督教科学箴言报》2014 年 6 月 9 日报道，调查显示，受网络黑客攻击，全球每年损失 4000 多亿美元，仅美国的损失就超过 1000 亿美元。另据印度计算机紧急小组统计，在 2011 年到 2013 年期间，全球有 308371 家网站被黑客攻击过。调查还显示，网络经济每年可以收益 2 万亿美元到 3 万亿美元，是全球经济增长最快的领域。然而，网络犯罪导致了 15% 至 20% 的收益损失。

二是网络具有全球性影响力。恐怖主义非常在意对公众的影响力，而互联网信息传播及社交媒体的巨大影响力满足了这种需求，为开展网络恐怖宣传战、舆论战和心理战提供了条件。恐怖主义思潮的病毒，能通过它轻易地跨国界快速传播。被称为“互联网女皇”的美国网络专家玛丽·米克尔发布的《2016年互联网趋势》报告称，互联网的影响力超凡而广泛，但从很多方面而言，其影响力刚刚起步。现代传播学认为，现代大众传播系统对国际恐怖主义活动起到刺激作用。大众媒体是影响恐怖主义的一个重要外部因素，它与恐怖主义的各自特点决定了它们之间存在着某种意义上的“伙伴关系”。某些媒体的报道在一定程度上推动了恐怖主义的发展。媒体成为恐怖主义的重要宣传武器。网络时代，人们获取新闻的主要渠道是互联网。网络信息影响范围广、速度快，信息传播效果好。这也正是恐怖人员最想要的传播渠道。恐怖组织在现实社会中只能控制少数地理地域，但社交媒体能够让恐怖组织将极端思想传播到全球每一部智能机、笔记本和台式机电脑上。网络宣传报道恐怖袭击事件，其造成的恐慌和不安心理影响远胜传统媒体，这正是网络恐怖主义所需要的效果。例如，恐怖组织钟爱的脸谱网（Facebook）在全球有活跃用户十几亿（2012年数据），推特（Twitter）拥有1.4亿活跃用户（2012年数据），用户每天发表约为3.4亿条推文，YouTube用户超过10亿（2015年数据），这些社交网站用户量大、影响力大，一旦成为传播热点引起关注，其传播效果可想而知。

三是网络活动手段的多样性。网络应用的多样性为网络恐怖主义提供了可利用的条件和和实施手段。网络通信的便捷、保密和发达，网络金融的开放性和便利性等等，为网络恐怖主义提供了条件。如利用专门的软件程序破坏计算机硬件、软件，使系统丧失信息处理及控制功能，以此摧毁信息系统，使得网络中断服务或瘫痪；篡改、复制或销毁数据，特别是具有重大价值的信息、程序和技术资源，造成社会混乱；发布恐吓信息，传播虚假信息和谣言，制造社会冲突对抗和恐慌等等。随着网络应用的发展，可供使用的网络武器在不断增多，可供利用的破坏手段在不断增多。

第五节 网络恐怖主义成因理论

恐怖主义研究学者提出的自我激进化论、边缘化阶层论以及无领袖对抗论、不对称对抗论、网络激进化论，为研究网络恐怖主义的成因提供了理论视角。

一、无领袖抵抗论

学者研究认为，无领袖抵抗，就是组织中没有明确的领导者。无领袖抵抗是一种新型组织形式。“独狼式”个人恐怖主义就是这种模式。无领袖对抗的术语是美国情报官员尤留思·阿莫斯（Ulius Amoss）20世纪60年代提出来的。无领袖组织是一种非金字塔形式的组织，这种组织中的所有成员和分支组织都可以单独实施行动，不用向中央或者哪个首领报告情况。无领袖抵抗比传统抵抗组织更安全、更灵活、生存能力更强。学者研究指出，一个组织既没有可以被摧毁的中央机构，也没有个体之间的明确连接，成员之间不进行或最低限度进行联络，那么它就不容易被发现，也不容易被摧毁。分散化的组织，即使首脑人物被敲掉，也没有“擒贼先擒王，射人先射马”的效果。从某种意义上说，有组织力量是可怕的，但有时无组织力量更可怕。无领袖抵抗被广泛地运用于各种运动之中，恐怖主义组织积极采用无领袖的组织模式。传统的恐怖主义在组织结构方面一般具有若干分支，这些分支机构间各有分工、互不联络，但都与组织领导层保持直接联系。在实施恐怖袭击时，需要多个分支机构的相互配合，有的负责侦察，有的负责后勤，有的负责搜集情报等。当今许多恐怖组织大都采用了非中心的、少等级、灵活和松散的网络结构。基地组织的核心层并不直接指挥、策划所有的恐怖行动，也不直接指挥下属所有的恐怖人员，更多的是起着一种协调、资助的作用。

信息网络的发展有利于无领袖抵抗的发挥。互联网在性质上就具备非中心的特点，这与无领袖的要求不谋而合。美国著名网络先驱凯文·凯利（Kevin Kelly）说，原子代表了干净的简单特性，网络则引导了复杂性的散乱力量。事实上，网络是能够称得上具有结构的组织里最不具结构性的组织。各种各样的成分，也只有在网络里才能维持一致性。网络中的组成元素相对于网络而言，既是自主的又是依赖性的，也可能是其他网络的一部分。恐怖组织适应网络化的要求，从过去的等级制结构逐渐向信息时代的网络结构转变。恐怖组织没有一个公认的领袖，没有一个固定的办公地点，所有成员全部分散居住，他们可能互相之间并不认识，一切或主要活动通过互联网等信息工具组织。网络社会学家曼纽尔·卡斯特（Manuel Castells）认为，信息技术为恐怖组织所使用，扩大并增强了他们的战斗力。

二、 不对称对抗论

学者研究认为，不对称理论是恐怖主义对抗的特点。不对称攻击就是利用较小的力量给对手造成巨大的打击。恐怖组织选择不对称攻击是双方力量对比所决定的。恐怖主义是在力量对比的剧烈倾斜中产生的。历史上，绝对强势的一方能同绝对弱势的一方一旦构成不可调和的冲突，弱势一方容易选择不按常规游戏规则出牌的恐怖主义。不对称攻击能在一定程度上弥补弱势一方的力量劣势。学者研究认为，恐怖组织如果具备一定的财力物力，从某种程度上掌握着科学技术，就可以借助不对称攻击挑战强大的国家。例如，在军事上，美国拥有世界上最强大的军事机器，这在与别国的全面战争中具有压倒性优势。但这种军事机器对待分散的恐怖人员，就好比大象踩蚂蚁，难见成效。而恐怖组织可以选择对方薄弱的地方和环节，不择手段地进行突袭。在经济上，双方的代价极其不对称。恐怖组织的对点攻击，只需要一个铜板，而美国全面有效防御，可能要付出一根金条。一次恐怖行动，甚至是一次恐怖威胁，都会给美国造成巨大的经济损失，或增加巨大的防范成本。在范围上，恐怖组织攻击一点，对方防范则防不胜防。在目的上，恐怖人员不管有多少次失败，但只要有一次成功，就是获得了巨大的胜利。而一个国家可以赢得某个具体的反恐胜利，但若想完全地、永久地保护数量巨大的目标免遭恐怖进攻是非常困难的。

互联网是恐怖组织不对称攻击的利器。托马斯·弗里德曼在《世界是平的》一书中写道，平坦的世界已经成为“基地”组织和其他类似组织的好帮手，使他们能够以小博大，使他们能够以较小的行动产生巨大的影响。一方面，互联网使得被攻击的对手变得脆弱。由于互联网的全球性、开放性、共享性和快捷性等固有特征，使得网络内在地具有脆弱性。尽管网络安全技术也在不断发展，但网络攻击技术的发展也非常快。另一方面，互联网为恐怖攻击带来了便利。随着网上攻击技术的不断更新，网上攻击在距离、速度上已突破传统的限制，并拥有多维、多点、多次实施隐蔽打击的能力。恐怖组织利用网络实施远程攻击，还可以减少传统上实施恐怖袭击的死亡恐惧。恐怖组织还借助和吸纳外部的信息化力量。他们雇佣电脑黑客乃至一些在全球化中流落的科学家为自己工作。他们利用市场上的现成技术，购买用于攻击的电脑、通信等器材。他们甚至还可以利用网络下载和打印敏感的卫星照片，随身携带以为攻击所用[1]。

三、网络激进化论

学者研究认为，激进化是恐怖分子成因分析的一种理论。激进化思想是引发暴力恐怖活动的导火索。网络激进化这一概念是2013年11月美国知名智库兰德公司在《数字时代的激进化进程》研究报告中提出的。该报告通过研究互联网在15个恐怖主义案例中的作用，提出互联网是恐怖和极端分子的信息源、通信渠道和宣传平台，加速了恐怖主义现象的出现。研究认为，网络激进化是个人通过网上互动和接触互联网的各种信息、将暴力视为解决社会和政治争端的合法途径的过程。互联网加速催化了激进化进程。一是互联网成为激进化的重要平台。互联网为个人获取、传播恐怖主义信息提供了条件，且具有“回音室”的放大效应。在网络普及之前，恐怖和极端分子需要花费很多时间，往返于多个地点，兜售其个人观点。而通过互联网论坛和社交媒体等，恐怖和极端分子更容易获得广泛的认同感。互联网消除了地理地域的限制，为恐怖组织招募人员提供了便利。二是互联网使激进化进程更加隐蔽，拓展了激进化的内容和范围。互联网的匿名性及信息源头的追溯困难等特点，使得恐怖和极端分子将其活动由公开场合转向个人住所。互联网信息内容的丰富性和流动的迅捷性，使恐怖和极端主义与网络的联系更加紧密。三是互联网是产生激进化的一种新模式，是对现实传播手段的补充。案例研究发现，网上和网下活动均在激进化过程中发挥了重要作用。互联网成为传播恐怖和极端主义思想的多种源头之一。也就是说互联网在推动激进化进程中发挥了重要作用，但不能独立推动激进

① 资料来源：http：//www. qb5200. com/content/2016 - 01 - 12/151310. html。

化。其他源头包括学校、宗教组织、监狱、工作场所，甚至家人和朋友。互联网是推动激进化的一种模式，对现实世界恐怖思想的传播起到补充作用，但不能独立推动激进化进程。

第六章

网络恐怖主义的危害

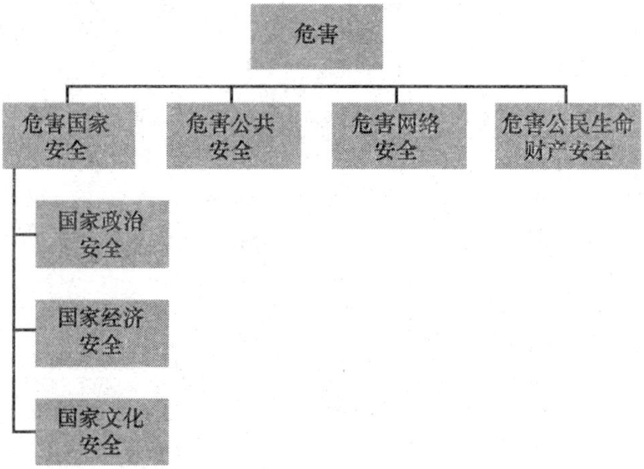

阅读导图

第一节　网络恐怖主义的危害性

有关网络恐怖主义危害的研究成果十分丰富，研究结论和观点很多，但是整体上看有两派：大部分学者强调网络恐怖主义的危害性，有少数学者认为网络恐怖主义的威胁被人为地夸大。虽然在网络恐怖主义的危害程度是否存在被夸大等问题上有所争议，但是所有的研究者都承认，网络恐怖主义的威胁的确存在，这种威胁既有现实的威胁，也包括未来可能的威胁。

关于网络恐怖主义的威胁，最容易发生争议的领域是网络攻击破坏问题。不少国外学者关注的是攻击类网络恐怖主义，将网络恐怖主义等同于网络恐怖攻击，而忽视了信息类网络恐怖主义。事实上，如前所述，截止目前，国际上尚未认定过由恐怖组织发起的针对关键信息基础设施的网络恐怖攻击事件。由于缺少案例和数据支持，一些研究人员怀疑恐怖组织是否有能力发起攻击类网络恐怖主义。不过，也有研究者认为，由于具有恐怖主义性质的网络攻击与常见的犯罪性质的网络攻击不容易区分，加上确定攻击者是否是恐怖人员身份不容易，所以即使发生过网络恐怖主义攻击行为，也往往被视为一般性质的黑客攻击。但是，学者一致认为，网络恐怖主义破坏国际社会维护和平与安全的共同努力，对国际社会的危害和对一国国家安全、公共安全、网络安全和公民安全的危害是显而易见的。绝不能低估网络恐怖信息传播的影响力，绝不可轻视恐怖组织利用社交网络的组织动员能力，绝不可忽视网络恐怖攻击的杀伤力和破坏性。

第二节　网络恐怖主义危害性的表现

一、网络恐怖主义威胁国际和平与发展

当今时代，世界总体处于和平稳定状态。在这一国际大背景下，恐怖主义成为国际和平和发展的主要威胁，影响日益突出。

恐怖主义成为影响国际政治和国家关系的重要因素，成为影响大国关系的重要因素。例如，围绕在叙利亚的打击“伊斯兰国”的反恐行动，美国、俄罗斯、土耳其和叙利亚等国之间进行了相互较量。恐怖主义对国与国之间的友好关系发展，甚至对人类基本权利和自由都发起挑战，是威胁世界和平与发展的重要因素。有学者认为，恐怖主义作为国际政治中的一种极端的暴力现象，对国际关系有重要影响。恐怖主义活动的目的是要对政治进程（国内的和国际的）施加影响，改变政治现状。他们通过滥杀无辜，制造恐怖气氛，间接影响政治进程；或者通过恐怖袭击既定的目标，直接改变政治进程。但是应当看到，恐怖主义并不能从根本上改变历史进程。

网络恐怖主义对国际和平与发展的影响是多方面的。网络无边界，网络信息覆盖全球，因此，网络恐怖主义的影响也是全球性的。网络恐怖主义传播恐怖主义和极端主义思想，煽动实施恐怖主义活动，造成更多的恐怖袭击事件，严重破坏一个国家乃至一个地区的和平与安宁，从而危害整个国际社会的和平与发展。恐怖组织通过网络招募和动员外国人员加入，经过训练后回流到本国，成为各国的重大安全隐患。网络攻击可能涉及不同的国家和地区，攻击地点可能位于任何一国或数国，受攻击的目标可能位于不同的一个国家或数个国家，其危害也具有国际性、全球性。

二、网络恐怖主义威胁国家安全

国家安全是指国家政权、主权、统一和领土完整、人民福祉、经济社会可持续发展和国家其他重大利益相对处于没有危险和不受内外威胁的状态，以及保障持续安全状态的能力。网络恐怖主义对国家安全带来实实在在的现实威胁。有研究认为，互联网使得恐怖组织能够以极低的成本传播其思想，扩大其影响，完全打破了政府及传统媒体对于信息的垄断，并且可以毫无阻挡地跨越国界。网络改变了现实中国家的安全边界，网络攻击等活动削弱了国家安全能力，如发起网络进攻的对象和性质难以确定；频繁莫测的网络攻击及其使用技术的多样与微妙，也使国家对攻击的预警和防卫变得十分困难；针对国家安全而进行的信息进攻难以控制。美国一直在防范“网络 9 · 11”，前国家情报总监、海军上将迈克 · 迈康奈尔认为，“恐怖组织迟早会掌握复杂的网络技术，就像核扩散一样，只是它容易落实得多”。2013 年 3 月 12 日，美国国家情报总监克拉珀在国会宣称，网络安全威胁已经取代传统的恐怖主义成为美国最大的威胁。

一是网络恐怖主义威胁国家政治安全。恐怖主义具有政治属性。网络弱化了国家传统疆域和主权界限，拓宽了主权领域，对国家主权的维护提出了更高要求。网络恐怖主义通过难以控制的政治性行动挑战国家统一和政府权威，威胁国家政治安全。网络恐怖主义煽动通过暴力恐怖手段分裂国家，破坏国家统一和民族团结；煽动通过暴力恐怖手段颠覆国家政权，严重危害国家政局稳定。网络恐怖主义通过网络传播民族分裂信息，挑起民族矛盾，造成民族对抗，危及民族团结和国家安全。网络恐怖主义攻击政府网站、关键信息基础设施、公共服务网络，致使其系统瘫痪、中断服务，甚至篡改网站发布的信息内容，传递虚假信息，激起社会不满，引发社会恐慌，诱发社会危机，造成社会骚乱。这些都严重威胁到国家的政治安全。媒体报道，2015 年 9 月，英国内阁邮件系统遭到“伊斯兰国”的黑客攻击，恐怖分子获得了访问和查看邮件的权限，严重危害国家政治信息安全。2015 年 10 月，“伊斯兰国”极端组织部分成员网络攻击法国国防部、外交部和文化部的网站，窃取了部分法国工作人员邮箱地址和联系电话，包括部分法国军方资料。

二是网络恐怖主义威胁国家经济安全。国家经济安全是指对国家经济发展、国计民生和整体经济利益有重大影响，而又受不安全因素严重威胁的部分。现实恐怖主义事件直接对经济构成重大冲击，例如，热门的旅游胜地如果发生过恐怖事件，会导致游客数量急剧下降，使旅游收入大幅减少。网络恐怖主义对经济的危害具有双重性：一方面，网络恐怖主义影响实体经济发展环境，破坏实体经济，另一方面，网络恐怖主义直接危害网络安全体系特别是经济网络体系安全，从而影响经济安全。2013 年 4 月 23 日，自称“叙利亚电子军”的黑客攻击入侵了美联社官方 Twitter（推特）账号，并通过该账号发布“白宫发生爆炸，奥巴马受伤”的假消息，从而一度引发美国股市大幅震荡，美股暴跌，资本市场一瞬间蒸发 1360 亿美元。当今世界，各种经济运行高度依赖网络基础设施。全球金融业务的运行离不开互联网。没有网络系统，金融业务基本上无法正常开展。金融网络成为恐怖主义攻击的重要目标。电子政务系统存储了大量公民身份信息和资料，电子金融、税务、海关等业务系统也存储了大量的信用卡号码、交易记录、信贷记录等经济数据以及保密数据等，电子商务记录了大量贸易数据，这些系统成为网络入侵盗窃的重点目标。2015 年 2 月 5 日，美国医疗保险公司 Anthem 的数据库遭到黑客攻击，造成 8000 余万个人的信息泄露，包括姓名、地址、电话号码、社会安全号码和就业信息等。网络恐怖分子如果通过网络入侵更改企业的数据盗取资金，会造成企业经济损失甚至企业破产。通过网络窃取的经济机密数据资料如果发布出去，不但会扰乱经济，而且干扰国家经济决策，导致国家经济混乱甚至崩溃。网络恐怖分子通过攻击银行系统可以窃取资金；通过修改股票交易数据谋取利益。网络恐怖分子如果攻击破坏国家重点经济目标网络系统，将会给一国造成巨大经济损失，威胁国家经济安全。2015 年 5 月，美国国税局官方网站在线服务系统遭黑客入侵攻击，超过10万纳税人的个人账户信息被黑客窃取。黑客利用窃取的信息进入美国税局“获得税务单据”服务平台，成功申请大量虚假退税，造成美超过5000万美元损失。网络恐怖主义洗钱行为也危害国际经济安全。网络恐怖主义能带来很大的经济风险。网络恐怖主义发布的恐怖信息，影响社会投资信心，造成大范围的心理恐慌，影响投资环境。此外，为防范网络恐怖主义，各国投入大量资金用于网络安保措施，增加了经济安全成本和国家经济负担。

三、 网络恐怖主义威胁社会公共安全

网络恐怖主义虽然未能直接造成人员伤亡，具有非直接暴力性，但是网络恐怖主义的煽动、教唆行为，制造更多的暴恐事件，威胁社会公共安全。网络恐怖信息容易引起社会恐慌，严重影响群众安全感。网络传播实时、匿名、便捷，在网上传播恐怖信息能够制造社会恐慌混乱，人人自危，影响正常的工作与生活秩序，给公共安全带来现实或潜在的威胁。网络恐怖谣言信息还能对事态起到加热升温和推波助澜作用。网络的蛊惑煽动，容易让不明真相的群众聚集闹事，扰乱社会秩序。网络恐怖信息引发事件，不但严重扰乱社会秩序，也会给公众造成损失。对交通系统的网络攻击造成交通中断，对电力系统的网络攻击造成电力中断。通过网络攻击能源、交通、水利等部门的控制系统，制造交通事故或者核、水、火电站的爆炸等恶性事故，从而造成人员伤亡、环境污染和直接经济损失，严重威胁社会公共安全。2010年，伊朗布什尔核电站被“震网”病毒（Stuxnet）攻击，导致1/5离心机被破坏，大约3万个互联网终端遭感染，其中包括布什尔核电站工作人员终端，导致伊朗核计划搁浅。2012年5月，“火焰”（Flame）病毒再次攻击伊朗核设施，并重创伊朗核工

业。这类网络攻击从传统的“软攻击”升级为直接攻击电力、金融、通信和核设施等关键基础设施网络的“硬摧毁”阶段，在危害国家安全的同时，严重危害社会公共安全。

四、网络恐怖主义威胁网络安全

网络是支撑一个国家政治、经济、文化、军事、科技的重要战略资源和基础设施。国家安全和利益的实现和保障越来越有赖于网络安全。网络安全作为国家总体安全的重要组成部门，具有重要的战略地位。网络安全与国家安全、公共安全密切相关，三者是一个完整的不可分割的整体。网络恐怖主义对网络安全的危害既表现在信息内容方面，也表现在网络运行安全方面。网络恐怖主义信息是国家法律禁止传播的信息，是违法犯罪信息，严重危害网络信息内容安全。网络恐怖主义实施的网络攻击行为，在威胁国家安全、社会公共安全的同时，也严重危害网络运行安全。媒体报道，2015 年 11 月 30 日和 12 月 1 日，互联网域名解析系统 DNS 根服务器分别遭 2 次分布式拒绝服务攻击（DDoS），全球 13 个 DNS 根服务器均受到影响。2015 年 12 月 14 日，土耳其持续遭大规模网络攻击，DNS 根服务器连接异常，全国 4 万余个网站瘫痪。网络恐怖主义还刺激了更多的危害网络安全违法犯罪活动。2015 年 3 月，多个国家地区的网站遭到“伊斯兰国”（IS）的网络攻击。爱尔兰都柏林的网站遭到 IS 组织黑客攻击破坏，出现“伊斯兰国攻入，我们无所不在”的字样，同时播出与 IS 组织有关的音乐。美国纽约州、明尼苏达州、俄亥俄州以及加拿大一些网站被 IS 黑旗覆盖。日本东京、北海道的多个企业和团体的官方主页疑似遭到 IS 组织黑客网络攻击，网页内容被篡改。此外，恐怖人员在暗网上购买恶意代码、安全漏洞，可能刺激这类地下非法交易的繁荣，从而威胁到网络安全。

五、网络恐怖主义威胁公民人身财产安全

网络恐怖主义虽然并未直接造成公民人身伤害，但是网络恐怖主义通过宣传煽动催生了大量现实的恐怖活动，成为公民人身安全的重大威胁。近年来，包括“独狼”个人恐怖活动在内的本土恐怖主义日趋增多，与网络恐怖主义的宣传、煽动和蛊惑有很大的关系。有分析认为，当恐怖分子化整为零进行隐蔽作战的时候，恐怖主义对现代社会的危害则刚刚显露出来。德国内政部长德迈齐埃在德国的火车袭击案发生后认为，凶手系“单独行动”，但他是受到极端组织发布的网络视频煽动后实施的行为，包括德国在内的很多欧洲国家将来都很有可能遭到更多“独狼式”恐怖袭击。同时，网络恐怖主义对关键基础设施开展的网络攻击和对重要数据的窃密活动，既威胁公民的人身安全，又威胁公民的财产安全。美国网络安全公司诺顿公司发布的 2015 年《诺顿网络安全调查报告》指出，2014 年，大约 2.4 亿的中国消费者曾成为网络犯罪的受害者，经济损失高达 7000 亿元人民币。

第三节　网络恐怖主义威胁的风险评估

风险评估是评价网络恐怖主义威胁的重要方法。当今社会是风险社会。所谓风险社会，即用风险的角度评价社会安全状态。风险社会理论是西方出现的一种社会学理论。20 世纪 80 年代中期，德国学者乌尔里希·贝克提出这一理论。该理论认为，传统工业社会的一些潜在弊端长期被忽视，致使社会风险日益增加并最终形成风险社会。风险社会以风险几率的不确定性、偶然认识

性及未来风险结果、影响的不确定性为特征。

风险评估应当主要针对那些可预测、可评估的风险，特别是具有关联性、因果关系的风险因素。对于无法预测、无法感知的风险，评估起来难度很大，即使主观推断出一个结论，也无实际价值和意义。对网络恐怖主义的风险评估，要注意以下要素和指标：一是恐怖组织和恐怖人员情况。包括恐怖组织的规模、构成、目标、影响力。二是恐怖活动情况。包括恐怖活动的数量、频率、规模、目标范围和手段等。三是恐怖组织使用网络情况。包括建立网站的数量、注册使用网络账号、发布恐怖音视频的数量、技术实力等。四是网络恐怖活动情况。包括网络恐怖活动的数量、规模、目标、后果等。评估的结论必须有依据，数据是其中最重要的依据之一。

对网络恐怖主义威胁风险的评估，要结合一段时期网络恐怖活动形势和获取的相关情报信息情况，经过综合分析研判而确定。对网络恐怖主义的风险评估，有利于有针对性地开展安全防范、预警监测和打击工作，提高应对网络恐怖主义的针对性和实效性。

第七章

网络恐怖主义的现状与趋势

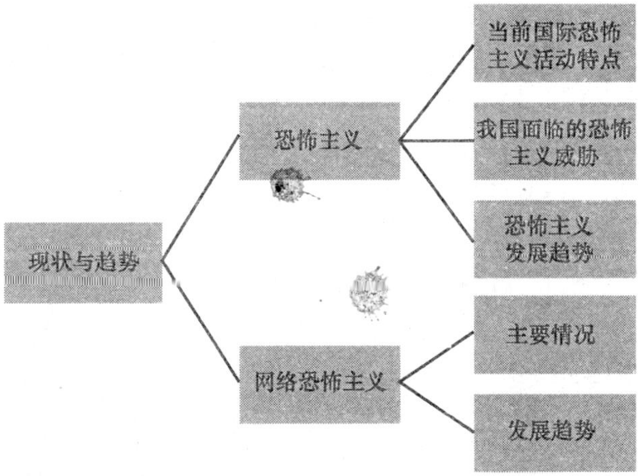

阅读导图

第一节　当前国际恐怖主义的活动特点

分析研究国际恐怖主义的活动特点需要有一定的数据和案例支撑。美国很早就建立了全球恐怖主义数据库。比较知名的是美国马里兰大学维护的全球恐怖主义数据库（Global Terrorism Database，GTD）。该数据库采集了从1970年到2014年全球各地发生的14万起恐怖事件（其中有5.8万起炸弹爆炸事件、1.5万起暗杀事件和6000起绑架事件），为研究国际恐怖主义活动规律、特点提供了数据支撑。

研究者通常将美国“9·11”恐怖袭击事件视为国际恐怖主义活动的分水岭，视为恐怖主义进入新阶段的标志事件。不少研究是以美国“9·11”恐怖袭击事件发生后的恐怖主义活动情况作为分析样本的。

从总体上看，当前的国际恐怖活动正处于活跃期。“基地”组织全球化发展，“伊斯兰国”组织异军突起，迅速发展成为当前最具实力的国际恐怖组织；传统恐怖活动热点地区高热不退，恐怖事件时有发生。主要特点如下：

一是从恐怖事件数量上看，目前国际恐怖活动正处于高位状态。数据显示，2014年全球共发生各类恐怖事件16818次，受害人数43512人。澳大利亚智库经济与和平研究所发布的《2015年全球恐怖主义指数报告》指出，全球恐怖主义继续上升，2014年的恐怖主义死亡总数达到32685人，比上一年整整上涨了80%，为有史以来最高水平。欧洲议会发布的《2014/2015全球恐怖主义趋势》报告显示，2014年的恐怖袭击数量是2004年的两倍之多。美国国务院发布的《2015年反恐形势国别报告》显示，2015年全球恐怖事件数量较2014年下跌13%，致死人数下降14%，是2012年以来首次出现下跌。进入2016年以来，全球各类大规模恐怖袭击事件不断，以巴黎系列恐怖袭击事件为代表，全球恐怖活动进入新阶段，截至8月10日，比较大的恐怖事件已经发生28起，其中土耳其最多，发生了9起，占32.1%。2016年以来全球发生的恐怖袭击事件详见文末表7—1。

二是从活动地域看，中东、欧洲、南亚、中亚、非洲属于恐怖活动高发地区。有数据显示，中东和南亚遭受恐怖主义袭击的数量一直处于高位。1970—2014年，发生在中东和南亚的恐怖主义事件占全球总数的70%左右。目前，南亚仍是恐怖活动的重灾区，中亚恐怖活动趋于稳定，非洲恐怖活动高位运行趋势不减。经济与和平研究所发布的《2015年全球恐怖主义指数报告》指出，国际恐怖主义活动区域相对集中，超过78%的恐怖袭击发生在伊拉克、尼日利亚、阿富汗、巴基斯坦和叙利亚五个国家，有过恐怖袭击的国家数量也由前一年的88个上升为93个。美国国务院发布的《2015年反恐形势国别报告》显示，2015年全球有92个国家发生过恐怖袭击，超过55%发生在伊拉克、阿富汗、巴基斯坦、印度和尼日利亚5个国家。

值得注意的是，涉及伊斯兰教国家和地区的恐怖主义活动突出。全球恐怖主义数据库统计数据显示，美国“9·11”恐怖袭击事件发生以来，世界各国共记录了1.48万起与伊斯兰极端主义相关联的暴力恐怖事件，导致8.8万多人死亡，约14.4万人受伤，所涉及的58个国家或地区中，有32个分布在信仰伊斯兰教的国家和地区，约占总数的55%。据不完全统计，2015年世界各国共发生伊斯兰极端主义活动2814起，造成26841人死亡、25838人受伤，分别比2014年下降3.3%、16.1%和6.1%，为2010年以来的首次下降，但居2001年以来第二高位，仍然是国际恐怖主义的主要组成部分。

有专家研究认为，全球恐怖主义事件主要分布在“北非—中东—西亚—中亚—南亚—东南亚”的弧形震荡地带。据不完全统计，2015年世界各国共发生60人以上死亡的特大型恐怖事件至少21起，其中仅尼日利亚就有9起。其中值得关注的是1月3—7日发生在尼日利亚北部由极端组织博科圣地发动的恐怖事件，造成至少100多人死亡，近2000人失踪。在特大型恐怖活动方面，伊拉克排第二位，2015年至少发生3起，主要为自杀式爆炸和汽车炸弹案件。土耳其居第三位，2015 年共发生 2 起，一起发生在安卡拉，一起发生在土耳其和叙利亚边界地区。菲律宾、也门、埃及、法国、肯尼亚和索马里等国也发生过特大型恐怖事件。尤其是也门，胡塞反叛武装不仅攻下首都萨那，还攻占了总统府，使也门沦陷于更剧烈的动荡之中。此举将伊斯兰国等恐怖主义势力、沙特等逊尼派国家的武装力量引了进来，也门因此陷入国际性战乱状态。

发达国家面临的恐怖主义威胁也显著上升。欧洲也是遭受恐怖袭击较多的地区。美国、俄罗斯等国也面临严重的恐怖主义威胁。本土恐怖分子与外来恐怖主义势力相结合，让世界各国防不胜防。数据显示，1970 年至 2014 年，全球曝光率最高的 25 个恐怖主义组织的足迹遍布五大洲的 73 个国家，法国经常被视为袭击目标。

三是从恐怖活动的手段看，传统的爆炸和自杀式爆炸仍是重要袭击手段，并且杀伤力越来越大。数据显示，自 1970 年以来，使用炸弹的恐怖袭击事件为 68791 件，武器攻击的为 36512 件，两种形式远超其他恐怖袭击手段的总和。2016 年以来发生的 28 起较大恐怖事件中，18 起恐怖活动手段是炸弹袭击，占比 64.2%。恐怖爆炸事件不仅数量多，造成的伤亡数量大，手段也不断翻新。有“穷人的轰炸机”之称的汽车炸弹、有“穷人的导弹”之称的人体炸弹，有路边炸弹、马车炸弹、自行车炸弹、毛驴炸弹、独轮车炸弹，还有气体炸弹、利用欺诈手段实施的儿童炸弹等等。不仅如此，恐怖组织还根据反恐防范措施的漏洞而不断研发出新的恐怖爆炸手段。

四是从恐怖袭击的对象看，袭击的目标主要是政府机构、平民及其财产。数据显示，自 1970 年以来，以平民及其财产为袭击目标的事件为 35840 件，远远高于第二位的军事目标 20918 件。

五是从恐怖活动主体看，“伊斯兰国”组织异军突起，虽然在多国联合打击下发展势头有所遏制，但仍是目前国际上最具威胁的恐怖势力。美国国务院发布的《2015 年反恐形势国别报告》认为，“伊斯兰国”已经发展成为最具危害性的国际恐怖主义组织，影响的地区、范围、存在的分支机构、发展速度、现实控制区域等已经超越“基地”组织。统计发现，“伊斯兰国”是伤亡数量最多的恐怖组织，2002 年至 2013 年，其制造的 1194 起恐怖事件造成 8116 人丧生，1.9 万多人受伤。自 1983 年就活跃的黎巴嫩真主党是影响范围最广的组织，足迹横跨欧、非和南美（1983 年至 2013 年）。2015 年，尼日利亚博科圣地制造的恐怖事件数量不是最多的，但多为重大恐怖事件，全年制造 60 人以上死亡的特大型恐怖事件就达 9 起，占总量的 43%。博科圣地基本只在尼日利亚活动，目标主要为本国的非穆斯林群体，对国际社会影响不大。“伊斯兰国”位居第二位，制造了至少 7 起 60 人以上死亡的特大恐怖事件。索马里青年党也非常积极，仅特大恐怖事件就实施了 2 起，居世界第三位。

“伊斯兰国”是目前全球最主要的恐怖主义威胁。公开资料显示，2014 年 6 月“伊斯兰国”首领巴格达迪正式宣布建立哈里发政权以后，在国际上掀起一股力量积聚的高潮，平均每月有 1000 多名外国战士来到伊拉克和叙利亚，成为“伊斯兰国”的“圣战士”。2015 年 9 月以来，俄罗斯加入叙利亚反恐阵营、美国和法国等国加强打击力度以后，“伊斯兰国”面临的国际压力上升，恐怖主义资源也逐渐不足以支撑其庞大的需求。从主战场态势看，叙伊政府军分别依靠俄美空中掩护，展开局部反攻，收复失地约 2 万平方公里，但“伊斯兰国”仍占据约 23 万平方公里。叙伊两大战场攻守转换并不平衡，叙政府军已变被动为主动，伊政府军尽管收复拉马迪，但部分城镇多次易手，政府军官兵伤亡惨重。为缓解主战场压力，“伊斯兰国”建立外围分支，同时号召中小暴恐组织“归顺”，并封官许愿，分配“领地”，营造出外线扩张的态势。“伊斯兰国”在中东积聚力量的阶段结束，开始向地区以外扩散，推动组织成员回到自己的祖国，加快了国际化和全球化的进程。“伊斯兰国”对世界各国的恐怖主义威胁也不再仅仅停留在理念和宣传领域，而进入实质性恐怖活动阶段。2015 年，“伊斯兰国”分别发生在或针对伊拉克、叙利亚、土耳其、也门、埃及、法国和俄罗斯等国，目标广泛，国际政治影响显著。

此外，“独狼式”恐怖袭击在西方国家的兴起也是 2015 年的主要特点之一。位于荷兰海牙的欧洲刑警组织发布的《欧盟恐怖主义现状和趋势报告（2016）》指出，包括警方成功挫败的恐怖袭击事件在内，2015 年欧盟共发生 211 起恐怖袭击事件，是2006 年首次发布报告以来欧盟遭遇恐怖袭击最多的一年。2015 年欧盟共有 6 个成员国遭遇恐怖袭击，分别是丹麦、法国、希腊、意大利、西班牙和英国，共有 1077 人因涉嫌恐怖袭击被捕，其中 687 人为“圣战”分子。鉴于欧洲有 5000 多名“圣战”分子，欧洲刑警组织认为，“圣战”分子和“独狼”是欧洲当前面临的最大的恐怖主义威胁。

第二节　我国面临的恐怖主义威胁

从总体上看，长期以来，由于我国所具有的优越的领导体制、社会制度以及具体国情，诱发恐怖主义的因素相对较少，国际恐怖主义对中国的影响和冲击也比较小，我国始终保持了社会大局总体稳定的良好态势。

但是，我国并不是远离恐怖主义的“安全岛”和“世外桃源”。在全球恐怖主义猖獗的大背景和国际国内形势变化的情况下，我国也面临恐怖主义的重大威胁。据美国经济与和平研究所发布的《2014年全球恐怖主义指数报告》（GTI），中国在124个国家和地区中排名为25位，指数为5.21（10分为满分）；经济与和平研究所发布的《2015年全球恐怖主义指数报告》，中国在全球124个国家和地区中排名第22位，指数为6.294（10分为满分）。

受国际恐怖活动高发、境内外"东突"势力渗透煽动等国内外多种因素的综合影响，我国面临的恐怖主义威胁一定时期内将客观存在，形势还比较严峻、复杂。主要是面临来自民族分裂势力、宗教极端势力和暴力恐怖势力（简称"三股势力"）、"东突"分子造成的恐怖威胁，并且这种威胁呈现出发生频率提高、作案手段多样化、危害性持续增加等趋势。其中，新疆面临的恐怖主义威胁最为突出，暴恐案件时有发生，风险较大，是反恐斗争的主战场。原来局限于新疆一地的暴力恐怖袭击开始向国内其他地区蔓延，出现外溢趋势，北京"10·28"案件、云南昆明"3·01"案件的发生充分说明内地面临的涉恐威胁也在加大。

一是民族分裂势力、宗教极端势力和暴力恐怖势力（"三股势力"）是我国面临的最现实威胁。"东突"势力是"三股势力"的代表，是我国面临的最主要恐怖威胁。"东突"势力曾在我国新疆和内地组织策划了一系列暴力恐怖活动。以"东伊运"组织为代表的"东突"势力频繁发布暴恐音视频，宣扬宗教极端思想，煽动境内暴恐分子就地圣战，并派遣人员实施恐怖活动，对我国危害很大。近年来，新疆"三股势力"人员向内地潜逃、非法出境较为活跃。

二是国际恐怖主义的刺激和示范效应威胁。全球恐怖主义活动的升温，具有恶性示范效应，对我国境内暴恐极端分子起到了外部刺激作用。国际恐怖主义具有较强的扩散性，近年来通过各种渠道不断向我国境内进行渗透。“伊斯兰国”恐怖组织影响力的增加，暴恐极端思想外溢效应明显，特别是该组织将我国新疆划入其“哈里发国家”版图，吸引部分境内人员投奔该组织，并回流入境，现实危害很大。中国与国际恐怖活动热点地区存在“地缘联系”。中亚特别是阿富汗处在国际恐怖活动的风口浪尖上，该地区成为国际恐怖主义的活跃地带。我国西北边境地区面临分裂主义和恐怖主义的渗透和冲击。此外，随着我国经济社会的发展和国际地位的提高，我驻外机构、企业、人员不断增多，我驻外人员、机构和海外利益也面临国际恐怖主义的威胁。

三是社会极端势力的暴力恐怖威胁不容忽视。目前我国正处于改革开放的关键时期和社会转型期，人民内部矛盾凸显，刑事犯罪高发，各种社会问题相对集中。利益的再分配、贫富不均、失业问题以及腐败现象等极易引发人们的不满情绪、心理失衡，出现一些社会极端人员，也易被一些暴恐极端分子所利用，成为滋生恐怖主义的温床。近年来，带有黑社会性质的严重暴力犯罪团伙有所发展，形成了恐怖活动的社会基础。

第三节　国际网络安全面临的威胁

一、网络攻击事件时有发生

美国行政管理和预算局（OMB）2015 年 4 月发布的《年度报告：联邦信息安全管理法案》显示，2014 财年美国计算机应急响应小组共处理了政府部门提交的 6.7 万余起网络安全事件，较 2013 财年的 5.8 万起大幅增加。数据显示，钓鱼邮件攻击和恶意代码仍是面临的最大威胁。

我国国家互联网应急中心（CNCERT）监测数据显示，2015年前三季度较大规模的分布式拒绝服务攻击（DDoS 攻击）近38万次，日均1491次。中国网络安全企业360威胁情报中心监测发现，2015年共监测到全球网络分布式拒绝服务攻击（DDoS 攻击）超过2700万次，被攻击网站数量超过77万个，平均每个被攻击的网站遭遇DDoS攻击35.4次。据网络安全公司安全狗发布的《2015年中国互联网服务器安全报告》，2015年服务器依然是黑客攻击的主要目标，其中46.6%是针对网站应用的攻击，安全狗帮助网站累计拦截超过20亿次攻击，累计拦截近2亿次主机系统层攻击。

以下是媒体公开报道的2015年发生的部分网络攻击事件，表明网络攻击事件时有发生。

据美国国家情报局局长詹姆斯·克拉珀（James Clapper）称，2015年，媒体报道的网络恐怖主义袭击共出现23起，而记录在案的攻击活动则为189起，其中涉及抓捕行动的454次，先后有43人被捕。在44起案件当中，有波士顿爆炸案这样物理破坏活动成功实现的案例；其中99%源自萨拉菲斯特穆斯林组织，非圣战组织行为占3%，圣战组织直接行为共14起，相关主动调查行为则在900到1000次之间。在35项案件中，有70%涉及直接抓捕行动。根据联邦调查局局长詹姆斯·科米（James Comey）的说法，抓捕目标主要为由伊斯兰教派煽动的激进恐怖分子。

2015年发生的乌克兰电网遭攻击事件引起全球业界的高度关注。2015年12月，乌克兰发生数小时停电事件，140万人受到影响。这是一起前期进行网络入侵准备和后门预置，以邮件发送恶意代码实现网络攻击并成功掌握控制权限的方式，通过远程控制工业控制系统SCADA节点下达指令为断电手段，以摧毁破坏工业控制系统SCADA系统实现迟滞恢复和状态致盲，以分布式拒绝服务攻击（DDoS 攻击）攻击服务电话系统作为干扰，造成长达 6 个小时大停电的一起重大网络攻击事件。这起事件充分展示了网络攻击关键基础设施造成的严重后果，是全球首次通过网络攻击关键基础设施网络影响社会生活的案例。

2015 年 1 月 12 日，自称效忠“伊斯兰国”的黑客入侵美国中央司令部的官方推特账号和视频网站 YouTube 账号，发布了宣传“伊斯兰国”意识形态的视频，并发布威胁美军的留言。黑客在推特账号上公布了数十名美国现任高级军官的个人信息、家庭住址、电话、电子邮箱以及个人照片。美国官方承认两个账号被“黑”约 30 分钟，称没有任何机密信息泄露。

2015 年 1 月 15 日，法国网络防御部门高级官员称，自 1 月 7 日法国发生恐怖袭击事件以来，法国政府遭受史无前例的网络攻击浪潮，1.9 万个网站遭遇黑客攻击，其中大部分袭击来自伊斯兰极端组织黑客。安全公司称，法国一天内遭受千余次网络攻击，这些攻击多为拒绝服务式攻击，但未造成很大损失。

2015 年 1 月 26 日，马来西亚航空公司官方网站遭到黑客攻击。黑客将用户访问指向其设置的网页，网页内容含有“IS 会蔓延”、“被蜥蜴部队攻陷”等内容。媒体称，“蜥蜴部队”黑客组织由“伊斯兰国”极端分子组成。

2015 年 3 月 28 日，全球最大的社交编程及代码托管网站 GitHub 网站的官方微博发布消息，称网站从 3 月 26 日开始受到网站建站以来最大规模的拒绝服务式攻击（DDoS 攻击）。《华尔街日报》、彭博社、金融时报等数十家媒体对此进行了报道。

二、 网络安全状况不容乐观

一是恶意程序增多。2015 年腾讯电脑管家反病毒实验室新发现的电脑病毒数为 1.45 亿个，较 2014 年增加了 5%，较 2013

年增加了41%。根据腾讯电脑管家统计数据，2015年病毒感染机器量达48.26亿次，流氓软件感染量达3.70亿次，盗号木马感染量达0.80亿次。2015年腾讯手机管家移动安全实验室新发现的手机病毒数为1670.37万个，2014年则为100.33万个，2015年较2014年增长15.65倍。据腾讯手机管家统计数据，2015年手机病毒感染终端总次数达7490万次。国家计算机应急处理中心数据显示，2015年获得移动互联网恶意程序148万个，较2014年增长55.3%。仅2016年3月境内感染网络病毒的计算机终端数量就达271万台。

二是安全漏洞数量增多。根据中国国家信息安全漏洞库（CNNVD）统计，自2010年来以来，新增漏洞数量呈现整体增加的趋势，从2010年的4636个，至2015年的7754个，年均增加漏洞6781个。自2012年起，年均维持在每年7000个以上。CNNVD的统计数据显示，安全漏洞中，以中危级别的漏洞数量居多，每年均占漏洞总量的一半以上。近年来，危害程度较高的危急和高危漏洞也开始呈现缓慢上升的趋势，2015年数量超过2000个，占漏洞总量的30.82%，比2014年增加近300个，占比增加9.62%。国家信息安全漏洞共享平台（CNVD）的数据显示，2015年共收录漏洞8080个，其中可诱发零日攻击的漏洞1207个，占14.9%。据腾讯电脑管家反病毒实验室统计，2015年安卓产品总量逐月增加，产品总量达到了3048种，伴随而来的是安卓平台漏洞数量的增加。2015年安卓平台各种漏洞达到2249个，其中高风险漏洞227个，中等风险漏洞852个，低风险漏洞1170个。漏洞总数较2014年增加了2.13倍，漏洞主要类型为“应用程序崩溃”占比高达53.67%，其次为“隐私信息泄露”占比31.97%，而“远程控制手机”占比14.36%。据国家信息安全漏洞共享平台（CNVD）数据显示，2016年3月，该平台收集整理信息系统安全漏洞558个，其中高危漏洞218个，可被用来实施网络攻击的漏洞506个。

三是云安全服务存在安全隐患。2015年全年腾讯网址安全云共检出恶意网址3.87亿条，其中钓鱼欺诈网址1.86亿条、虚假博彩网址1.08亿条、木马网址0.93亿条。在接入产品中日阻断恶意网址1.2亿次传播，日保护网民2000万人次。

三、关键基础设施存在安全风险

早在1997年，美国总统关键基础设施委员会（PCCIP）就已经认识到关键基础设施网络安全的重要性，“安全、经济的生活方式，包括工业化世界的生存，如今全都离不开电力、通信和计算机这三者的交互作用。”关键基础设施被入侵并产生较大破坏已在现实攻击中被验证。通过网络入侵核电、水利等关键基础设施信息系统已经不是一个理论问题。有资料显示，工业控制系统已成为众多网络入侵者的目标，包括犯罪集团以及恐怖分子等都在试图攻击工业控制系统。因此，涉及工业控制系统的网络安全事件可对一国的经济发展和国民安全造成巨大危害。根据美国工业控制系统网络紧急应变小组（ICS-CERT）的报告，2011年的198起美国工业控制系统安全事件中，有7起事件导致ICS-CERT不得不部署现场事件响应小组，21起其他事件需要获取高级分析实验室的远程分析支持，涉及水利部门的安全事件占所有事件的一半以上，因为这个部门涉及大量面向互联网的控制系统设备。英国查塔姆研究所曾发布网络安全报告称，随着商业软件的大量使用和对数字化技术的依赖，全球民用核设施面临日益严峻的网络安全威胁。报告显示，全球范围的核电站数字化程度越来越高，但管理层对核电站的系统漏洞和面临的网络安全风险却缺乏必要、全面的认识，很难对潜在攻击做好充分准备。根据对英国核电站及其附属设施的研究表明，新投入使用的数字系统缺乏必要的安全防护，存在以下问题：一是很多核设施通过 VPN 接入互联网；二是通过搜索引擎链接就可识别关键的核设施组件；三是核设施可能会因使用 U 盘而遭受网络攻击；四是供应链漏洞的存在意味着核设施所使用的设备在各个阶段和环节上都存在安全风险。

第四节　我国网络安全面临的威胁

一、网络基础设施面临的安全威胁

一是网络硬件设备存在支撑软件漏洞，成为潜在的安全隐患。例如，大量路由器存在安全漏洞。公开资料显示，据不完全统计，我国有超过 4000 余万台的路由器未对出厂配置进行修改，2015 年有超过 2000 万台路由器遭遇过域名解析（DNS）篡改。黑客一旦入侵路由器，可以获取用户内网的共享文件，截获网络账号密码，导致信息泄漏。

二是网络基础设施面临分布式拒绝服务攻击（DDoS 攻击）威胁，存在网络运行中断的安全风险。DDoS 攻击成为破坏网络秩序的主要方式。2015 年，涉及我国的 DDoS 攻击高达 2300 万次，是 2014 年的 1.8 倍。

三是云计算和虚拟化系统存在软件漏洞，引发安全威胁和风险。云计算服务是以云计算技术与模式为主要特征的信息技术服务，包括 SaaS（软件即服务）、PaaS（平台即服务）、IaaS（基础设施即服务）等。云计算和虚拟化技术代表了信息化基础设施未来发展方向，但是这种集约化的方式决定了一旦发生网络攻击，危害范围远超以往。同时，云计算安全风险也很突出，主要体现在如下方面：用户对数据、系统的控制管理能力减弱；安全责任不明确，一些单位可能由于数据和业务的外包而放松安全管理；云计算平台更加复杂，风险和隐患增多，控制和监管手段不足；云计算平台间的互操作和移植比较困难，用户数据和业务迁移到云计算平台后容易形成对云计算服务提供者的过度依赖。

二、重要信息系统和政府网站面临的安全威胁

公开资料显示，2015 年，我国有关部门发现处置了超过 6000 个重要信息系统的安全隐患。我国的政府网站安全漏洞较多。有关部门对 20 万个政府网站进行检测发现，平均每个政府网站的漏洞检出数量达 34 个，其中低级漏洞占比 57%，高危漏洞占 32.9%。部分政府网站遭入侵控制和非法篡改。其中被非法植入博彩、色情网页内容的事件占比达 81%。恶意仿冒政府网站进行网络诈骗和钓鱼攻击情况突出。存有公民信息的重要系统成为网络入侵攻击的重点目标。银行等金融网站成为假冒的重点。2015 年有关部门监测发现银行业假冒网站 20 余万个。假冒手机银行 APP 的数量上升。第三方支付平台成为不法洗钱的新渠道。

三、工业控制系统面临的安全威胁

公开资料显示，工业控制系统安全漏洞信息转向地下交易，公开披露的此类安全漏洞越来越少。根据国家漏洞信息数据库 CNVD 的统计数据，2011 年工控漏洞总数为 199 个，到 2015 年

只有 108 个。工业控制系统的漏洞修复缓慢或无补丁可补。2015 年的新增漏洞中有 32.30% 未提供补丁，仅有 67.7% 的漏洞有厂家会提供补丁。

四、公共互联网面临的安全威胁

一是网站安全问题突出。网站作为互联网的主要入口，面临着以瘫痪目标业务系统、窃取用户有价值信息、控制大规模服务器（或设备）资源等为主要目的的攻击威胁。公开资料显示，据国家互联网应急中心 CNCERT 监测发现，2015 年网页仿冒、拒绝服务攻击等已经形成成熟地下产业链的威胁仍然呈现增长趋势，针对中国网站的仿冒页面（URL 链接）191699 个，较 2014 年增长 85.7%，涉及 IP 地址 20488 个，较 2014 年增长 199.4%。网页篡改、网站后门等攻击事件层出不穷，党政机关、科研机构、重要行业单位网站依然是黑客组织攻击特别是 APT 攻击的重点目标。2015 年被植入后门的中国网站数量为 75028 个，较 2014 年增长 86.7%，其中政府网站为 3514 个，较 2014 年增长 130%。其中 3.1 万余个境外 IP 地址通过植入后门对境内 6 万余个网站实施远程控制，境外控制端 IP 地址和所控制境内网站数量分别较 2014 年增长 63% 和 82%，而位于美国的 4361 个 IP 地址通过植入后门控制了我国境内 11245 个网站，入侵网站数量居首位。APT28、图拉、方程小组、海莲花等多个具有特殊目的的 APT 攻击黑客组织不断浮出水面，网络空间的博弈愈演愈烈，党政机关、科研院所甚至商业公司都成为重要攻击目标。网站数据泄露风险则成为网站运营管理方需要直面的突出问题，同时也直接成为用户能具体感知的安全事件。

二是移动安全问题突出。移动应用的普及与发展迅速，带动了手机等智能终端用户量的大幅攀升，用户越来越依赖移动智能终端进行工作、生活和学习。但是，移动系统安卓平台的恶意程序样本量在迅猛增长。公开资料显示，2015 年发现并截获安卓平台新增恶意程序样本 1874 万个，是 2014 年的 5. 7 倍；全年安卓用户感染恶意程序 3. 7 亿人次，是 2014 年的 1. 1 倍，平均每天感染 100. 6 万人次。

三是大量个人身份信息数据被窃取，威胁社会安全和经济安全。如今，黑客迈入大数据时代，网站被拖库，导致大量用户数据泄露。个人身份被窃取后实施的网络诈骗活动猖獗。2015 年，仅我国网络安全公司 360 公司就收到全国用户提交的网络诈骗举报高达 2. 5 万例，举报总金额达 1. 27 亿余元。

四是网络黑色产业链分工日益复杂，已经形成包括开发制作、批发零售、诈骗实施和分赃销赃的 4 个主要环节和钓鱼编辑、木马开发、盗库黑客、钓鱼零售商、域名贩子、个信批发商、银行卡贩子、电话卡贩子、身份证贩子、电话诈骗经理、短信群发代理、在线推广技师、财务会计师、ATM 小马仔、分赃中间人等 15 种具体分工。海量个人信息泄露加剧公共网络安全风险。2015 年大量可造成个人信息泄漏的漏洞曝出，这些漏洞可导致泄露个人信息数量高达 55. 3 亿条，是 2014 年的 2. 3 倍。这些数据流入黑产市场，经过不断的转售、传播和扩散，威胁公共网络安全。

五是攻击勒索已然成为黑客获利的主要形式。部分勒索软件感染终端后，锁定终端屏幕或应用，要求用户支付“赎金”后才能解除锁定。窃取敏感信息实施账号锁定，成为新型勒索方式之一。拖库、撞库、钓鱼等攻击的发生导致大量隐私数据被泄露，多数数据流入地下黑产，用于对高价值目标进行针对性攻击。直接攻击破坏实施勒索时有发生。

第五节　网络恐怖主义发展趋势

一、国际恐怖主义发展趋势

恐怖主义是全世界共同的敌人。虽然国际社会加大打击恐怖主义的力度并取得了一定的效果，但是恐怖主义的威胁依然存在，恐怖活动并未得到有效的遏制，甚至出现了“越反越恐”的尴尬局面。研究认为，当前，国际恐怖主义进入了新一轮活跃期，恐怖组织形态、活动方式等出现了新的特点。未来一个时期，国际恐怖主义形势总体趋于严峻、尖锐。恐怖活动可能继续增多，恐怖活动目标、手段更趋多样性，造成的破坏和危害可能加大。西方国家恐怖主义将呈现本土化趋势。恐怖主义仍将是各国面临的重大的现实威胁，恐怖主义势力短期内难以彻底消灭。美国国务院发布的《2015 年反恐形势国别报告》指出，全球反恐形势正面临恐怖分子回流、“孤狼式”恐怖袭击增多、社交平台成招募工具等新挑战，发动恐怖袭击正变得越来越容易。以下发展趋势值得关注：

一是恐怖组织呈现小型化、分散化和多样化趋势。受到严厉打击的国际恐怖组织如“基地”、“伊斯兰国”组织等，不断改变组织结构形态，从等级制的组织体系演变成网络式的平面结构。美国、俄罗斯等国保持对“伊斯兰国”现有的打击力度，使得该组织难以维持现有的准国家状态，其成员将向世界各地回流，其对附属组织的吸引力、控制力也将随之下降。一些组织被打散后，分散到世界各地成为潜伏组织或睡眠组织。这些组织成员较少，且以亲戚、朋友、同学或教友等关系为纽带，很难预防也很难发现。极端分子“回流”情况将会增多。据巴基斯坦媒体2016年8月3日报道，巴情报部门数据显示，可能有多达650名巴基斯坦人加入了叙利亚、伊拉克和中亚等地的武装组织，巴情报部门鉴别了其中132人的身份，并认为这些人一旦返回巴基斯坦，将加剧巴国内教派冲突的风险。联合国反恐委员会执行局执行主任保罗·拉博德指出，极端组织“伊斯兰国”拥有近1.3万名来自100多个国家和地区的外国战斗人员在叙利亚和伊拉克参战。由于叙、伊境内的“伊斯兰国”所控制的领土正在萎缩，活动在上述地区的武装分子已出现向欧洲及本国流动的趋势，这些武装分子的所属国正面临日趋严重的恐怖袭击风险。2016年8月，加拿大公共安全部门发布报告称，2015年间，有180名加拿大人和恐怖组织联系离开加拿大，有一半人员定居土耳其、叙利亚，年底有60名回到加拿大，其中有的可能策划实施恐怖袭击活动。未来，“独狼式”个体恐怖袭击事件将会增多。由于“独狼”没有组织，随机性更高、更易于隐蔽，且袭击目标不确定，其难以被发现和追踪，造成的社会恐慌和危害性更大。特别是始终无法融入本土文化和生活的状态是产生“独狼式”恐怖分子的温床。

二是恐怖主义威胁与其他国际问题之间的关联度将会上升。分析认为，中东安全危机导致出现通向欧洲的难民潮。国际恐怖主义势力与难民潮同向流动，将使难民、移民等国际问题更加复杂化，并加剧难民接受国家的内部分歧。一些国家遇到的经济困难将会滋生更多的恐怖主义威胁。失业和贫困促使一些人员加入恐怖组织。一些政府控制能力较弱的国家面临的恐怖威胁将更加复杂。特别是一些中东产油国将面临更加严峻的安全挑战。

三是“伊斯兰国”和“基地”组织仍是两大主要国际恐怖组织。两者仍将继续争夺国际恐怖主义的主导和领导地位，继续以外线扩张来缓解主战场压力，并不断开发新的恐怖活动手段，创造出新的恐怖组织形态。此外，基于利益需要和优势互补，恐怖组织与跨国犯罪组织的联合将会更加紧密，一些跨国犯罪组织将向恐怖组织演变。

二、网络恐怖主义发展趋势

国际社会公认，网络恐怖主义已经成为国际社会的公害。而且，网络恐怖主义绝不会自行消失。历史已经一再证明了这一结论。随着国家经济和社会发展以及人民群众生活对网络依赖性的进一步增强，网络安全脆弱性的增多，网络恐怖活动将会进一步增多，活动能力将会提升，给各国带来更大的安全风险，成为各国面临的重大现实威胁。这种安全风险主要来自这些因素：社会对网络的依赖性在增加，网络的脆弱性在增多，而网络恐怖主义赖以生存的土壤和条件短期内难以从根本上消除。预测认为，网络恐怖主义将呈现如下发展趋势：

一是活动能力增强。恐怖主义与技术相结合形成的能量是难以估计的。恐怖组织的人员结构在不断地发生变化，网络技术人才的加入、先进网络技术和装备的获取，使得恐怖组织能以更快的速度提高网络恐怖主义的行动能力。有学者认为，从“简单无组织”水平到“高级有组织”水平需要 2 至 4 年，达到“综合协同”水平需要 6 至 10 年时间，但实际发展速度往往超过理论预测结果。恐怖组织在信息网络领域的活动能力和发展速度将会超过人们的预先估计。有网络安全公司预测，从 2016 年到 2021 年，世界网络攻击将呈现数量级的扩展趋势。恐怖组织在网络技术的支持下，将会把自己隐藏得更深，寻找到更多的目标，利用更多的网络渠道，实施更多的攻击，发布更多的恐怖信息，网络恐怖主义的行动能力将大大增强。在网络涉恐信息发布方面，以注册开设社交媒体账号为例，据安全威胁情报公司 Recorded Future 统计分析显示，推特（Twitter）2016 年 3 月移除了 2.6 万多个疑似支持“伊斯兰国”（IS）组织的账号，是 2015 年 9 月份的近 4 倍，但与此同时，“伊斯兰国”组织加快开设账号的速度，2016 年 3 月新建超过 2.1 万个账号，而在 2015 年 9 月，仅为 7000 个。推特（Twitter）公司 2016 年年初发表声明称，该公司自 2015 年年中以来已删除 12.5 万个威胁发动或宣传恐怖行动的账号。

二是破坏性加大。恐怖主义组织实施网络攻击的目的在于引起物理侵害或造成巨大的经济损失，从而引发社会危机，危害社会稳定。专家普遍认为，网络空间将成为未来反恐战争的主战场之一。网络恐怖主义如果致力于信息战，那么它的破坏力将远远超过它过去运用的任何手段的破坏力。美国总统网络安全顾问理查德·克拉克曾指出：“我不认为过去的任何经验可以预测未来可能发生的情况。当越来越多的公司把愈加重要的数据放在网上的时候，个人或团体在美国可怜的安全面前吃亏只是迟早的事。”随着技术的发展，恐怖分子将有能力直接攻击工业、能源等基础设施数据采集与监控系统，并造成物理损伤。美国斯坦福大学教授托马斯·芬加表示，交通控制系统、电子银行都可能成为恐怖分子攻击的目标。此类攻击难以造成硬损伤，但会给社会造成混乱。美国网络安全专家彼得·辛格表示，未来恐怖组织很可能利用网络安全漏洞操控简易无人机发动袭击。技术的发展进步，使得网络恐怖分子有可能获取到更多的网络攻击武器，在低成本条件下造成更大的破坏性。恐怖组织实施网络攻击的目标将会选择那些对国民经济或人民群众生产生活有巨大影响的关键基础设施，如金融、电力、供水、油气能源、铁路、民航等，以网络攻击造成关键基础设施丧失能力，以威胁国家安全和社会稳定，削弱国家经济，造成公众心理恐慌。

三是防范难度增大。如前所述，网络无国界、开放性、隐蔽性的特点，使恐怖分子活动时间、地点、目标、范围更加广泛，更加灵活、便捷，难以防范和摧毁。网络自身的脆弱性也给恐怖分子更多可乘之机。现实世界对网络的依赖性，再加上网络本身的脆弱性，导致对网络恐怖袭击防不胜防，可能造成的破坏性更大。网络所具有的匿名性，使得人们很难发现、识别和追查到恐怖分子。网络的开放性，使恐怖分子可以从任何地方实施攻击。网络信息扩散传播快，无论是网络上的暴恐视频，还是网络攻击工具软件，都可以任意复制，更容易扩散。类似“震网”等网络武器的扩散速度更快。社会上存在大量具备非法侵入、破坏计算机系统技能的黑客。恐怖主义组织可能通过思想渗透或收买等方式，将黑客变成实施网络恐怖主义的力量。黑客高手成为恐怖组织的帮凶，将增强其攻击能力。网络也给恐怖组织网络化、分散化提供了便利，恐怖组织可以利用网络作为通联工具，将分散的个体连成整体，隐蔽协调行动，平时是普通网民，一旦组织攻击就变成网络杀手，使得防范更加困难。专家指出，自杀式爆炸袭击等传统的恐怖手段，要花大量时间和金钱去招募和训练恐怖分子，而网络攻击几乎不需要体能训练和心理投资。恐怖分子可以把政府、公共设施等的计算机和网络定为目标。随着物联网普及，恐怖分子更容易找到系统的“脆弱环节”发起攻击。只要有互联网存在的地方，恐怖分子都可能发起进攻。

研究指出，当前防范打击网络恐怖主义面临一系列难题：第一，政府和民营网络企业之间信息共享矛盾突出。谷歌、微软、脸谱等互联网巨头会以用户个人隐私、企业利益和舆论压力为理由，不愿与情报部门共享关键信息。英国前首相卡梅伦表示，为有效应对恐怖分子利用网络平台开展宣传勾连，如果社交软件公司拒绝和政府情报部门共享信息，将考虑关闭 Snapchat 和 WhatsApp 等匿名加密社交软件。第二，国际网络非法交易市场监管不力。美国兰德公司发布报告称，当前网络地下黑市、灰市日益活跃，出售的产品包括黑客工具、网络漏洞以及出租僵尸网络等黑客服务。据英国《经济学人》等媒体报道，黑客攻击使用的软件和漏洞在黑市可买卖，价格从几十美元到几百美元不等。美国马里兰大学专家苏布拉·马尼安指出，犯罪集团与恐怖组织在黑市购买攻击程序和黑客服务的情况越来越多，对各国网络安全带来极大威胁。第三，网络反恐国际合作障碍较多。专家普遍指出，各国国情和法律体系不同，对网络恐怖主义的定义、甄别、调查等标准存在较大差异，并且打击网络恐怖主义的方式各有不同，加之国际反恐条约没有明确打击网络恐怖主义的具体条款，在此背景下开展实质性国际合作的难度比较大。网络反恐领域的国际合作有待改善。

表 7—1　2016 年全球恐怖袭击事件一览表（截至 2016 年 8 月）

时间（月日）		地点	手段	伤亡情况	实施者
	2	印度伯坦果德空军基地	枪击	至少 3 名印度安保人员死亡	宗教武装组织“穆罕默德军”
	3	伊拉克一处军事基地	自杀式爆炸	至少 13 名警察死亡	不详
1	7	利比亚西部城市兹利坦海岸警卫队一处训练营地	炸弹	至少 70 人死亡、100 多人受伤	极端组织“伊斯兰国”利比亚的分支
	11	伊拉克首都巴格达市及东部迪亚拉省	爆炸袭击	至少 30 人死亡、71 人受伤	“伊斯兰国”
		美国费城警察局	枪击	1 人受伤	自称效忠于 IS 的枪手

续表

时间（月日）		地点	手段	伤亡情况	实施者
1	12	土耳其最大城市伊斯坦布尔旅游景区苏丹艾哈迈德广场	自杀式炸弹袭击	至少10人死亡、17人受伤	“伊斯兰国”成员
	13	阿富汗楠格哈尔省首府贾拉拉巴德市巴基斯坦领事馆附近	武装袭击	至少7名警察死亡、11人受伤	“伊斯兰国”
	14	印度尼西亚首都雅加达市中心	爆炸	造成7人死亡、17人受伤	“伊斯兰国”及其在印尼的支持者
	15	布基纳法索首都瓦加杜古市中心一家酒店	武装袭击	造成29人死亡，30多人受伤	“基地”组织分支“伊斯兰马格里布基地组织”
		索马里盖多地区非盟驻索马里特派团	武装袭击	数十名非盟士兵死亡	极端组织“青年党”
	17	土耳其首都安卡拉土耳其军方车队	爆炸	至少29人身亡，60人受伤	土耳其称系“库尔德斯坦自由之鹰”制造，但被其否认
2	26	索马里首都摩加迪沙一家酒店	爆炸	至少15人死亡，数十人受伤	索马里武装组织“青年党”

续表

时间（月日）		地点	手段	伤亡情况	实施者
3	13	科特迪瓦大巴萨姆南方之星酒店	枪击	至少16人死亡，33人受伤	“基地”组织北非分支
		土耳其安卡拉市中心广场	爆炸	37人死亡，127人受伤	“库尔德斯坦自由之鹰”
	22	比利时布鲁塞尔机场、市中心的马尔比克地铁站	爆炸	造成至少34人死亡，超过180人受伤	“伊斯兰国”
	27	巴基斯坦拉合尔市一公园的儿童游乐场	爆炸	至少造成70人遇难	不详
4	27	土耳其西北部城市布尔萨	自杀式爆炸	造成17人受伤	不详
5	1	土耳其东南部城镇努赛宾、加齐安泰普	炸弹	造成3名士兵、1名警察死亡，至少14人受伤	不详
	10	土耳其东南部城市迪亚巴克尔	汽车炸弹	造成3人死亡、45人受伤	不详
6	7	土耳其伊斯坦布尔市中心一公交车站	汽车炸弹	造成11人死亡，36人受伤	不详
	12	美国佛罗里达州奥兰多市一家夜总会	枪击	造成49人丧生、53人受伤	极端分子
	22	利比亚苏尔特	袭击安全部队	至少37人死亡，100多人受伤	“伊斯兰国”
	28	土耳其伊斯坦布尔阿塔图尔克国际机场	枪击、炸弹	造成至少36人死亡、140多人受伤	疑似“伊斯兰国”

续表

时间（月日）		地点	手段	伤亡情况	实施者
7月	1	孟加拉国首都达卡一家餐厅	劫持	造成20人死亡	“伊斯兰国”
	3	伊拉克巴格达	汽车炸弹	造成至少126人死亡、147人受伤	不详
	4	沙特阿拉伯的吉达、盖提夫和著名圣城麦地那	爆炸	造成至少4人死亡，多人受伤	不详
	14	法国尼斯	卡车冲撞	造成至少84人死亡，202人受伤。	不详
8	20	土耳其加济安泰普市一场婚礼	炸弹袭击	造成至少51人死亡，69人受伤，其中17人重伤。	不详
	29	也门亚丁市一个军队征募中心	自杀式汽车炸弹	造成至少60人死亡	“伊斯兰国”
	30	吉尔吉斯斯坦首都比什凯克中国大使馆	自杀式汽车炸弹	造成1人死亡，超过3人受伤	“东突”恐怖组织

第八章

网络反恐国家战略

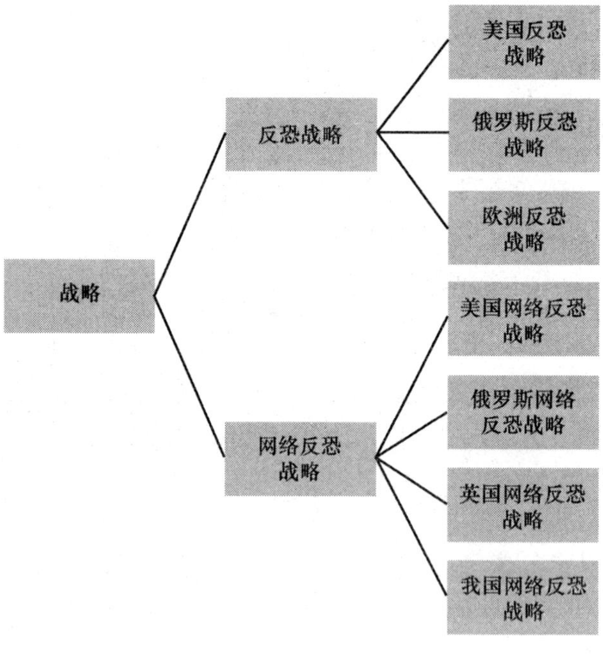

阅读导图

第一节　世界主要国家反恐战略

战略，是指为实现某种目标而制定的大规模、全方位行动计划。各国高度重视反恐怖战略的制定。多年来，在与恐怖主义的反复较量中，世界主要国家逐步形成了各具特色的反恐怖战略。他山之石，可以攻玉。研究和借鉴他国经验，对于提高我国的网络反恐怖战略规划设计能力，提高网络反恐的实效性具有重要的意义。学者研究指出，整体看，各国反恐怖战略的共同特征是：一是各国都将恐怖主义视为国家面临的重大安全威胁。美国、俄罗斯、英国、法国、德国等国均将恐怖主义作为国家主要安全威胁或首要安全威胁。二是注重将反恐与其他战略目标有机结合起来。各国都在借反恐之机，谋求国家利益的最大化。三是在反恐怖打击目标上，将网络恐怖主义、海上恐怖活动、大规模杀伤性武器扩散、金融洗钱等作为反恐怖重点打击领域。四是注重反恐怖法制建设，健全反恐法治体系。美国、俄罗斯、英国、法国、德国等国都制定了反恐怖法，并根据变化情况及时进行修订完善。五是在反恐怖力量配置上，除专门的反恐机构外，赋予军队反恐职能。六是各国普遍认为国际反恐怖斗争具有长期性，不可能一蹴而就。国际社会公认，对付恐怖主义威胁没有一劳永逸的解决方案，除了必须努力调查揪出潜在的极端分子外，必须立足长远，从社会层面着手，避免人们受到恐怖主义和极端主义思想的影响，走向极端化和激进化，铲除恐怖主义形成的土壤。

一、　美国反恐战略

恐怖主义在美国的历史较为漫长。始于 1968 年的现代恐怖主义的基本特征之一是“反美”，多年来针对美国的恐怖袭击事件层出不穷。“9·11”事件成为美国遭受恐怖袭击的顶点。正因为美国面临严重的恐怖主义威胁，也深受恐怖主义活动的危害，所以美国高度重视反恐怖战略的制定，并保持其连续性，每过一段时期就总结反思并提出改进措施。美国于2003年发布了首份《国家反恐怖战略》，2006年、2014年又两次对其进行了更新。

美国于2003年2月发布的第一份《国家反恐怖战略》提出战胜（全球恐怖组织和恐怖分子）、阻止（恐怖组织和恐怖分子获得支持和庇护）、消除（恐怖组织和恐怖分子可以利用的条件，铲除滋生恐怖主义的根源）和防范（各种恐怖袭击，保护美国公民及其利益）四大反恐怖基本目标。2006年9月，美国发布第二份《国家反恐怖战略》，总结了美国几年来反恐战争的成就以及面临的挑战，提出从军事打击和意识形态斗争两个方面打击恐怖主义，以及加强国际合作、加强政府各机构间的合作，建设职业化的专家队伍等落实国家反恐怖战略的具体措施。2014年6月，美国发布第三份《国家反恐怖战略》，对2006年以来美国反恐战略进行了全面更新。美军击毙世界头号恐怖分子、“9·11”恐怖袭击事件的策划者本·拉登，沉重打击了“基地”等恐怖主义组织，全球恐怖活动情况以及反恐形势发生新变化，美国对其反恐战略进行了较大调整。一是强调反恐不再决定美国整体安全战略。奥巴马政府上台之初放弃了布什政府奉行的“反恐高于一切”、“以反恐划线”政策，改变了以反恐为核心的国家安全战略。2014版国家反恐战略认为，反恐仅仅是美国国家安全战略的一部分，制定反恐战略的目的是为了确保国家安全利益，它并不起到定义外交政策的作用。美国从伊拉克、阿富汗撤军等收缩反恐阵线之举，与奥巴马政府的政策相符合。二是首次将本土列为反恐最重要“战场”，战略重点由“域外打恐”转向优先“境内防恐”。美国认识到，即便在海外打赢反恐战，也难以确保本土安全。新战略强调通过情报等手段严防国际恐怖势力袭击美国本土，同时防范本土“独狼”个体恐怖威胁。三是将“基地”分支组织列为新的重点打击对象，改变此前的反恐“泛化”目标。四是在反恐手段上强调运用“巧实力”。放弃采用大规模战争方式进行反恐，改为采取精确定位打击的方式，依靠无人机攻击、特种部队作战等手段，实施“手术刀式”打击。美国新的反恐战略反映了美国对恐怖主义的认识更趋理性、务实。

从总体上看，美国反恐的主要措施包括以下几点：一是建立健全反恐机构。成立各种政府与军事机构加强反恐，成立特殊的反恐机构并加强协调。美国在 1996 年成立了“核突发事件搜索队”和“计算机犯罪调查和基础设施威胁评估中心”两个反恐怖机构，建立了防止关键基础设施遭恐怖威胁的“广域追踪系统”和“生化武器预警系统”。2004 年 8 月，时任总统小布什依据“9・11”调查委员会的建议，成立美国国家反恐中心，设立国家情报总监。国家反恐中心最基本的职能是跨情报机构的整合平台。2012 年美国成立国务院反恐局，提升反恐外交在反恐战略中的地位。国务院反恐局负责确定恐怖组织名单，每年发布《全球反恐国别报告》。二是制定完善反恐战略与相关法律。将保卫国土作为美政府的首要任务，将“先发制人”作为打击恐怖主义的原则。2002 年 7 月，美白宫发布历史上第一份《国土安全国家战略》，将保卫国土提升到战略层面。2007 年 10 月，美国白宫再次出台《国土安全国家战略》，重新评估了国土安全的现状，提出建立国土安全管理体系等要求。三是加强国际合作，组建反恐联盟共同应对恐怖主义。“9・11”事件后，大力组建国际反恐联盟。进一步加强与其他国家的反恐军事合作，推行全球军事反恐。加强军队反恐力量特别是特种部队建设，加强情报机构能力建设，全面提升反恐能力。

有学者研究认为，美国的反恐战略，具有如下特点：一是以反恐为由打造美国主导下的世界新秩序。重视传统联盟，推行全球战略。二是军事打击与意识形态反恐并重。认识到单纯使用军事力量难获全胜，强调意识形态领域的反恐。三是重视多种反恐手段的综合运用。在军事领域，将军事打击作为反恐优选手段。在政治领域，注重国内机构调整和国际合作。在经济领域，强调切断恐怖分子的资金来源。在文化领域，重视消除极端主义产生的文化土壤。四是美反恐战略存在较大局限性。主要是借反恐谋霸权，忽视联合国作用，推行单边主义，损害大国关系。滥用军事打击手段，治标不治本。

二、 俄罗斯反恐战略

俄罗斯境内以车臣民族分裂势力为代表的非法武装从事恐怖活动，使俄罗斯饱受恐怖袭击的痛苦和危害。对此，俄罗斯将恐怖主义视为最直接、最现实、最重大的安全威胁，制定了具有本国特点的反恐战略。俄罗斯反恐战略的目标是保护公民个人、社会和国家免遭恐怖主义的袭击，预警、查明和制止恐怖活动并使其后果最小化，查明和消除有助于实施恐怖活动的原因和条件，以消除恐怖主义给人类造成的危害，铲除恐怖主义这个毒瘤。

有学者研究认为，俄罗斯确定的反恐战略方针是：以预防为主，充分发挥反恐部门的情报、预警和教育职能；以威慑为重点，强调“先发制人”，打击一切形式的恐怖主义；以武力解决为最终手段，寓剿于抚，在法律和道德框架最终政治解决。俄罗斯的反恐战略原则：一是依法反恐；二是反恐行动指挥坚持一长制领导；三是绝不向恐怖分子作任何让步；四是坚决反对在反恐斗争中采用“双重标准”；五是在国际反恐问题上坚持以联合国为主导；六是在国际反恐联盟中坚持平等原则。

俄罗斯的反恐策略和手段：一是建立健全反恐机制。俄反恐协调机制分为三级：第一级为联邦反恐委员会，由相关的部和主管部门的领导组成，俄联邦政府总理任主席；第二级为俄联邦主体反恐委员会，由联邦中央各部和主管部门下属的地区机关领导组成，联邦主体（州、地区）反恐委员会主席由州长兼任；第三级为恐怖活动频发地区的临时反恐委员会，由俄联邦主体反恐委员会的领导成员组成，由俄联邦中央反恐委员会的主要负责人领导。二是加强反恐立法。俄罗斯《反恐法》于 1998 年 8 月 4 日正式生效，2004 年进行了首次修订，2006 年全面修订，此后又多次进行了修订。三是切断恐怖主义活动资金来源。四是在公民中广泛开展反恐宣传活动。五是吸收军队参加反恐行动。

三、欧洲国家反恐战略

欧洲，特别是西欧一直是恐怖主义活动的热点地区。近年来，欧洲恐怖主义更趋多元化，手段更加暴力和致命，本国激进分子和恐怖组织相互联合成为欧洲各国面临的重大挑战。反恐是欧盟内外安全战略的重要内容之一。欧盟在“共同立场”和“联合行动”原则指导下，重点发挥其在规则制定、行动协调、情报交流等方面的作用。欧盟机构制定了一系列框架决定、条例、战略及行动计划，指导欧盟成员国的反恐基本原则及行为规范。针对近年来的形势发展变化，欧盟及时调整反恐策略。其中最重要的政策文件有 2005 年制定的《欧盟反恐战略》和《反恐行动计划》。《欧盟反恐战略》确定了“预防、保护、追查和应对”四大支柱。预防，包括预防暴力激进化，预防恐怖组织获得财源。保护，包括保护民众，保护基础设施，保护边界。追查，欧盟为成员国提供适当的工具以帮助识别、追捕和起诉恐怖分子。应对，发生紧急事件时，欧盟必须有能力处理，迅速回应事件。

欧盟的反恐战略是以国际法为依据，以“共同安全观”、“人类安全观”为理论基础，在联合国的旗帜下，通过“经济与货币联盟政策”、“共同司法与内政政策”和“共同外交与安全政策”三大支柱，在“合作、预防、发展”总的原则框架内，软硬兼顾，标本同治，以实现最终消除恐怖主义之目的。欧盟反恐策略包括：一是采取加强法规建设等政策措施。二是加强机制建设。欧盟设立了专门的反恐机构，并强调相互配合。欧盟理事会下设司法与内政理事会，负责从战略角度制定共同反恐政策。欧委会司法总司和内政总司负责盟内反恐工作。欧洲警察组织和欧洲司法组织负责协调情报交流和警务司法合作。三是加强预防，共享情报。欧盟建立了“情报分析中心”，建立了反恐情报体系和合作机制，包括交流与快速反应体系，建立反恐情报、司法与警务合作机制，与美国在情报和司法方面的反恐合作机制，制定了打击极端主义的10项行动计划。四是加强国际反恐合作。在双边层面，与主要战略伙伴国和其他重点国家建立了定期反恐对话和磋商机制。在全球层面，与联合国开张多层次合作。在区域层面，与其他区域组织加强反恐合作。

英国的反恐战略目标是国内外恐怖主义在其国内的活动。其反恐策略和手段：一是将反恐纳入法治轨道，健全完善反恐怖法律体系，调动各方资源和力量进行反恐。英国涉及反恐的立法有《2008年反恐怖主义法》《2011年恐怖主义预防和侦查措施法》《2015年反恐和安全法案》等。《2015年反恐和安全法案》要求学校提供帮助防止青少年思想极端化。英国建立了比较健全有效的反恐应急机制，妥善应对了多次恐怖袭击事件。二是健全反恐组织机构，改革情报机构，加强反恐力量建设。英国负责反恐的两个部门是内政部和外交部。其中，内政部主管国内反恐，外交部负责来自海外的针对英国的恐怖威胁。2007 年英国成立了国家公共设施保护中心，保护国家公共安全。三是加强国际反恐合作。

法国的反恐战略的目标是国内外的恐怖组织和恐怖活动。其反恐策略和手段：一是确立反恐原则，完善反恐法规，遵守国际准则。法国内政部主导反恐行动。二是建立反恐机构，组建反恐力量。三是建立严密和严格的预防警戒和监控检查机制。四是制定全面的反恐计划。五是加强国际反恐合作。加强情报领域的国际合作，加强司法和金融领域的国际合作，加强防止恐怖主义者利用大规模杀伤性武器和空中安全等方面的多边合作。

德国反恐战略的目标是打击跨境恐怖主义和保护全球基础设施。其反恐策略主要是综合反恐和依法反恐。所谓综合反恐，就是综合运用政治、外交、民事、发展援助和警察等手段打击恐怖主义。所谓依法反恐，就是进一步完善相关法律，强化反恐的法律工具，为反恐斗争提供有力的法律依据和支撑。德国的反恐手段：一是成立反恐指挥机构，同时进行全国反恐总动员。二是建立反恐专业力量。三是建立严密的预防机制，包括快速预警系统、机场和航空安全预防机制、严密的财政金融预防机制。四是加强国内及国际反恐合作。包括国内军队、警察、情报部门的合作以及与欧盟内部在内的国际社会的广泛合作。

第二节　世界主要国家网络反恐战略

面对网络恐怖主义来势汹汹的威胁，世界各国都高度重视，普遍将网络反恐作为网络安全保护与反恐怖战略的重点领域，纳入国家网络安全和反恐怖总体战略。有学者研究指出，截至目前，已经有超过 64 个国家制定了包括网络反恐内容的网络安全战略。各国通过完善网络反恐法制、建设全方位的对抗体系、加大网络监管等应对措施，大力加强网络反恐怖工作。一是加强打击网络恐怖主义力量建设。各国根据形势发展变化，纷纷组建新的网络反恐机构，抽调精干力量组建专业队伍，向社会招募更多的专业人才加入。二是加强情报信息搜集，不断提高网络反恐情报预警能力。积极改进情报机构和体系，建立情报搜集技术平台和资源共享渠道。三是加强网络监测和管控，不断提高安全防范能力。采取措施铲除恐怖主义信息的网络传播渠道和平台，化解恐怖组织网络活动的负面影响。政府与业界企业加强合作，依靠社会力量提升网络反恐防恐能力。四是修改制定网络反恐法律规范，为网络反恐怖工作提供法律支撑。五是加强国际合作。加强双边和多边国际合作，联手应对网络恐怖主义。

哈佛大学专门研究恐怖主义的学者杰西卡·斯特恩（Jessica Stern）与《外交政策》（Foreign Policy）撰稿人J·M·伯格（J. M. Berger）在其合著的《ISIS：恐怖之国》（ISIS：The State of Terror）一书中，对西方国家提出反恐对策建议，认为应当致力于“牵制与遏制”，而非投入压倒性的军事力量，并且要在网络领域进行更有效的控制。他们认为，“如果有了控制互联网的力量，就等于有了在战争中控制天气的力量”。在网络反恐怖战略和实战方面，美国、俄罗斯、英国等国家的做法值得我们认真研究借鉴。

一、美国网络反恐战略

美国是互联网的发明者和全球网络关键基础设施的管理者，是世界头号网络强国。恐怖主义向网络领域急速扩张，网络恐怖主义的危害性日益突出，美国往往首当其冲。美国将网络安全特别是网络恐怖主义视为面临的主要安全威胁之一，将网络恐怖主义纳入反恐战略的重点领域，时刻警惕“电子珍珠港”事件的发生。美国网络反恐战略具有如下特点：

第一，高度重视战略规划的制定，加强网络反恐的顶层设计和统筹协调。

制定网络反恐战略是提升网络反恐整体能力、确保打赢网络反恐战的重要前提。网络反恐是美国国家安全战略和国家反恐战略的一项重要内容。20 世纪 80 年代开始，美国以政府通告、总统行政命令、报告等形式，不断推出有关网络安全和网络反恐的政策和制度规范，并每隔数年就重新审定，以适应形势发展需要。美国有关网络反恐怖战略和措施散见于国家安全、网络安全、反恐战略和政策评估等政策性文件之中，包括《国家反恐战略》《国家安全战略》《国土安全战略》《国家情报战略》《国家网络安全战略》《网络空间国际战略》《网络空间行动战略》《网络威慑战略》《网络安全国家行动计划》《网络政策评估报告》《反恐战争国家军事战略计划》《四年防务评估报告》等等。这些文件从不同时期、不同角度、不同领域阐述了美国网络反恐的战略思想、目标、原则和主要措施。

“9·11”事件发生后，美国布什政府一直担心恐怖分子会对美国发动网络恐怖袭击，迅速采取一系列预防和打击网络恐怖活动的措施。包括设立“计算机信息网络安全委员会”主席，负责制定、协调全美政府机构网络反恐计划和行动；将政府网络与互联网隔离；在美联邦调查局设立反网络犯罪局，专门负责打击网络犯罪；指令美军加强网络战准备，防范网络恐怖袭击以及打击网络恐怖活动和支持网络恐怖的国家。布什还对美国指认的所谓纵容网络恐怖主义的国家发出警告称，“如果任何国家为网络恐怖主义者提供安全的避风港，国际社会将切断它与国际互联网的联系，把它排斥在互联网之外。”2003 年 2 月，美国公布了世界上第一份应对网络恐怖主义的国家网络安全战略《确保网络空间安全国家战略》。该战略是布什政府对美国《国土安全国家战略》（2002 年 7 月份公布）的补充，并由《保护关键基础设施和资产国家战略》（2003 年 2 月 14 日公布）作为其补充部分。《确保网络空间安全国家战略》确定了网络安全三项总体战略目标和五项优先目标。三项总体战略目标是：阻止针对美国关键基础设施的网络攻击；减少美国遭受网络攻击的脆弱性；在发生网络攻击事件时，使损害程度最小化、恢复时间最短化。五项优先目标是：（1）建立国家网络安全响应系统；（2）建立降低网络安全威胁和脆弱性的国家项目；（3）建立网络安全预警和培训国家项目；（4）确保政府各部门的网络安全；（5）加强国家安全与网络安全国际合作。国土安全部成为联邦政府确保网络安全的核心部门，作为联邦政府与各州、地方政府和公共部门、私营部门和研究机构之间的指挥中枢。战略还强调动员社会力量对网络安全进行全民防御，重视培养美国公民的信息安全意识。

2008 年，美国对网络安全政策进行了修订，时任布什总统签署了《国家网络安全综合计划》总统令。该总统令的内容包括：规定国土安全局在 4 个月内，将连接联邦部门和外部安全提供商的节点从原先的 4000 个，减少至 50 个；监控联邦网站流量的国土局项目“爱因斯坦”计划移交给国家安全局；加速研发、协调网络反间谍、促进政府组织间信息共享等。2011 年 5 月，奥巴马政府推出《网络空间国际战略》，该战略成为指导美国国务院、国防部、司法部、商务部、国土安全部等联邦职能部门制定网络空间运行和保护政策的纲领性文件。该战略明确提出，阻止恐怖分子通过互联网实施行动计划。2011 年 7 月，美国国防部推出《网络空间行动战略》，为国防部的网络任务指明了方向。

2015 年以来，美国陆续推出多项有关网络安全的重要措施。2 月 6 日，美国发布了 2015 年《国家安全战略报告》，规划综合运用法律。经济、外交和军事手段预防和反击网络攻击，进一步强化美国的网络安全。报告指出，美将通过制定网络安全框架，推动政企合作，保护关键信息基础设施安全；进一步加强网络安全立法；在国际法和美国法律框架下，保护美国免受网络攻击侵害，并采取各项措施反制网络攻击行为；协助其他国家制定网络安全法律，并采取有力措施消除其网络威胁；保护私营企业网络系统，应对商业网络窃密行为。2015 年 4 月 1 日，奥巴马签署行政命令，授权财政部对实施恶意网络活动、对美国国家安全、外交政策、经济安全和金融稳定构成显著威胁的个人和组织实施制裁，从事网络攻击的个人或组织资产将被冻结，禁止入境美国、禁止与美国公民或公司进行商业往来。

2016 年 2 月 9 日，美国政府公布《网络安全国家行动计划》，该文件分析评估了美国面临的网络安全威胁形势，并明确了下一步应对措施。该文件是奥巴马政府在新的网络安全形势下提出的强化国家网络安全的重要措施。文件指出，要提升国家整体网络安全水平，包括加强联邦政府网络安全，提升个人网络安全防护能力等。在加强联邦政府网络安全方面，以《网络安全跨机关优先目标》和《2015 年网络安全战略和实施计划为依据，要求各有关部门建立和维护自己的网络。联邦政府应当立即采取行动或提供必要条件，切实改善政府、企业与普通民众的网络安全状况。文件提议设立 31 亿美元的“信息技术现代化基金”，促进政府信息技术现代化，实现政府网络安全管理方式的转型。要求通过高强度密码、指纹及短信发送一次性密码等方式，提高美国民众维护自身网络账号安全的能力。文件要求提升国家整体网络安全水平，包括提升联邦政府网络安全，提升个人网络安全防护能力，增强关键基础设施安保能力，促进安全技术发展，要求威慑、阻遏与打击网络空间的恶意行为，提高网络事件响应能力。

第二，明确网络反恐重点领域，突出关键基础设施保护。

美国将确保关键基础设施安全作为网络反恐的首要目标任务。美国社会对关键基础设施和网络信息系统具有高度依赖性，国家和经济安全取决于国家关键基础设施的可靠运行，这种依赖性成为网络安全脆弱性的根源。美国政府认为关键基础设施存在安全隐患，是一个巨大的公开攻击目标。早在2003年颁布的《确保网络空间安全国家战略》就明确了关键基础设施的定义和范围：关键基础设施是指维持经济和政府最低限度的运作所需要的物理和网络系统，包括信息和通信系统、能源部门、银行与金融、交通运输、水利系统、应急服务部门、公共安全以及保证联邦、州和地方政府正常运作的领导机构。

美国信息安全专家认为“美国的敌对国家有史以来第一次有能力对美国本土发起一场相对容易的攻击，并完全有能力否认已发动的攻击。”2012年7月底，美国国家安全局（NSA）局长基思·亚历山大在一个安全论坛上称，自2009年以来，针对基础设施的网络攻击数量增长了17倍。《2012年网络安全法案》的提出者，参议员乔·利伯曼说：“我们遇到了危机，我们也都承认这一危机。这不是一个我国遭受网络攻击的臆想，而是一个真正的威胁。”因此，保护美国关键基础设施安全成为美国网络反恐的重点领域。美国的各种安全战略和评估报告都强调关键基础设施的重要性，并提出了保护关键基础设施的具体措施。

2009年，奥巴马在公布《网络空间政策评估——保障可信和强健的信息和通信基础设施》报告后发表演讲指出，美国21世纪的经济繁荣将依赖于网络空间安全，“从现在开始，我们的数字基础设施将被视为国家战略资产，保护这一基础设施将成为国家安全的优先事项”，可见美国对网络空间基础设施保护的重视程度。2012年初，美国国土安全部发布《国土安全共同体网络安全战略》，要求加强关键信息基础设施保护。

2013 年 2 月，奥巴马签署《关于提高关键基础设施网络安全的行政命令》，要求联邦机构要与私企共享相关网络威胁信息，并构建一个重在为关键基础设施公司减少网络威胁风险的网络安全框架。该命令扩大了美国关键基础设施的定义范围，规定受到网络攻击可能威胁国家安全、公共安全或经济利益的任何组织和相关系统都是关键基础设施。确定了 16 个关键基础设施领域，包括化学、商业设施、关键生产、大坝、国防工业基地、能源、金融服务、信息技术、核反应、水和污水系统，并要求美国国土安全部和特定行业的联邦机构在 150 天内通过风险评估的方法对涉及关键基础设施领域的公司、运营商进行审查，确定哪些公司可能会遭到严重危害公共卫生、经济和国家安全的网络攻击，确定后公司或运营商所涉及的实体将被重新认定为关键基础设施。企业可对联邦机构所做的“关键基础设施”重新定义提出异议并要求复议。

2015 年 10 月，白宫行政管理和预算局发布“网络安全策略实施计划”（CSIP），旨在加强联邦政府机构网络安全。具体措施包括：加强关键信息基础设施保护、加强网络安全事件监测和应急处置、提升网络应急恢复能力、招募高素质网络安全人才等。同月，国防部启动了“快速攻击检测、隔离与鉴定”（RADICS）项目计划，以实现电力、交通等关键基础设施网络态势感知和攻击预警，并在必要时进行网络隔离。同年 12 月 8 日，国土安全部官员接受媒体采访时指出，国土安全部与 Century Link 公司签署了协议，以改善“爱因斯坦 3A”关键基础设施防御项目的薄弱环节。

2016 年 2 月出台的《网络安全国家行动计划》要求增强关键基础设施的安全性和恢复能力。该项工作要依据 2013 年颁布的“关键基础设施总统行政令”和 2015 年颁布的“信息共享总统行政令”开展。根据《网络安全国家行动计划》，国土安全部、商务部和能源部筹建国家网络安全能力恢复中心（NCCR），国土安全部增加网络安全顾问数量，与民间机构 UL 等合作制定网络安全保障计划（CAP）。依照该计划，美国政府计划与林尼克斯基金会（Linux Foundation）下属的“核心基础设施行动计划（CII）”等组织开展合作，为开发网络安全技术提供支持。

美国还建立了工业控制系统漏洞共享机制。2006 年 5 月，美国建立工业控制系统漏洞发布机制，要求发现漏洞的行业或机构及时向美国计算机应急响应小组（US-CERT）汇报，该小组及时进行处理和发布并录入国家漏洞信息库（NVD）。

第三，采取强力措施，提高防范和打击网络恐怖主义的能力。

为应对全球存在、日趋严峻的网络恐怖主义形势，美国从网络反恐情报、推动立法、加强本国企业合作等方面出台措施，提升打击网络恐怖主义的能力。

一是加强网络反恐力量建设。根据形势发展变化的需要，美国及时成立新的网络安全机构，调整网络反恐体制和相关运行机制。2015 年 2 月 3 日，美国管理与预算办公室（OMB）设立电子政府网络小组（E-gov Cyber），在政府部门中推动落实相关网络安全政策和措施。电子政府网络小组在国家安全委员会、国土安全部和商务部的协同下，对政府部门网络和系统进行安全监控和风险预估，加强网络攻击事件通报预警。同年 2 月 10 日，国土安全部成立“网络威胁情报整合中心”（Cyber Threat Intelligence Integration Center，英文简称 CTIIC），由国家情报总监办公室管辖，并作为网络威胁情报中枢，为政府防范和应对网络威胁提供情报信息支持。该中心协调整合国土安全部、联邦调查局等各部门的情报力量，汇总分析网络威胁信息并通报相关部门，协助其应对网络威胁。同年 3 月 6 日，中央情报局成立数字指挥部以及十个任务中心，并在原有四个指挥部的基础上，新建一个

“数字革新”指挥部，统管中情局的数字化发展，成立数字创新部，专门负责网络情报搜集，应对网络空间威胁。扩大“反恐通信战略中心”（CSCC），以更有效地遏制恐怖组织招募新成员和筹募资金的能力。根据 2016 年 2 月 9 日公布的《网络安全国家行动计划》，建立国家网络安全促进委员会（Commission on Enhancing National Cybersecurity）。该委员会由政府以外的一些战略、企业和技术问题知名专家组成，其中部分人员由国会两党领导层指定，委员会针对以下问题提出未来十年的行动建议：如何强化公私部门网络安全，保护隐私；如何维护公共安全及经济和国家安全；如何促进新的技术解决方案的发现与推广；如何巩固联邦、州和地方政府与私营部门之间存在网络安全技术、制度及最佳实践的开发、推广与使用方面的合作。《网络安全国家行动计划》要求设立联邦政府首席信息安全官（Federal Chief Information Security Officer），监督联邦政府部门的网络安全政策、计划及其实施情况。这是美国首次设立高级政府职位，专职负责制定、管理和协调整个联邦政府范围内的网络安全战略、政策和行动。2016 年 2 月，美国成立了新的国家网络安全卓越中心（NCCE），该机构是政府与企业合作的研究发展平台。美国网络司令部计划到 2018 年全部建成 133 支部队并形成全面的作战能力。

二是建立健全网络安全机制。第一，建立网络安全预警机制。美国政府要求每个联邦机构制定和实施信息安全计划，并规定至少每隔 3 年要执行一次独立的安全检查或审计。对于涉及高风险的网络系统和主要应用程序，检查和审计应当缩短周期。对各种网络安全应急计划还要经常进行演练和测试，以保证有效性和可行性，提高网络预警水平。2015 年 12 月 7 日，美国国土安全部部长称，美政府将推出新的恐怖威胁警报系统，新增“中间级”预警级别，目前使用的“国家威胁警报系统”只有在出现“具体、可信”的国家安全威胁时才会被启用。第二，建立网络威胁信息共享机制。2007 年 10 月 31 日，美国颁布《信息共享国家战略》，明确提出信息资源属于国家资产，明确了联邦机构之间（包括军政之间）、联邦与州和地方政府之间、公共部门与私营部门之间、与外国有关机构之间的信息共享方法。2012 年 12 月 19 日，美国通过了《信息共享与信息安全国家战略》，明确提出情报部门、国防部、外交部、国土安全部、执法部门和私营部门团体之间要加强合作，共享信息资源。第三，健全网络安全协同治理机制。2010 年 3 月 24 日，美国修订《网络安全法案》，要求政府及私营机构在网络安全领域加强信息共享，并在发生网络安全紧急情况时加强协作。第四，建立网络安全审查机制。2000 年，美国在国家安全系统中对采购的产品进行网络安全审查，随后对联邦政府云计算服务、国防供应链等出台了安全审查政策，实现了对国家安全系统、国防系统、联邦政府信息系统的全面网络安全审查。

三是加强与国内网络企业的合作和军民网络融合。美国绝大多数网络基础设施和网络应用服务由私营部门构建和运营，许多国家关键信息基础设施和通信系统建设有美国企业的参与。美国政府认为，与关键基础设施业主和运营商进行持续合作有助于提高网络安全和国家安全。美国国防部与美国国土安全部、其他跨机构合作伙伴、私营部门合作，建立了提高网络安全的合作关系。奥巴马政府多次鼓励私有企业向政府提供共享网络安全威胁信息。2015 年 3 月 13 日，奥巴马在政府举办的网络安全峰会上呼吁私营企业加强与政府在网络安全领域的合作，通过信息共享等方式共同防御网络安全威胁。同年 4 月 23 日，美国国防部新版网络战略出台，重新更新和细化了五大“战略目标”。从“合作”上看，其对内强调政府部门间以及政府与私营部门，尤其是 IT 企业的合作；在国际合作上，更加强调建立全面的国际合作伙伴关系。奥巴马多次呼吁科技公司与美情报、执法人员加强网络反恐合作，以利用他们的技术来抓捕恐怖分子。奥巴马签署的《网络安全信息共享法案（2015）》，允许美国国土安全部等情报机构向私营企业要求共享其用户信息和相关数据，以应对国家安全威胁。联邦调查局局长詹姆斯·科米也希望苹果、谷歌等科技公司停止通信加密，拦截私人通信信息并提交给执法机构，与政府合作打击恐怖组织的观点。在军民网络融合保障方面，2007 年，美国国防部启动了“国防工业重要企业网络安全和信息保护”计划，旨在利用国防网络力量或军方信息技术，来保护国防工业重要企业的信息网络。2011 年 6 月，美国国防部和国土安全部启动国防工业联盟（DIB）网络试点项目，旨在情报机构与公司共享威胁信息，共同防御网络攻击。2010 年 10 月，美国国防部和国土安全部共同签署合作协议，建立跨部门的网络安全联合防御机制。2008 年 9 月 12 日，在美国参议院国土安全和政府事务委员会主席利伯曼敦促下，美国著名视频共享网站 YouTube 出台禁止上传和播放恐怖组织的宣传视频的政策，规定凡包含怂恿他人从事暴力活动、教人制作炸弹及进行伏击等内容的视频，一律被禁止在该网站上传和播放。2016 年以来，美国两大社交媒体 Facebook 和 Twitter 运营商采取了应对“伊斯兰国”网络宣传的新措施。1 月份，Facebook 建立反恐小组，专门监测和处理涉恐 Facebook 用户及材料。2 月份，Twitter 称，它已关停了 12.5 万个威胁进行恐怖活动或宣传恐怖主义的账户，尤其是与“伊斯兰国”恐怖组织相关的账户。为此，“伊斯兰国”在网上发布一个视频，恐吓 Facebook 行政总裁扎克伯格和 Twitter 行政总裁多尔西。

四是加强网络安全监控和情报搜集。美《纽约时报》2015 年 1 月 27 日报道，美英情报机构使用一种记录键盘按键痕迹的程序监控他国网络情况，该软件一直被美、英、加、澳大利亚和新西兰“五眼联盟”共用，并被用于间谍行动。同年 2 月 25 日，法国国际广播电台报道称，美英两国情报机构曾利用黑客手段入侵全球最大 SIM 卡制造商“金雅拓”的内部电脑网络，窃取用于保护全球手机通讯安全的密钥，从而实现对全球数十亿部手机进行监控。同年 3 月 10 日，中央情报局被曝 10 年来一直在试图破解苹果 iphone 手机和 ipad 平板电脑的安全系统，并开发相应的黑客程序。同年 3 月 15 日，著名网络安全公司卡巴斯基实验室表示，美国国家安全局被曝将间谍软件隐藏在西部数据、希捷、东芝和 IBM 等公司制造的硬盘中，借此窃听全球大多数计算机。同年 4 月 24 日，美《明镜》周刊曝光，国家安全局与德国联邦情报局 10 年来联合对欧盟国家公职人员和企业开展网络监控。同年 5 月 10 日，美媒体报道，国家安全局开发了名为“天网”（SkyNet）的监控项目，利用地理空间、生活模式及出行习惯等要素对大量手机主叫号码进行识别和分析，通过拨打电话的时间、地点及行动轨迹等寻找和判定恐怖分子，并识别出可疑行动。同年 6 月 25 日，美国媒体披露，国家安全局和英国通信总部秘密实施“弧线”计划，对国外 23 家网络安全公司进行监控，以获取信息病毒样本及其他信息。同年 8 月 15 日，媒体披露美国电话电报公司多年来协助国家安全局实施网络监控行动，对全球途经美国传输的海量互联网通信数据进行监控，同时截取所有联合国总部传输的互联网通信数据。同年 12 月 24 日，媒体报道称，美英情报机构利用“瞻博网络”防火墙后门实施网络监控并获取情报。

五是加强网络安全实战和攻防演练。据媒体报道，2016 年 4 月 5 日，美国国防部长卡特在美国知名智库战略和国际研究中心（CSIS）演讲时宣布，将首次正式赋予网络司令部打击“伊斯兰国”的作战任务。卡特称，网络攻击战术将扰乱“伊斯兰国”的指挥能力，干扰其策划针对美国及盟国、伙伴国阴谋的能力，削弱其财政及统治占领区民众的能力。美国参联会主席邓福德上将同期也表示，网络作战能力将作为所有军事行动的一部分，有助于削弱伊斯兰国在叙利亚和伊拉克的根据地拉卡市和摩苏尔的统治能力。根据总部位于美国的媒体研究组织中东媒体研究所（MEMRI）执行官 Steven Stalinsky 的分析，美国在互联网上发动网络进攻的目标可能涉及到所谓的"网络哈里发"（Cyber Caliphate）。在实战演练方面，美国国土安全部自 2006 年以来一直坚持举办"网络风暴"演习。美国金融机构也分别于 2011 年 11 月、2013 年 6 月举办了"量子黎明"演习。美国防部与国土安全部、联邦调查局以及一些私营公司连续开展年度"网络卫士"演习等。2015 年 6 月 8 日到 26 日，美国举行了第四届"网络卫士"年度演习，旨在建立一种集全国之力实施网络防御、保护关键基础设施以及加强信息共享的模式。来自陆、海、空、海军陆战队以及海岸警卫队的人员观摩了演习并接受了指导。2015 年以来，美国军方加大对伊斯兰国组织的网络攻击力度，包括摧毁伊斯兰国组织的计算机、服务器、手机等电子设备，以打击伊斯兰国组织通过社交网络实施的恐怖主义宣传、招募、煽动和串联等活动。

第四，加强立法工作，为网络反恐提供法律支撑保障。

2015 年以来，奥巴马政府不断推进网络安全立法。2015 年 1 月 13 日，奥巴马表示，将与国会合作推进网络安全立法，鼓励私有企业与政府提供共享网络安全威胁信息，对抗网络恐怖攻击对抗网络恐怖攻击。2015 年以来，美国众议院众议员罗伊斯提交了《打击恐怖分子使用社交媒体法案》，通过了《2015 年网络安全信息共享法案（CISA）》《网络保护法案》《2015 年国家网络安全防护进步法案》《2015 年国土安全部网络安全战略法 2015》《2016 财年情报授权法案》。美国参众两院通过并经总统签署了《2015 年美国自由法案》《2016 财年国防授权法案》。同年 11 月 17 日，美国联邦通讯委员会（FCC）主席指出，巴黎发生恐怖袭击后，美国应该重新修订窃听法案，应扩大窃听范围。2015 年 12 月，美国国会通过了《网络安全法》（the Cybersecurity Act of 2015），为维护国家网络安全提供了重要的支撑。2016 年 7 月 26 日，美国总统奥巴马批准一项新的政策指令，首次就美国政府如何应对重大网络攻击作出详细说明，并同时公布对网络攻击严重程度的定性标准。

第五，加强对外合作，特别是与传统盟国的合作。

美国在《网络政策评估报告》中提出“加强与国际伙伴关系”倡议，并拉拢传统盟国打造国际网络同盟。2010 年，美国和欧盟初步达成覆盖军民领域的网络空间合作战略。2012 年，美军和日本、韩国等国家的军队加强了在网络空间的合作。2013 年，美国与日本政府达成协议，加强两国网络空间管理机构在网络威胁信息共享、国际网络安全政策协调合作。2015 年 4 月，美日两国修改《日美防卫合作指针》，建立共同应对网络威胁的协调机制等。2015 年，美国司法部长与 10 个欧盟国家的内政部长和加拿大公共安全部长曾举行紧急反恐会议，将网络反恐作为合作的重点领域。2015 年 9 月 8 日，欧盟委员会发布公报称，欧盟和美国达成一份数据保护协议，为协助防范、侦察、调查和起诉包括恐怖主义行为在内的刑事犯罪，欧盟和美国之间可以共享相关人员的姓名、住址和犯罪记录等所有个人数据。2016 年 6 月 22 日，美国和以色列联合制定一项双边威胁共享计划，双方“近实时”共享网络攻击信息。

美国十分重视与盟国开展联合网络演习。2015 年 1 月 15 日，美英两国共同开展网络防御战演习。同年 9 月 25 日，美陆军启动“网络一体化评估”（NIE16.1）多国联合网络军事演习，包括英国、意大利在内的 12 个国家参加了军演。同年 11 月 9 日，美英两国联合开展了“操作弹性护盾”的网络安全事件应急处置演练，模拟对美国纽约和英国伦敦金融部门的网络攻击，并协调各方开展应急处置，测试的重点是两国金融部门抵御网络攻击能力、网络攻击信息共享机制、向公众发布通报预警和事件处置规定。

二、俄罗斯网络反恐战略

俄罗斯为了应对网络恐怖主义威胁，保护国家网络安全，建立了以俄联邦安全局（英文缩写 FSB，负责俄罗斯国内安全事务的机构）为主、内务部等机构为辅的工作机制，采取多方措施加强网络安全监管，促使网络活动符合俄罗斯的国家利益、社会利益与公民利益。俄罗斯网络反恐战略的主要特点：

一是制定网络安全法律政策。俄罗斯使用“信息安全”术语代替“网络安全”。俄罗斯陆续制定并颁布了大量信息安全法律法规，明确政府部门职责和规范互联网行为。《俄罗斯联邦宪法》将信息安全纳入国家安全管理范围。1995 年制定并颁布了《俄联邦信息、信息化和信息网络保护法》，之后制定了《俄联邦大众传媒法》《俄联邦保密法》和《俄联邦通信法》等，形成了多层级信息安全法律体系。俄罗斯于 1997 年颁布《俄罗斯联邦国家安全构想》，2000 年出台《俄联邦信息安全学说》（相当于《网络安全战略》），2009 年出台《2020 年前国家安全战略》，2010 年 10 月发布《俄罗斯联邦国家信息社会纲要（2011—2020）》，2013 年 8 月，俄罗斯联邦政府公布了《2020 年前俄罗斯联邦国际信息安全领域国家政策框架》，细化了《2020 年前俄罗斯联邦国家安全战略》《俄罗斯联邦信息安全学说》《俄罗斯联邦外交政策构想》以及俄罗斯联邦其他战略计划文件中的具体内容。2014 年 1 月 10 日俄罗斯联邦委员会公布了《俄罗斯联邦网络安全战略构想》。俄罗斯的《国家信息安全学说》明确了俄罗斯在信息领域的利益、所面临的内外威胁以及确保信息安全应采取的措施，其中明确规定为信息和电视网络系统提供安全保障，为国家的活动提供信息保障，保护信息资源，防止未经许可的信息扩散。2015 年底，俄罗斯国家安全委员会决定在 2016 年重新审订《国家信息安全学说》，制定必要的互联网行为法则，有效应对国际恐怖组织对政府机构和商业组织的网络攻击，降低恐怖组织网络攻击对国家信息领域的安全威胁。

2013 年 8 月，俄罗斯联邦政府公布的《2020 年前俄罗斯联邦国际信息安全领域国家政策框架》确定了俄罗斯联邦国家政策主要六个方向：第一，建立双边、多边、地区和全球层面国际信息安全体系任务。第二，创造条件降低实施损害国家主权、破坏国家领土完整，并威胁国际和平、安全和战略稳定性的敌对行为和侵略行动风险任务。第三，建立国际合作机制、对抗将信息和电信技术用于恐怖主义目的的威胁任务。第四，完成对抗利用信息和电信技术用于极端主义目的，其中包括用于干涉主权国家内部事务目的的威胁任务。第五，完成提高对抗利用信息和电信技术犯罪领域的国际合作效率任务。第六，保障信息和通信技术领域内的国家技术主权。

2014 年 1 月公布的《俄罗斯联邦网络安全战略构想》（讨论稿），明确了《俄罗斯联邦网络安全战略》的相关问题，旨在确定国内外政策方面的重点、原则和措施，切实保障俄罗斯联邦公民、组织和国家的网络安全。该战略构想确定了保障网络安全的优先事项：发展国家网络攻击防护和网络威胁预警系统；发展和改革相关机制，提升重要信息基础设施的可靠性；改进网络空间内国家信息资源的安全保障措施；制定国家、经贸公司和公民社会在网络安全领域的合作机制；提高公民的信息化水平，发展网络空间安全行为文化；扩大国际合作，旨在制定和完善相关协议和机制，提高全球网络安全水平。该战略构想明确规定了网络安全保障方向：采取全面系统的措施保障网络安全。包括对国家重要信息通信网络定期进行风险评估，推行网络安全标准，完善对计算机攻击的监测预警和消除，建立网络安全事故案件响应中心等。完善保障网络安全的标准法规文件和法律措施。开展网络安全领域的科研工作，落实《俄联邦保障信息安全领域科研工作的主要方向》文件。为研发、生产和使用网络空间安全设备提供条件。包括推广使用国产软硬件，及网络安全保障设备，更换国家重要信息通信系统和重要基础设施中的外国产品。完善网络安全骨干培养工作和组织措施。组织开展国内外各方在网络安全方面的协作。构建和完善网络空间安全行为和安全使用网络空间服务的文化。

二是加强网络信息监管。依照俄政府颁布的《禁止极端主义网站法案》，只要有网站涉嫌极端主义，检察官可以在没有获得法庭命令的情况下发出网站封锁令。2014 年 5 月普京签署《知名博主新规则法》，将其作为“反恐系列法规”的组成部分。依照该规定，凡网页日均访问量达到 3000 人次以上的博客作者必须在监督机构进行注册，并遵守大众媒体相关管理办法，不得假冒他人或发布虚假信息，不得利用其网站或个人网页从事违法犯罪活动，禁止传播有关恐怖主义和色情、暴力等信息，否则将被追究刑事责任。2014 年 7 月 4 日俄罗斯国家杜马批准了一项最新法律规定，禁止公民数据存储于国外服务器，规定所有收集俄罗斯公民信息的互联网公司都应当将这些数据存储在俄罗斯国内。这项法律生效时间为 2016 年 9 月 1 日。为加强网络监管和反恐，俄联邦政府颁布法令，从 2014 年 8 月 13 日开始，在俄罗斯的公共场所使用 WiFi 上网时，必须进行身份认证。

三是加强网络安全防护。2013 年 1 月，普京签署总统令，责令俄联邦安全局建立国家计算机信息安全机制，以监测、防范和消除计算机信息隐患，具体内容包括评估国家信息安全形势、保障重要信息基础设施的安全、对计算机安全事故进行鉴定、建立网络攻击资料库等。2013 年 8 月俄联邦安全局公布了《俄联邦关键网络基础设施安全》草案，并于 2015 年 1 月 1 日由俄联邦总统签署后开始实施。该草案建议，建立国家网络安全防护系统，以发现网络病毒和网络入侵行为，提出预警或采取措施消除网络入侵带来的后果；建立联邦级计算机事故协调中心，以对俄境内的网络攻击进行预警和处理；加大对相关责任人和违法者的处罚力度。

四是加强国际合作。2013 年 7 月底，俄罗斯总统普京签署《2020 年前国信息安全国家基本政策》，该文件由俄罗斯多个部门联合审议而成，成为一段时间内俄罗斯应对信息安全威胁的纲领性文件。该文件指出，俄罗斯在网络安全领域面临的威胁包括将信息通信技术用于恐怖活动等行为，以及制作和传播有害程序等。作为措施之一，俄罗斯应对国际网络安全威胁的主要方式是开展国际合作。俄罗斯希望在上合组织、独联体集体安全条约组织和金砖国家盟友的帮助下，实施在信息安全领域的一系列倡议。近年来，俄罗斯在上合组织框架下加强与中国等成员国在网络反恐方面的国际合作，取得明显效果。2015 年，俄罗斯和以色列签署打击网络恐怖主义合作协定，提出了一系列合作措施，包括俄以加强银行业网络安全合作和技术经验交流；针对两国内的反政府活动，加强互联网监管并严格控制可能损害国家利益的互联网数据传输；扩大两国执法部门的网络安全权利，包括网络资源关闭权和涉嫌网络恐怖人员逮捕权等。

三、欧盟网络反恐战略

欧盟高度重视打击网络恐怖主义。一是建立网络安全机构。欧盟建立了欧洲网络与信息安全局（ENISA），负责预防、回应网络和信息安全问题，主要是网络安全意识建设、网络安全范例推广以及与区域应急小组合作等。2007 年北约建立网络防御卓越合作中心以应对网络攻击威胁，该网络技术部队帮助北约成员国进行训练，指导网络威胁演练，并在国际网络攻击中给予北约成员国帮助。二是制定网络安全战略。2012 年 5 月，欧盟网络与信息安全局（ENISA）发布《国家网络安全战略——为加强网络空间安全的国家努力设定线路》文件，提出要制定一个系统而完整的欧盟网络安全战略，以及战略应包含的内容和要素。2013 年 2 月 7 日，欧盟委员会公布《欧盟网络安全战略》，对面临的网络安全挑战进行了评估，确立了网络安全指导原则，明确了各利益相关方的权利和责任，确定了未来 5 大优先战略任务和行动方案。三是加强能力建设。根据《欧盟网络安全战略》，主要是加强两项能力建设：第一，提升网络恢复能力。要求各成员国从以下方面开展行动：建立应急响应队伍（CERT），建立预防、检测、处置和响应的协调机制，完善信息共享机制。通过发布报告、组织研讨会、开展"欧洲网络安全月"活动等，提高公众网络安全意识。第二，强力打击网络恐怖活动犯罪。2004 年，欧洲委员会与美国、日本及其他国家合作，批准了《网络犯罪公约》，这是目前唯一有强制约束力的国际网络犯罪公约。2013 年 8 月 12 日，欧洲议会通过一项新的指令，界定了使用僵尸网络进行攻击等特定的网络刑事犯罪，并为每种罪行制定了更为严厉的刑事处罚。各成员国应建立国家网络犯罪应对机构，明确欧洲网络犯罪中心、欧洲刑警组织和欧洲司法组织各自的工作任务。通过欧盟资助项目如建立"网络犯罪示范中心"等方式，支持学界、政府和企业之间合作，确定最佳实践和可行技术。四是加强关键基础设施网络安全保护。2013 年 12 月，欧盟网络信息安全局（ENISA）出台了保护工业控制系统（Industrial Control Systems，简称 ICS）指导手册。该手册指导的范围集中于基础信息设施领域，如能源、化工、运输行业等。为有效应对网络威胁，要求各成员国制定欧盟网络防御政策框架，从领导、组织、教育、训练、后勤等方面增强欧盟网络防御能力；促进民间和军方在最佳实践、应急响应、风险评估等方面交流，企业为军方提供更多网络防御演习机会；与北约等合作伙伴进行对话，明确需要合作和避免重复工作的领域。五是推动双边多边合作。在双边层面，欧盟尤其强调在欧美网络安全和网络犯罪工作组的背景下，加强与美国合作的重要性；在多边层面，欧盟将寻求与欧洲理事会、经合组织、联合国、欧安组织、东盟等的合作。

四、英国网络反恐战略

网络恐怖主义已经成为英国新的安全威胁。英国政府更新了国家安全战略，将网络恐怖主义列为国家重大威胁。2009 年 6 月，英国政府公布《网络安全战略》，突出网络空间安全的重要性，认为网络空间几乎包括了《英国国家安全战略》（2009 年）列举的所有威胁和风险，它影响到所有人，跨越国际边界，在技术支撑下悄无声息地持续快速发展，指出“正如 19 世纪海洋、20 世纪空军之于国家安全和繁荣一样，21 世纪的国家安全取决于网络空间的安全。”2011 年 11 月，英国政府公布了新修订的《网络安全战略》，提出了未来四年的战略计划以及切实的行动方案。

英国在网络反恐战略上，主要采取以下策略：一是加强机构和能力建设。英国根据 2009 年网络安全战略成立了“网络安全办公室”（设在内阁）和“网络安全行动中心”。根据 2011 年新版网络安全战略把“政府通信总部”（GCHQ）作为英国应对网络攻击的核心部门，并在国防部下成立“国防网络行动小组”、“全球行动和安全中心”等部门，负责技术研发和攻击侦查等。

为应对网络恐怖主义威胁，英国增加安全机构力量，在警察部门成立了“互联网反恐行动小组”（CTIRU），专门负责甄别审查网络聊天等涉恐言论和暴恐音视频信息。2013 年 3 月，为帮助公共和私营部门企业应对网络攻击活动，提供实用信息和指导，英国政府设立“网络攻击信息交流中心”。媒体报道，针对伊斯兰国 IS 利用社交网站宣传及招募圣战人员，英国国防部 2015 年 4 月成立了精锐网络战部队“77 旅”，负责侦查恐怖组织在社交网站的活动，利用网络平台打击该组织。“77 旅”总部设在伯克郡，招募 2000 名成员，通过学习使用 Facebook、Twitter 及 Instagram 等社交网站，收集情报、关注恐怖组织最新动态，并研究使用网络攻心战术。招募 1900 名情报和安全人员，以应对“伊斯兰国”对英国城市和在英国机场以外运营航班可能发动的袭击。英国将军情五处（MI5）、军情六处（MI6）和英国政府通信总部（GCHQ）等间谍机关的人员增加 15%，以应对打击恐怖主义和网络袭击的任务。同时，增加网络防御开支。2015 年 12 月，英国财政部长奥斯本在英国政府通信总部发表演讲时称，英国正面临的极端网络犯罪活动，伊斯兰国极端组织正在发展网络攻击英国目标的能力，该组织已经证明自己有能力利用互联网“达到可怕的宣传目的”，其中包括培养激进思想和策划行动。英国将把网络防御的开支增加 1 倍，未来 5 年将投入 19 亿英镑以防御“伊斯兰国”组织的网络攻击。奥斯本还宣布成立一个新的国家网络中心，政府通信总部将与国防部合作，开发新的工具及技术对付网络黑客。二是强化网络信息管控。为清除恐怖主义思想根源，重点打击网络传播涉恐信息行为，在互联网信息内容的监管方面，英国形成了政府、行业、领域和社会密切联系、互相配合的共管机制。军情五处（MI5）负责网络恐怖主义、极端暴力活动和仇恨言论的举报、接受和处理，企业创新与技术部（Department for Business Innovation and Skill）、贸工部（Department of Trade and Industry ，简称 DTI）负责网络、电信、广播电视产业政策等。发挥独立机构和自律组织的作用。英国通讯办公室（Office of Communication，简称 Ofcom）针对广播电视和电信行使独立监管权，对涉及伤害、冒犯性、正确性等方面内容进行审核。英国政府要求境内网络企业积极配合政府部门开展网络管控。安全部门鼓励民众举报网络涉恐信息，帮助群众辨别网络涉恐信息。开设反恐热线和网站接受举报。三是加强立法。制定了《反恐与安全法案》、《互联网监控法》等，提供法律支持。四是加强与企业合作，深化国际合作。英国电信公司改进技术，强化网络自动过滤功能。建立网络自动报警系统，实现涉恐信息在线举报。网络企业还向政府部门通报最新网络和通信技术，并提供业务培训。英国与美国等国反恐机构和网络企业加强合作，联手应对网络恐怖主义。

第三节　当前我国网络反恐领域的主要问题

我国反对包括网络恐怖主义在内的一切形式的恐怖主义，坚决打击惩治恐怖活动，依法取缔恐怖活动组织。我国高度重视网络反恐怖问题，从维护国家安全的角度出发，将网络反恐作为国家反恐怖战略和网络安全战略的重要内容，对加强网络反恐工作做出了一系列重大决策部署。我国在防范和打击网络恐怖主义活动中取得了明显成效，探索总结了大量应对网络恐怖主义的成功经验做法。

应当看到，我国面临的网络恐怖主义形势仍十分严峻复杂。从总体上看，当前我国的网络反恐怖工作尚处于探索总结阶段。面对当前的网络反恐怖斗争形势，我们的工作还存在许多不适应以及需要重视和解决的问题。概括地说，主要表现在以下几个方面：

一是认识问题。网络恐怖主义作为信息化时代新型的恐怖主义形式，各国都在研究探索和总结其活动的规律特点，研究相关对策措施。目前对网络恐怖主义认识方面存在的问题主要表现在：对传统的反恐怖斗争认识深刻，重视程度高，应对经验丰富，但是部分地方对网络恐怖主义这一新型恐怖主义的认识不足，重视程度有待进一步提高。有的对网络恐怖主义的危害性、斗争的长期性和复杂性认识不到位。有的对网络恐怖主义尚停留在概念上，存在认识模糊。例如，有的将网络恐怖主义等同于恐怖信息的网络传播，认为网络恐怖主义就是通过网络传播涉恐信息；有的将网络恐怖主义视为“纸老虎”，认为又不能直接伤人，不用夸大其危害和威胁。认识上的误区，容易带来不利的后果。如果对网络恐怖主义活动的规律特点及其发展变化认识不足，运用对付传统恐怖主义的办法来应对网络恐怖主义，或者对网络恐怖主义认识片面、缺乏系统性，特别是缺乏清醒的认识，将会影响决策的针对性和科学性。

二是机制问题。受部门利益、企业利益等因素的制约，各国网络反恐机制多少都存在部门之间相互不通气、运行机制不畅等问题。在网络反恐机制方面，我国存在的问题主要表现在：网上网下一体化机制尚未完全建立。网络主体责任部门之间的权责边界不够清晰。执法部门与电信运营商、网络服务提供者、网络企业之间在网络安全监管、执法协作配合机制方面还存在一些问题。不同监管部门之间、跨区域之间的协作配合机制不够完善。数据资源共享机制有待进一步健全等。网络反恐措施的执行力有待改善。

三是情报问题。各国网络反恐情报都存在需要改进的地方，无论是情报组织、情报力量还是情报搜集能力都需要进一步加强。在情报组织方面，需要建立完善共享型、综合型、整合型组织架构。在情报能力方面，各国都面临网络反恐情报专门力量不足，特别是既懂特定语言，又懂网络技术、具有情报技能的专业人员数量不足，情报获取能力有待提高等问题。我国网络反恐怖情报搜集能力也有待进一步提高。

四是能力问题，主要是网络防恐能力、专业应急处置能力有待提高。网络恐怖主义是近年来比较热门的恐怖主义类型，各国在如何防范网络恐怖主义方面都面临经验和实战能力不足等问题，我国也面临专业力量不足、应急经验不足、实战能力不强等问题。

五是基础保障问题。主要是网络反恐法律保障以及人员力量、装备、技术等保障有待进一步改进。

六是国际合作问题。网络空间是全球共享领域，网络反恐离不开国际协作，这是国际网络反恐界的共识。现在的问题是，受反恐“双重标准”、不同的法律体系和政治制度、利益关系等因素的影响，国际合作尚未形成合力。现有的国际合作主要是在战略探讨、政策研讨和人员交流层面。在战术层面，特别是线索发现、调查、情报合作等务实合作还不够紧密。网络反恐领域利益共同体尚未建立。

上述问题有的具有长期性，必须持之以恒、坚持不懈才能予以解决。

第四节　我国的网络反恐战略建议

纵观各国的网络反恐战略，首先是对网络恐怖主义威胁和风险进行态势评估，明确战略对手的活动规律和特点。只有在摸清对手情况、掌握其活动规律特点，正确评估威胁和风险的基础上，才能制定出符合本国国情和实际的网络反恐战略。媒体报道，2014 年 4 月，北京卫戍区司令员王春宁在任陆军第 12 集团军军长期间，曾在官方媒体发表题为《不知对手，哪来对策》的评论文章。文章写到，甲午海战的失败，一个深刻教训是不察敌情、不知对手。他认为，“对一名指挥员来说，只有多研究敌情、研究对手、研究战场，做到知己知彼知明天，才能制定出应敌之策，做到召之即来、来之能战、战之有策。”这一观念很有现实意义。只有研究清楚对手的情况，才能制定出符合实际、科学的网络反恐战略。

我国的网络反恐战略，要以总体国家安全观基本理论为指导，立足国情、总结规律、突出重点、科学谋划，确保战略符合实际，起到战略指导和实战指引作用。2015 年 12 月 27 日第十二届全国人民代表大会常务委员会第十八次会议通过、自 2016 年 1 月 1 日起施行的《中华人民共和国反恐怖主义法》是我国的反恐怖主义工作基本法。该法规定的基本原则是我国反恐战略的重要体现。网络反恐战略作为国家反恐总体战略的组成部分，应当遵循反恐怖主义法确定的基本原则，体现该法确定的有关战略内容，落实该法提出的有关战略要求。2015 年 7 月 1 日第十二届全国人民代表大会常务委员会第十五次会议通过并颁布实施的《中华人民共和国国家安全法》以及正在全国人大常委会审议的《中华人民共和国网络安全法》（草案）等法律和政策性文件也规定了网络反恐的战略原则和任务措施，网络反恐战略同样要体现这两部法律的要求。

一、网络反恐战略目标

针对我国面临的网络恐怖主义威胁和风险，根据反恐怖主义法、国家安全法、网络安全法（草案）等法律和国家有关政策，结合我国实际，我们认为我国的网络反恐战略总的目标是：构建一个高效可靠的网络反恐怖体系，全面提高网络反恐能力，有效防范和阻止网络恐怖事件的发生，消除网络恐怖主义危害，维护国家安全、公共安全、网络安全和公众利益。总体目标可以分解为若干具体目标。我国网络反恐的具体目标包括三个方面：一是有效防范和阻止网络恐怖事件的发生；二是保护关键信息基础设施安全，使其免受网络恐怖攻击的危害，确保关键基础设施正常运行；三是确保网络信息安全，防止被恐怖势力利用，危害国家安全、公共安全和公众利益。

二、网络反恐战略原则和方针

我国反恐怖主义法第4条规定："国家将反恐怖主义纳入国家安全战略，综合施策，标本兼治，加强反恐怖主义的能力建设，运用政治、经济、法律、文化、教育、外交、军事等手段，开展反恐怖主义工作。国家反对一切形式的以歪曲宗教教义或者其他方法煽动仇恨、煽动歧视、鼓吹暴力等极端主义，消除恐怖主义的思想基础。"第五条规定："反恐怖主义工作坚持专门工作与群众路线相结合，防范为主、惩防结合和先发制敌、保持主动的原则。"第六条规定："反恐怖主义工作应当依法进行，尊重和保障人权，维护公民和组织的合法权益。在反恐怖主义工作中，应当尊重公民的宗教信仰自由和民族风俗习惯，禁止任何基于地域、民族、宗教等理由的歧视性做法。"

根据上述规定，我国网络反恐要贯彻总体国家安全观的要求，在国家反恐怖总体战略框架下，坚持立足国内、以我为主，坚持主动进攻、先发制敌，坚持标本兼治、重在治本，坚持专群结合、群防群治，积极开展各项具体的网络反恐怖斗争和各领域工作，最终取得网络反恐斗争的彻底胜利。

我国网络反恐的战略原则是：法治原则、综合治理原则、人权保障原则、群众路线原则。法治原则，就是网络反恐工作应当依法进行，在法治范围内开展工作。综合治理原则，就是网络反恐怖工作要综合运用法律、管理、技术和文化教育等手段，开展综合治理工作，消除滋生网络恐怖主义的土壤。人权保障原则，在网络反恐工作中，要尊重和保障人权，维护公民和组织的合法权益。应当尊重公民的宗教信仰自由和民族风俗习惯，禁止任何基于地域、民族、宗教等理由的歧视性做法。应对处置恐怖事件，应当优先保护直接受到恐怖活动危害、威胁人员的人身安全。被认定的恐怖活动组织和人员对认定不服的，可以通过国家反恐怖主义工作领导机构的办事机构申请复核，国家反恐怖主义工作领导机构应当及时进行复核，作出维持或者撤销认定的决定。因开展网络反恐工作对有关单位和个人的合法权益造成损害的，应当依法给予赔偿、补偿。有关单位和个人有权依法请求赔偿、补偿。对依法查封、扣押、冻结、扣留、收缴的物品、资金等，经审查发现与网络恐怖主义无关的，应当及时解除有关措施，予以退还。群众路线原则，就是网络反恐怖工作，要贯彻落实“一切为了群众，一切依靠群众”、“从群众中来，到群众中去”的群众路线要求，将专门工作与群众路线结合起来。

我国网络反恐的战略方针是：坚持综合施策、标本兼治，坚持专群结合、群防群治，坚持防范为主、惩防结合，坚持先发制敌、保持主动，坚持依法进行，保障人权。

坚持综合施策、标本兼治。网络恐怖主义滋生的原因复杂，有外部敌对势力的因素，也有国内“三股势力”的因素，有网上因素，又有网下因素，是国际国内、网上网下因素综合影响的结果。网络反恐怖斗争不是单一的，必须针对各方面问题，综合各方面力量，在各个领域，采取各种手段，开展工作。网络反恐怖斗争既是一项紧迫的任务，也是一项长期的工作，不可能一蹴而就，必须做好长期打算，打持久战。要立足当前，着眼长远，打击和源头治理两手都要抓。综合施策，就是对网络恐怖主义滋生的原因及网络恐怖活动的规律特点进行综合分析，把防范和打击工作综合起来考虑。标本兼治，就是既要治标又要治本。治标，就是要严厉惩治网络恐怖活动，防范和消除网络恐怖主义的现实活动和危害。治本，就是要从源头上治理，消除网络恐怖主义滋生和存在的根源和土壤。标本兼治是我们总结的克敌制胜的重要法宝，是做好反网络恐怖主义工作必须坚持的重要原则。

坚持专群结合、群防群治。警力有限，民力无穷。专门工作与群众路线相结合是开展网络反恐怖工作的法宝。一方面，网络反恐怖工作需要专门机关采取专门的措施和手段，在职责范围内积极开展好工作。另一方面，专门机关要做好网络涉恐情报信息、安全防范、调查和处置等工作，又离不开网络企业、网民和人民群众的支持。要通过发动网络企业、网民和人民群众的支持和广泛参与，真正实现全民反恐防恐，压缩网络恐怖活动的生存空间，让恐怖分子无隙可乘、无处可藏。坚持群众路线，就要有效整合社会各方面力量和资源，发动网络企业和广大人民群众参加到网络反恐怖斗争中来，并为其提供必要的条件。

坚持防范为主、惩防结合。一方面，要加强网络安全防范，做好防恐工作，这是网络反恐怖工作的重点。另一方面，要在有效安全防范的基础上，对网络恐怖主义和网络恐怖活动依法给予严厉打击，起到震慑作用。

坚持先发制敌、保持主动。先发制敌，就是敌未动我先动，采取积极的制敌措施，下好先手棋，打好主动仗。先发制敌，就是在完善网络安全防范措施，防止网络恐怖事件发生的前提下，完善情报信息制度，主动开展情报信息搜集工作，及时发现和获取网络恐怖活动的信息。

坚持依法进行，保障人权。一方面，网络反恐的各项措施必须依法进行。惩治网络恐怖活动犯罪要依法进行，严格按照罪刑法定、罪责刑相适应的原则，根据其犯罪的主客观条件、实际危害等依法确定其罪名及应当承担的法律责任。在刑事诉讼过程中严格遵守法律规定的各项程序。另一方面，网络反恐专门机关和有关部门开展工作应当遵守法律规定。要处理好网络反恐措施与保障人权的平衡，防止出现针对特定地域、民族、宗教、群体的歧视性做法，避免工作简单、片面化，以防止因工作失误和偏差造成误解，激化矛盾。

三、网络反恐的战略措施

战略的时间节点通常以 5 年、10 年、15 年、20 年为基准。5 年，是近期战略，10 年为中期战略，15 至 20 年为远期战略。一个时期的战略目标需要通过具体措施的实施来保证。结合当前实际情况和发展需要，近期，网络反恐的战略措施重点应当采取如下措施：一是健全完善体制机制。适应网络特点，按照全国一盘棋思想，建立一体化的网络反恐体制机制，形成中央与地方、网上与网下、境内与境外、打防管控一体化体制机制。建立扁平化点对点指挥、一通到底、资源力量动态配置的组织指挥机制。建立部门协作、地区协作和政企协作的协作配合机制。建立资源共享、预警通报、信息快速处置、线索快查快办、案件合成作战、情报信息会商研判、事件全天候应急处置保障机制。二是加强网络反恐专门工作体系建设。推动“情报、行动、防范、应急、支援”五位一体的网络反恐怖体系建设。包括情报信息、侦查打击、安全防范、应急处置、社会动员、专业支援体系建设。三是加强关键基础设施安全保护，提高预知预防网络恐怖袭击的能力。四是加强互联网治理，提高发现处置网络涉恐信息能力。五是加强网络反恐侦查打击能力建设。包括提升情报信息发现、线索落地核查、案件侦查、调查取证和依法打击能力。六是加强网络反恐国际合作。加强与联合国在网络反恐方面的合作，加强网络反恐的双边和多边的国际合作。七是完善保障制度建设。包括法制保障、技术保障、人员力量保障、待遇保障和后勤保障等保障建设。

第九章

情报信息

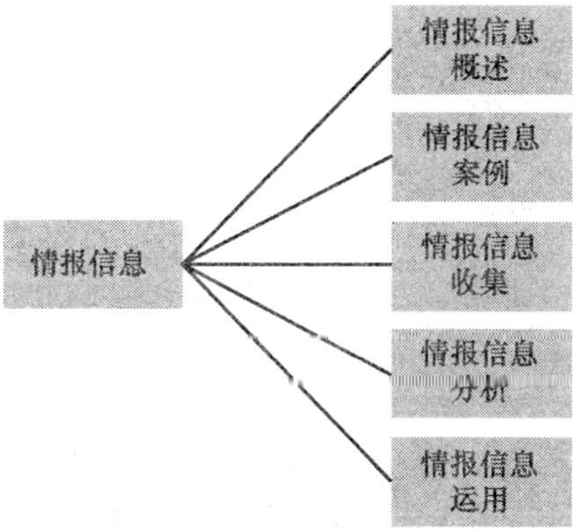

阅读导图

第一节　网络反恐情报信息概述

一、网络反恐情报信息的定义

什么是情报？什么是信息？有关定义很多，不同学科、不同领域、不同角度得出的结论不相同。情报是一个发展中的概念，不同历史时期有不同的界定。情报又是一个多学科的概念，不同的学科对其的界定不同。情报活动产生于军事领域，但是随着社会的发展，情报的内涵和外延不断发生变化。哲学范畴的界定是：情报属于哲学上的意识范畴，信息属于物质范畴，两者并不等同。有观点认为，情报包含在信息之中，情报是一种特殊的信息。信息是情报的属概念，情报是信息的种概念。也有观点认为，针对用户而言，情报是特定的信息接受者，对应的英文词汇是“Intelligence”，信息接受者不一定是用户，对应的英文词汇是“Information”。还有观点认为，情报是经过筛选、整理、加工的信息，是可以利用的、有特定内容的信息，是对信息进行分析和转换后变成为我所用的结果，即信息持有者经过有意识的加工形成的产品。信息转换为情报的过程就是信息的情报化过程。我国的情报概念比较宽泛，既是指情报信息本身，也包括情报信息工作，是将“Intelligence”和“Information”双重功能合二为一。一方面是指信息管理活动，即信息的搜集、加工、整理和传递，另一方面是指信息的激活，即信息经过研判、分析，形成有价值的知识内容。

笔者认为，网络反恐情报是指服务于网络反恐工作，通过各种途径搜集的经过分析、整理、加工形成的有价值的情报产品。

有观点认为，情报具有知识性、传递性和效用性三个属性。知识性是情报的最主要属性，是指情报必须具有一定的知识内容。知识是人的主观世界对于客观世界的概括和反映。传递性，是指知识必须经过传递，供人利用才能成为情报。效用性，是指情报满足用户需求，为用户服务。情报能够掌握有关动态、协助指挥决策和处理相关事务，能够启迪思维、扩大视野、增进知识、提高能力，帮助人们去认识世界和改造世界，即情报具有可利用价值。情报的作用取决于本身的质量和时间性。

情报信息在网络反恐工作中具有预警性、前瞻性、先导性和引领性作用。情报信息作为网络反恐工作特别是防范恐怖主义的关键环节，对于提高网络反恐实战能力水平，做到对网络恐怖活动的可防、可控，切实维护国家安全、公共安全和人民群众生命财产安全具有重要意义。我国的反恐怖主义法专门在第四章中设置了“情报信息”，明确了反恐情报信息的体制机制、原则和方法等规范要求。

情报信息是一种直接的战斗力。现代社会是信息社会，谁占有的情报信息数量多、速度快，谁就能先发制敌，占据主动、占有优势，就能在较量中立于不败之地。没有情报信息就无法赢得反恐斗争的胜利。情报信息是一种主导力量。网络反恐要做到先发制敌、保持主动，必须要情报信息主导、情报信息先行，将恐怖事件制止在预谋阶段、未发之时，消灭在萌芽状态或者初起之时。情报信息是一种预警力量。网络恐怖活动具有突发性，掌握了预警性情报信息，就能及时采取针对性措施，将大部分暴恐活动打掉在萌芽状态，避免造成危害和损失。情报信息是一种支撑力量。网络反恐的各个环节，特别是侦查打击、安全防范、监督管理和控制处置等都离不开情报信息的支撑。没有情报信息，网络反恐各项工作就会变成没有目标和方向，变成“聋子”和“瞎子”。

据媒体报道，2015 年 12 月 10 日，中共中央政法委书记孟建柱在国家反恐怖工作会议讲话时强调，要进一步加强情报体系建设，加强情报信息硬件、软件建设，推进国家和新疆反恐情报平台的对接和深度融合，实现情报信息共享，提高情报信息分析研判和预警能力，有效预防、及时发现、快速反应，坚决将暴恐活动消灭在萌芽状态、摧毁在行动之前。

媒体曾经报道[①]，2015年11月25日，国务委员、国家反恐怖工作领导小组组长、公安部部长郭声琨在考察调研国家反恐怖情报信息平台时指出，当前，国际国内反恐怖斗争形势严峻复杂，对情报信息工作提出了新的要求。习近平总书记和孟建柱、栗战书等中央领导同志高度重视，多次作出重要指示批示，为进一步加强反恐怖及其情报工作指明了方向。各地区、各有关部门必须认真学习领会、坚决贯彻落实，深刻汲取近期巴黎等恐怖袭击事件的教训，切实增强风险意识、忧患意识，以高度的政治责任感和工作紧迫感，扎扎实实做好反恐怖情报信息等各项工作。要把情报信息工作置于反恐怖工作重中之重的位置，始终坚持情报先行。

上述领导人的讲话为做好网络反恐情报信息工作指明了方向。

二、网络反恐情报信息的种类

情报信息按照不同的标准可以分为很多类型。按照情报的内容和作用，情报分为战略性情报和战术性情报。战略性情报一般是指对解决全局或某一特定领域中一些带有前瞻性、方向性、政策性问题所需要的情报。如关于某恐怖组织开展年度宣传的计划、某恐怖分子开发某技术工具的情报等，这类情报对研判形势、服务决策、部署行动有参考价值。战术性情报是指对解决局部或某一具体问题所需要的情报。如某人称计划于某月某日某时在某地实施恐怖活动的线索性情报，某恐怖组织决定某年某月某日对某系统实施网络攻击的行动性情报等。这类行动性、预警性情报有具体的行动时间、地点，属于战术性情报。

① http://www.cac.gov.cn/2015-11/26/c_1117265652.htm

按照情报来源不同，情报可分为公开情报和秘密情报。按照情报获取的手段不同，情报可分为人力情报和技术情报。按照情报信息的内容不同，可以分为资料类、线索类、人员类、行动类。按照情报信息的时效性，可分为特急、紧急、一般三级。按照情报信息的密级，可分为绝密级、机密级、秘密级、内部、公开五类。总之，网络反恐情报既有战略情报，也有战术情报；既有公开情报，也有秘密情报；既有人力情报，又有技术情报；既有资料类、人员类情报，也有线索类、行动类情报。

第二节 国外网络反恐情报信息借鉴

一、 国外反恐情报失误案例

从历史上发生的恐怖事件可以总结出情报失误的教训。以下两个情报信息失误案例教训深刻，令人反思。

案例一：2005 年英国伦敦恐怖袭击事件。2005 年 7 月 7 日，英国伦敦连环发生至少 7 起爆炸案，数个伦敦地铁站及数辆巴士爆炸，共造成 56 人死亡（包括 4 名爆炸实施者），伤者逾百。英国政府将事件定性为恐怖袭击事件。一个自称是“欧洲基地圣战秘密组织”的组织宣称对该事件负责。该组织在网站上发布声明称，这起事件是为了报复英国参与对阿富汗及伊拉克的军事行动。起初，英国广播公司 BBC 援引阿拉伯国家负责监控恐怖主义组织网络的消息人士话称，此次爆炸案很可能又是“‘基地’组织的手笔”，因为事件与 2004 年西班牙马德里爆炸事件手法类似。后来，根据英国警方的认定，伦敦连环爆炸案是自杀性袭击，并确认了袭击者身份。伦敦警察厅反恐负责人称，在奥尔德盖特站和利物浦大街站之间的地铁列车上引爆炸弹的是22岁男子沙扎德·坦维尔；袭击双层公交巴士的是年仅18岁疑犯哈西卜·侯赛因，两人都是巴基斯坦裔英国公民。7月16日，伦敦警察厅发表声明，确认另外两名“人弹”嫌犯身份，同时公开了4名嫌犯7月7日早晨聚会的画面。在埃奇韦尔站引爆炸弹的是30岁的穆罕默德·西迪克·汗，在罗素广场站和国王十字站之间的地铁引爆者是19岁的赫尔马因·林赛。

2006年5月11日，该爆炸事件的官方调查报告公布。由英国内政部和议会多党派情报安全委员会分别进行的两项调查表明，尽管英国安全机构军情五处未能提前做出情报警示，但该机构并无怠忽职守。虽然机构并无懈怠，但是毕竟事件的发生表明，情报工作没有做到位。这起事件对英国情报机关的心理打击较大，作为世界有名的情报体系，居然事先未能获取任何预警信息。公开资料显示，这起事件的情报失误表现在两个方面：一是英国情报机构因资源有限，没有能力对在英国的所有恐怖嫌疑人进行全面监控，没有掌握发生恐怖袭击的情报。二是英国情报机构对国内恐怖组织活动情况掌握不够全面，在应对本土恐怖主义方面缺乏实战经验和有效的手段。

案例二：2016年法国尼斯恐怖袭击事件。2016年7月14日深夜，法国尼斯市举行国庆日庆祝活动时遭受恐怖袭击，事件造成至少84人死亡，202人受伤。7月16日，伊斯兰国发表声明认领该事件。该事件发生前未获得任何预警情报。

该事件的发生暴露出法国反恐情报工作的失误，显示出法国反恐情报预警能力的不足。有专家专门对此进行了分析，认为法国情报预警能力不足的原因有以下几个方面：一是法国国内情报机构刚刚经历大规模改革，情报能力有所削弱。2008年法国改革国内情报体制，撤销了普通情报局，将反恐情报工作并入领土监护局，合并为国内中央情报局（后升为国内安全总局）。普通情报局历来以公开的方式掌握社会动态，对可疑人物、组织、活动进行调查，并建立各类情报档案，其情报力量分布在法国社会各个角落，能够及时掌握社会动向。普通情报局的核心能力是构建完善的人际关系网络。机构改革后，普通情报局的人际关系网络监视能力未能纳入到新成立的国内中央情报局之中，造成了法国情报监视能力的下降。同时，改革磨合期间，法国国内中央情报局中央局与地方局之间还存在互动不畅问题，中央与地方下属机构互动脱节。二是法国情报机构监视能力建设跟不上反恐斗争的实际需要。法国情报机构在网络反恐情报获取与监视方面长期未能实现合法化和现代化。由于法律限制，法国情报现代化建设步履维艰。在通讯监视方面，法国情报机构受到严格的限制，国内实施监听活动申请程序非常复杂。对涉恐分子的监听需要得到总理（或其代表）批准，再交由总理下属的部际监察小组具体实施。在互联网监视方面，法国一直到2015年《查理周刊》恐怖袭击事件发生后才通过《情报法》，赋予情报机构网络监控权力。没有法律授权，法国情报机构不可能获得电信运营商的配合，难以形成有效的网络通讯监视能力。三是恐怖分子反情报能力在增强。为躲避通讯监视，恐怖分子使用更加隐蔽的网络通讯手段。而对网络通讯的监视正是法国情报机构能力的短板。警方调查显示，恐怖分子使用了包括具有加密性能的Telegram即时通讯软件在内的多种网络通讯手段，该软件具有“阅后自焚”功能。恐怖分子还使用游戏平台进行联络。恐怖分子在行踪方面也采取了规避手段。如采取绕道飞行方式躲避情报机构追踪。恐怖分子反情报能力的增强，与法国反恐情报能力的不足，造成了这起恐怖袭击案件的发生。[①]

---

① 资料来源：《中国社科报》2016年7月21日，“国关国政外交学人”微信公众号。

二、 国外网络反恐情报模式

世界各国为应对网络恐怖主义，近年来纷纷采取各种针对性措施，强化网络情报信息工作，提升网络情报信息搜集运用能力。主要做法是：

一是通过建章立制，加强对网络信息的监控。针对网络恐怖主义活动主要利用社交媒体进行宣传、联络和组织策划等特点，各国都通过立法等方式，要求加大对网络社交媒体的监控。

美国在《2015 年网络安全信息共享法案》中要求企业和国土安全部共享与防范网络威胁有关的用户信息和相关数据，国土安全部也应将收到的信息与联邦调查局、国家安全局等相关部门共享，而企业不会因泄露用户信息被追责。美国国会议员还建议由安全、情报和执法等方面专家组成数字安全国家委员会，以解决恐怖分子使用加密技术、利用社交媒体招募人员等问题。

2015 年 12 月 1 日，美国众议院通过《2016 年情报授权法案》，内容包括情报搜集措施、提供情报的机构等，为打击恐怖主义、防范网络攻击等提供法律支持。2017 年拟投入 8500 万美元用于加强联邦调查局数据搜集和分析能力建设；利用新兴物联网技术扩展自身监控范围和能力。此外，美国开始审核入美签证申请人的社交媒体，避免恐怖分子进入美国实施暴恐活动。美国和欧盟地区主要国家与脸谱、谷歌达成协议，要求其对涉恐内容进行过滤。为加强网络反恐情报侦察工作，美国总统奥巴马、总统候选人希拉里、联邦调查局局长詹姆斯等多个政府官员呼吁科技公司与政府加强在网络反恐方面的合作，向政府开放通信加密的后门，或拦截私人通信信息并提交给执法机构。

俄罗斯加紧布防网络媒体监控阵地，通过强化网络访问审查、网络舆情监测等机制，加强对网络媒体传播涉恐信息的监控力度，开发推广新的网络媒体在线监控系统并在全国使用。俄联邦安全局专门设立信息安全中心，负责管理利用网络空间和社交媒体危害俄国家安全和经济安全的组织、机构。2016 年 7 月 3 日，俄罗斯斯通过新的反恐法案，要求所有互联网公司为俄罗斯情报机构提供强制后门访问加密通信。

欧盟议会强调加强互联网管控，及时删除宣扬恐怖主义言论，对拒不配合的企业采取制裁措施。英国政府宣布召集谷歌、微软、脸谱和推特等互联网企业，商讨联合打击网络极端主义信息的举措。负责政策拟定的国务大臣乔·约翰逊将代表英国政府要求互联网企业主动提供有助于警方追踪极端主义分子的相关信息，同时进一步明确删除极端主义信息的尺度。

2016 年 8 月，德国政府宣布成立名为 ZITiS 的新的网络安全部，以在线应对恐怖分子，新的网安部由约 400 名公务员组成。德国政府与推特、脸谱和谷歌等公司达成协议，要求上述公司建立专门的网络言论管控团队，负责在收到用户举报极端主义言论后及时删除。

法国议会授权相关政府机构在反恐活动中可采取封锁网站、搜查控制媒体、解散相关团体等措施。巴黎警方建议出台相关法律，在紧急状态时屏蔽公共 Wi-Fi 及不明 IP 地址，并要求网络服务商上交匿名通信数据。加拿大国防部部署新的互联网监控平台，利用监控平台过滤分析社交媒体信息，全天候监控推特、脸谱、优兔（YouTubc）等跨国社交媒体，由专门情报人员审查分析博客、留言板、布告栏和新闻评论等内容。德国政府加强了对网络活动的监控。

以色列反恐部门通过人工设定年龄、宗教信仰、社会经济状况、与暴力组织联系等关键词参数，在社交网络上进行跟踪分析，及时发现可疑情况并预警。以色列的安全人员每天都对数据进行监控，根据形势变化和最新需要修改关键词。凡是以色列境内的人都被安全分级：基本级为黑色，与设定参数有相符条目的设为灰色，列为可疑人员，而需要安全部门监控甚至逮捕的设为白色，通过分级控制，安全和情报资源得到最大限度的使用。

二是提升网络情报信息搜集能力。各国都高度重视网络情报搜集能力建设，组建专门机构，招聘专门人才，制定法律政策，加强技术研发，强化网络管理，加大资金等保障投入，全面提升网络情报搜集能力。

公开资料显示，美国与情报有关的机构，主要是美国中央情报局（CIA）、美国联邦调查局（FBI）和美国国家安全局（NSA）。该三大机构支撑了美国庞大的情报王国，年预算超过美国全年情报预算的80%。三大机构在情报信息方面各有分工和侧重：美国国家安全局（NSA）名义上隶属国防部，负责全球电子信号情报的监听、搜集与技术分析；美国中央情报局（CIA）由国家安全委员会直接领导，是美国唯一独立的情报机构，负责公开和秘密地收集和分析国外政府、机构与个人在政治、文化、科技等领域的全方位情报，协调其他国内情报机构的活动；美国联邦调查局（FBI）是司法部下属的执法机构，负责调查违反联邦法律、危害国家安全的违法犯罪行为。其中，综合情报能力较强的是中央情报局和联邦调查局，是分别负责对外情报和对内情报工作的核心机构。中央情报局设有独立的反恐情报办公室，联邦调查局在“9·11”事件后专门成立一个新的国家安全分局以防范恐怖袭击。美国国家安全局（NSA）的网络技术情报实力较强，能够定位极端分子的位置，防止其利用网络或其他信息技术发动攻击。

针对负责反恐情报的机构之间交流、沟通、协调和合作机制不足、渠道不畅等积弊，2004年8月，时任总统小布什依据“9·11”调查委员会的建议，成立美国国家反恐中心，设立国家情报总监。国家反恐中心主任是副部级官员，负责向总统汇报行政部门的反恐计划，向国家情报总监汇报反恐情报事务。国家反恐中心又是国家情报总监有关恐怖主义情报行动与情报分析的首席顾问单位，就反恐情报事项提供建言。国家反恐中心基本战略任务是：分析识别恐怖主义威胁；与其他机构分享情报；整合政府所有情报机构，即通过人员整合、情报整合，确保团结作战。该中心还负责研究恐怖主义组织及其能力、计划与意图、危及美国利益的潜在威胁问题；维护已知恐怖分子或恐怖嫌犯数据库；管理“联合行动中心”，就世界范围内恐怖主义情况提供形势分析报告；运营“国家反恐中心即时在线”保密网站，向联邦调查局“联合反恐任务小组”和国防部等政府部门开放。“基地”与“伊斯兰国”是美国反恐情报收集的重中之重。

美国十分重视网络情报的共享交流和资源力量的整合。为加强网络攻击等网络安全情报信息共享和融合，2015 年 2 月 25 日，美国成立一个名为网络威胁情报整合中心（CTIIC）的情报协调机构，协调国家网络安全和通信集成中心（NCCIC）、国家网络调查联合特遣部队（NCIJTF）以及美国网络司令部开展网络情报工作。网络威胁情报整合中心在网络防御和事故响应任务方面支持国家网络安全和通信集成中心，支持国家网络调查联合特遣部队进行与国内网络威胁调查相关的协调、整合和信息共享，支持美国网络司令部保护美国免遭重大网络空间攻击的行动。

2014 年，澳大利亚情报评估机构国家评估办公室（ONA）专门招聘社交媒体分析、用户生成内容甄别、数据辨别和网站信息搜集方面的专家，以及阿拉伯语和印尼语的语言学家等方面的人才，加强反恐部门和开源情报搜集中心建设。为应对网络恐怖主义，澳大利亚参议院通过《2014 年国家安全法修正案》，授权澳大利亚安全情报局（ASIO）全方位监控互联网，允许其进入受监控的电脑复制、删除或修改数据，有权干扰目标电脑，并通过第三方电脑潜入目标电脑。澳大利亚还宣布未来10年投入250亿澳元用于情报、监控与侦察、电子战和网络安全，以提升网络防御能力。

2016年8月，澳大利亚政府宣布设立网络情报监测单位，专门追查网上的恐怖主义融资、洗钱与金融诈骗活动。该单位隶属澳大利亚交易报告与分析中心（AUSTRAC），负责调查在线支付平台与网络金融犯罪，以打击洗钱活动和犯罪集团。

针对“独狼”个人恐怖主义，欧洲各国反恐部门积极调整其反恐战略，采取加强网络监管的办法来防范“独狼式”袭击。有分析指出，在发动恐怖袭击之前，“独狼”的活动舞台主要是在互联网，“独狼”的激进及蜕变过程主要是通过互联网完成，因此加强对互联网的监管是有效防范。瑞典国防研究机构成立了一个互联网信息监测分析小组，通过分析网络用户的网上行为来判断一个人是否会实施极端暴力行为。

为防范恐怖袭击，日本成立了“国际反恐情报收集组”，建立基于网络安全的国家级“情报处理安全保护”等级考试制度，培养选拔“情报处理安全保护支援师”，充实网络安全领域专业人才。

三是加强网络反恐信息的国际交流合作。各国普遍将情报信息交流合作作为反恐国际合作的重要组成部分。针对网络攻击特别是高级持续性威胁（APT）攻击越来越频繁，传统安全防御手段已难以抵御的现状，各国采取加强国际合作的方式提高应对的有效性。美国RSA2016信息网络安全大会提出，未来基于大数据安全分析和威胁情报将成为信息安全行业主流，而威胁情报共享是应对新型挑战的一个重要原则。

2014年10月27日，美政府宣布与多个西方以及穆斯林国家组成“情报联盟”，联手打击极端组织“伊斯兰国”在网上的招募活动。英国、法国、沙特阿拉伯、埃及和阿联酋等国表示同意加强与美的情报交换、部队训练和其他合作，阻止“伊斯兰国”相关招募活动。

各国还将情报共享和协同防御作为维护网络安全、防范恐怖袭击的着力点。欧盟内部于 2015 年 12 月就《网络与信息安全指令》达成一致，要求所有成员国必须制定网络安全战略，建立信息共享机构用于成员国之间交换情报信息等。德国联邦情报局加强与美国国家安全局的网络监控合作，并为美国国家安全局提供情报信息。美国和欧盟达成新的数据共享协议。美国和韩国加强网络安全合作，进一步分享全球网络威胁信息，共同开发网络攻击应对技术。

第三节　我国网络反恐情报信息工作

一、我国网络反恐情报体制机制

我国的反恐怖主义法明确了我国反恐情报信息体制。该法第 43 条规定：“国家反恐怖主义工作领导机构建立国家反恐怖主义情报中心，实行跨部门、跨地区情报信息工作机制，统筹反恐怖主义情报信息工作。有关部门应当加强反恐怖主义情报信息搜集工作，对搜集的有关线索、人员、行动类情报信息，应当依照规定及时统一归口报送国家反恐怖主义情报中心。地方反恐怖主义工作领导机构应当建立跨部门情报信息工作机制，组织开展反恐怖主义情报信息工作，对重要的情报信息，应当及时向上级反恐怖主义工作领导机构报告，对涉及其他地方的紧急情报信息，应当及时通报相关地方。”我国的国家安全法第 51 条规定：“国家健全统一归口、反应灵敏、准确高效、运转顺畅的情报信息收集、研判和使用制度，建立情报信息工作协调机制，实现情报信息的及时收集、准确研判、有效使用和共享。”

根据反恐法规定，国家设立反恐怖主义工作领导机构，统一领导和指挥全国的反恐怖工作。国家反恐怖主义工作领导机构设立国家反恐怖主义情报中心，实行跨部门、跨地区的反恐情报信息工作机制。一是反恐怖情报信息的搜集、汇总、分析研判和处理按照跨部门、跨地区工作机制运行；二是反恐怖情报信息的分析研判的结果需要跨部门、跨地区共享。

我国的反恐情报信息主体为国家、有关部门和地方反恐怖主义工作领导机构，情报信息的报送按照不同情况报送不同的层级和单位。一是由国家反恐怖主义工作领导机构建立的国家反恐怖主义情报中心统筹全国反恐怖主义情报信息工作；二是公安、国家安全、军队等有关部门对搜集的有关涉恐线索、人员、行动类情报信息，应当依照规定及时统一归口报送国家反恐怖主义情报中心；三是地方反恐怖主义工作领导机构组织开展反恐怖主义情报信息工作，对重要的情报信息，应当及时向上级反恐怖主义工作领导机构报告，对涉及其他地方的紧急情报信息，应当及时通报相关地方。四是情报信息的报送应当及时、准确、客观，不得迟报、漏报、瞒报和谎报。

二、我国网络反恐情报原则和要求

我国的反恐怖法规定了反恐情报信息的原则要求。根据该法第44条、45条、46条、47条和48条规定，网络反恐情报工作的原则要求是：

一是专门工作与群众路线相结合。我国反恐怖法第44条规定：“公安机关、国家安全机关和有关部门应当依靠群众，加强基层基础工作，建立基层情报信息工作力量，提高反恐怖主义情报信息工作能力。”反恐情报信息工作，公安、国家安全等专门机关负有专门责任，必须不断提升自身的能力和水平，发挥专门机关的主力军作用。同时，要加强基层基础工作，发动和依靠群众，走群众路线，与人民群众相结合。例如，建立涉恐线索举报奖励制度，建立涉恐情报信息员制度等等。只有紧紧依靠人民，才能编织一张密不透风的大网，使得恐怖分子无处藏身。

二是人力情报与技术情报相结合。我国反恐怖法第45条规定：“公安机关、国家安全机关、军事机关在其职责范围内，因反恐怖主义情报信息工作的需要，根据国家有关规定，经过严格的批准手续，可以采取技术侦察措施。”我国国家安全法也规定，开展情报信息工作，应当充分运用现代科学技术手段，加强对情报信息的鉴别、筛选、综合和研判分析。据此，既要抓好人力反恐情报信息工作，又要运用技术侦察措施开展反恐情报信息工作，二者要有机结合，才能提高情报信息的质量和能力。

三是公开搜集与秘密搜集相结合。我国反恐怖法第46条规定，有关部门对于在安全防范工作中获取的信息，应当根据国家反恐怖主义情报中心的要求，及时提供。据此，有关部门既要依法运用公开的方式方法和渠道途径开展反恐怖主义情报信息工作，又要遵循情报信息工作的规律，采取必要的秘密工作方式方法和渠道搜集，只有“公密结合”才能获取高质量的反恐情报信息。

四是情报信息与行动处置相结合。我国反恐怖法第47条规定：“国家反恐怖主义情报中心、地方反恐怖主义工作领导机构以及公安机关等有关部门应当对有关情报信息进行筛查、研判、核查、监控，认为有发生恐怖事件危险，需要采取相应的安全防范、应对处置措施的，应当及时通报有关部门和单位，并可以根据情况发出预警。有关部门和单位应当根据通报做好安全防范、应对处置工作。”情报信息主导行动处置。反恐情报信息是行动处置的依据和来源，行动处置是情报信息搜集的目的。反恐情报信息工作必须牢固树立为行动处置服务的指导思想，行动处置也要为情报信息工作提供需求，创造必要的条件。只有将反恐情报信息工作与行动处置工作紧密结合起来，才能发挥反恐情报信息的作用，不断提高整体工作能力和水平，实现反恐斗争的目的和要求。

五是严守情报信息工作秘密的原则。我国反恐法第 48 条规定："反恐怖主义工作领导机构、有关部门和单位、个人应当对履行反恐怖主义工作职责、义务过程中知悉的国家秘密、商业秘密和个人隐私予以保密。违反规定泄露国家秘密、商业秘密和个人隐私的，依法追究法律责任。"有关部门、单位和个人为了网络反恐需要，在对互联网管理、管控和调查中，或者采取技术侦察措施过程中，可能获取涉及公民个人信息、隐私的数据信息，对此，必须予以严格保密，否则，将会被依法追究法律责任。这里所说的履行反恐怖主义工作职责、义务的主体，既包括执法部门及其工作人员，也包括其他履行反恐怖主义工作职责、义务的单位和个人。这里所说的泄露，是指行为人将自己掌握或者知悉的国家秘密、商业秘密和个人隐私等让不该知悉者知悉的行为。这里所说的国家秘密，是指关系国家安全和利益，依照法律程序在一定时间内只限一定范围的人员知悉的事项，主要是指涉及反恐工作以及保守国家秘密法规定的事项。

第四节　网络反恐情报信息的搜集

一、网络反恐情报信息搜集的途径

经对公开的资料研究，发现目前各国网络反恐情报信息的搜集主要有以下途径：

一是通过公开资料搜集。主要是指通过传统媒体、互联网等渠道获取有关情报信息，这类途径又叫开源情报信息。传统媒体包括公开出版物如图书、报刊杂志、音像资料和广播电视等，从中可以获取有关情报信息。通过恐怖组织公开散发的宣传资料、招募广告等信息可以发现获取有价值的情报信息。互联网是网络反恐情报的主要来源。从互联网上可以发现获取大量的有价值的信息。通过互联网浏览、搜索、技术挖掘等，可以发现获取相关的情报信息。根据美国对情报信息的研究，所有情报中，90%来源于公开情报渠道，只有10%的情报通过秘密渠道获取[①]。媒体披露，美国中央情报局专门设立了公开来源中心，开发了公开来源情报系统，将公开情报的搜集、挖掘和使用集成为一体。有这么一个案例，说明了公开资料在情报信息搜集中的重要价值。1935年3月20日，一位名叫伯尔托尔德·雅各布的瑞士作家出版了一本名为《战斗情报》的书，公开披露了德军的内幕。该书详尽描述了德国军队的组织结构、德军各级司令部、各师和各军管区的番号、编制、装备、人数、驻扎地点，还有168名陆军各级指挥官的姓名、年龄、经历和任职时间以及最新成立的装甲师。实际上，该书全部材料来源于德国公开发行的报纸、丧葬讣文甚至结婚启事。如，雅各布从一则简短的讣告中得知驻纽伦堡的德军某师团的指挥官是某某将军；在一条结婚新闻里，他发现新郎是一个少校军衔的信号军官，他的岳父是某地的上校指挥官。雅各布将公开材料经过梳理分析，编写了德国军队组织状况的资料，结果与实际情况相差无几。美国、日本等国情报部门在公开资料的分析利用方面能力相当地强，当年日本炼油厂商获取的中国大庆油田情报全部来自公开报纸和杂志。

---

① 见《参考消息》2014年11月24日第13版。

二是通过日常管理搜集。是指通过网络安全日常管理、社会日常管理等渠道获取情报信息。如公安派出所通过对出租屋的管理发现涉恐嫌疑活动情况，金融部门通过监管资金往来发现恐怖组织洗钱等情况。据公开媒体报道，在网络安全方面，要通过日常管理，摸清经常使用“翻墙”软件、虚拟专用网络（VPN）访问涉恐网站和相关信息的人员，下载安装涉恐移动应用软件APP的人员，以及使用非实名制手机卡上网的人员。通过网络安全日常监测，可以发现流量异常、运行异常、数据异常等网络攻击情况。

三是通过秘密渠道搜集。是指通过秘密力量和技术侦察手段获取情报信息。有专家指出，秘密力量获取的情报时间长、布线困难，花费大而且具有危险性，不如公开情报来的经济、实时、安全、便捷，有时人力情报是情报贩子为了骗取经费提供的假情报。根据有关法律规定，技术侦察手段主要是通过截取互联网数据搜集获取情报信息。美国等国家十分重视从互联网通信数据等电子信号中挖掘情报信息。斯诺登披露的“棱镜计划”就是其中的冰山一角。我国的反恐法专门授权有关部门可以使用技术侦察手段获取涉恐情报信息。一般而言，秘密渠道获取的情报价值大于公开渠道获取的情报，技术情报的价值大于人力情报。

四是通过专门侦察手段搜集。是指通过专门的情报侦察获取情报信息。网络情报侦察包括对信息的专门侦察和对人员的专门侦察。各国情报机构都重视情报侦察工作。

五是通过日常办案搜集。是指通过办理刑事和治安行政案件获取情报信息。如在刑事办案中，通过对涉案电子设备进行勘验、检查，从提取的电子数据中发现有价值的线索信息。通过对违法犯罪嫌疑人员的询问讯问，发现获取线索信息。

六是通过国际合作搜集。是指与国外有关情报部门合作，或接收国外有关情报机构的通报或移交的情报信息。

七是通过群众举报搜集。是指通过网络或地面渠道接收群众举报获取情报信息，包括在网上设立公开举报网站，企业和群众举报有关情况。

八是通过公开活动搜集。是指通过参加国际会议、行业会议、业界竞赛活动、学术活动、驻外机构活动、国际组织活动、商会行业协会活动、重要节日、聚会等获取情报信息。

九是通过咨询委托搜集。是指通过咨询、委托、雇用专业情报信息机构、科研院所、网络企业、黑客、专家、信息员等途径获取情报信息。

十是其他渠道。指除上述渠道以外的其他渠道搜集。

二、网络反恐情报信息的搜集分析

据媒体报道[①]，国务委员、国家反恐怖工作领导小组组长、公安部部长郭声琨2015年11月25日考察调研国家反恐怖情报信息平台时指出，要在充分发挥传统情报工作作用的基础上，加强涉恐情报归口管理，积极运用大数据、云计算技术，着力提升情报感知、研判、分析能力，从海量的人流、物流、信息流、资金流中及时发现涉恐线索，做到预警在先、预防在前、敌动我知、先发制敌。要加快推进情报信息工作与基层基础工作、治安防控体系建设和侦查打击、应急指挥等工作的对接，将预警预防的要求落实到源头管理、社会防范和应急处置各个环节之中，真正使情报信息工作活起来、强起来。要进一步强化反恐情报信息整合共享，把涉恐人员、物品等关键信息纳入平台，不断完善分析研判机制，加强专门人才建设，为反恐怖工作提供有力的情报信息支撑。

---

① http://www.cac.gov.cn/2015-11/26/c_1117265652.htm.

大数据和云计算机技术在网络反恐情报搜集中具有重要意义。大数据技术，是指利用计算机数据分析技术，对海量数据进行比对、碰撞、关联分析，将表面上无序、无联系的数据转化为直观、可视化、可运用的信息，发现活动的内在规律、关联的线索和发展趋势。通过对海量的人流、物流、信息流、资金流数据进行大数据挖掘分析，可以从中发现涉恐线索，预测恐怖袭击的时间和地点，提前采取行动挫败恐怖袭击阴谋，提高国家安全和社会稳定的防范能力。

大数据是信息技术发展进步的产物。信息技术的进步，使得超量数据的收集和运用变得可能。数据采集、存储、挖掘、分析、利用技术更加先进，改变了数据产生、来源、存储和表现形态。从数据来源渠道看，数据社会化趋势显著，电信、金融、交通以及互联网、手机、监控头、GPS 等每天都在产生难以估量的海量数据。既有互联网数据，也有交易、购物、统计、GPS 定位、地理位置等数据；既有纯数据，也有文字、图片、声音、图像等数据。专家估计，如今存储的信息 98% 都已经数字化。随着数据采集、存储和计算能力的极大提高，数据不再是一种随机的形式，而是能够做到所有数据都能采集，不再是一种孤立的存储，而是成了一种可联网、可挖掘、可查询、可分析的信息资源。

大数据是信息化日益普及的结果。社会信息化的推进和快速发展，使人类社会进入了“千里眼”、“顺风耳”的信息社会。信息化社会既推动了数据的生产，也推动了数据的消费。信息社会的形成和发展，带来了大量新情况、新问题和新挑战。例如，侦查办案中，要从以往注重找因果关系，转为借助各种数据（如通信、视频、生物识别、活动轨迹等数据）找关联关系。大数据是社会大交流大变动的记录。当今时代是社会大交流、人员大流动的时代，人、财、物大量流动，人们之间的社会交往密切，社会活动频繁，由此产生了大量的行为数据记录。加上数据采集的现代化、信息化、便利化，为数据挖掘提供了可能和便利。这些数据忠实记录了人们的行为、活动范围，不少内容能够反映人们的社会关系以及行为之间的关联性。有人戏称当今社会是“裸体时代”，人们已经变成了一个信息透明的“裸体人”。曾经到过哪里，干过什么，跟谁有过交流，上过什么网等等都留下了大量的“足迹”——数据记录。这些数据为发现线索、查明事实、监测预警、安全防范等提供了重要的来源和依据，对及时发现网络恐怖主义活动具有重要的价值和意义。

大数据包含的有价值的信息为网络反恐情报信息工作提供了便利条件和基础，已经成为一座取之不尽的巨大的信息资源宝库。运用大数据，就是用数据说话、让数据说话、使数据说话，为防范打击网络恐怖主义提供资源支撑。

利用大数据搜集情报信息，首先要全面采集包括互联网数据在内的所有相关数据。其次要借助机器识别技术和数据挖掘技术，加强关联分析、轨迹分析和行为特点分析，从中发现异常和趋势性情况。

大数据的分析运用，不是单纯的数据分析技术问题，还要有专业背景知识。数据分析人员必须掌握恐怖活动动向，熟悉恐怖活动的规律特点。应当注意的是，基于大数据的预测具有局限性，这是一个客观的存在。大数据可以提高情报预测能力，但是也存在诸多局限性。利用大数据开展情报预测，还存在“测不准”的现象，仍需要以“人”的智能来弥补预测的缺陷。据此，应准确把握情报预测的使用范围，确保基于大数据的预测具有准确性，避免滥用、误用。

有观点认为，搜集网络恐怖活动情报信息，要学会从恐怖组织和恐怖分子的角度考虑问题。要结合网络恐怖组织和恐怖分子活动的规律和特点，选择不同的搜集渠道，采取不同的搜集方法。

针对信息类网络恐怖活动要充分利用互联网公开渠道、网络管理渠道等搜集情报信息。要注意搜集源头性（分清楚首发和转发）、内幕性、行动性、预警性的情报信息。针对网络攻击类网络恐怖活动，要依托网络安全实时监测系统及时发现系统运行异常、流量异常、数据异常等预警情况。要特别注意搜集行动性、预警性情报信息。要密切关注网络安全信息漏洞挖掘情况，警惕零日漏洞被涉恐人员利用实施网络攻击。要密切关注木马等病毒技术发展与传播动向情况，防止被利用实施网络攻击活动。

网络情报信息具有如下特点：一是数据量很大，搜集检索便利。二是信息内容真假难辨，需要综合比对分析研判。三是要素不全，不利于落地调查。情报信息要素要齐全，尽量包含时间、地点、人员、经过、结果等，并尽可能包含起因、动机、目的等，要素残缺严重的不具有情报价值。四是网络攻击类技术情报信息，需要一定的网络专业知识才能识别判断。网络情报信息的价值，取决于内容的重要程度、信息源技术含量的高低、信息来源的可靠性和内幕性、信息发布的时限性和影响力等因素。

要通过网络调查，摸清掌握恐怖组织和恐怖分子建立的网站、开设的账号、使用的工具、常用的网络资源等情况，这样才能有针对性地开展情报搜集和信息挖掘工作。要熟悉各类网站和网络文件、网络数据的情况和特点，针对不同的网站、不同的渠道、不同的应用、不同的平台、不同的文件格式、不同的数据类型采取不同的情报搜集和信息挖掘方式。

有专家认为，当前，网络恐怖主义活动的常见平台类型有：网站类、论坛类、博客类、微博客类、社交类（如脸谱网、直播平台、聊天室等）、文件共享类（如音视频分享网、网盘、存储空间等）、即时通信类（如微信、QQ 等）、搜索工具类（如谷歌、百度等）、电子邮件服务类、暗网类和手机应用软件类等等。

三、网络检索工具和信息资源网站

有人称，互联网是最接近“上帝”的事物，意思是从未有任何事物能像互联网这样分布广泛。互联网遍布全球，信息资源丰富，能力强大，用文字、图片、声音、画面以及其他超越想象力的方式将世界联系在一起。网络有大量公开的网络检索工具和数据库等信息资源，这些信息搜集工具对于网络情报信息的搜集具有很大帮助。有专家指出，评估某个网站的价值到底有多大有三个指标：有用信息的比率、内容的可搜索性（内容是否容易被搜索引擎检索和收录）、内容的生命周期（信息生命周期之内，该信息才有价值；过了生命周期，就没有价值）、内容的组织性（是否分类、有层次、有关联）。具备上述价值的网络信息资源无处不在、无所不包。网民总结了常用的一些网络工具和资源：

互联网上最大、最有影响力的参考资料类网站是英文维基百科（https：//en.wikipedia.org）。

互联网主流搜索平台：各种语言版本、具有强大搜索功能的谷歌 Google，中文搜索使用百度 Baidu，补充搜索工具使用微软开发的的必应 Bing 等。

互联网档案馆是在线公开资源宝库，可检索超过 4390 亿个网页，以及电子书、电子杂志、视频、音频、软件等资源，网址是 https：//archive.org/index.php。

鉴定网页、钓鱼网站的好帮手是 Whois 搜索，网址是：http：//whoisrequest.org。

收集文件和开源情报的资源是：http：//publicintelligence.net/。

寻找社交网站脸谱网 ID 的网址是：http：//netbootcamp. org/facebook. html。

提供境外公司和个人查找服务的网址：http：//www. info-bel. com/en/world。

免费提供全球电话号码查询网址：http：//www. number-way. com/。

境外社交网站领英的网址：http：//www. linkedin. com。

世界最大公开公司数据库，可检索超过9000万家公司信息的，网址是：https：//opencorporates. com，等等。

值得注意的是，“深网”（The Deep Web）或“暗网”（Hid-den Internet）属于隐藏的互联网，也是恐怖组织和恐怖分子青睐的地下互联网资源场所。对于“暗网”，使用普通浏览器和搜索工具无法搜到，需要使用洋葱浏览器Tor、I2P等工具以及专门的搜索方法才能进入。

有专家指出，检索网络资源要采用正确的技巧和方法。常用的资源搜索方法有关键词检索法、样本检索法、名称检索法、域名检索法、数据检索法、暗语俚语检索法、相似性检索法等等。需要注意的是，检索单靠一种方法是不行的，要注意多种方法并用。只要用心找，总能从互联网海量信息资源中找出所需要的信息来。

国外媒体曾经报道过一则案例，展示了如何利用互联网公开搜索渠道开展信息调查的过程，对于开展信息调查工作具有参考意义。媒体报道的这则案例，说的是在已知某一真实姓名的情况下，如何通过网络搜索工具，将其家人有关信息挖掘出来的方法和技巧。

案例：2014年8月，“伊斯兰国”（IS）发布了美国记者James Foley被恐怖分子斩首的视频，出现在视频中的刽子手“圣战约翰”（Johajid John）参与处决多名外国人质。2015年2月26日，“圣战约翰”的身份被确认，官方通过辨认其脸部特征和英国口音，确定是一名真实姓名叫 Mohammed Emwazi 的英国公民。为报道新闻，《每日电讯报》委托网络搜索专家 Henk Van Ess 帮忙查找 Mohammed Emwazi 家人的信息，时间为一个小时。

Van Ess 接到这项任务后，迅速采取行动。他现有的资料只有“圣战约翰”的真名 Mohammed Emwazi。为此，他采取了以下搜索方法：

第一步，在英国网站 www. freeelectoralroll. co. uk 输入 Emwazi 的全名找到位于伦敦西部的一个地址。

第二步，通过搜索获得了另外 4 位人士的姓名，他们都居住于同一地址，都姓 Emwazi，名字分别是 J、G、A 和 Omar Emwazi。根据年龄和性别推测 J 和 G 有可能是父母亲，A 和 Omar 则分别是妹妹和弟弟。

第三步，使用 Geotools、Echosec、Banjo 和 Yomapic 等定位搜索工具，找到更多 Mohammed 弟弟和妹妹的信息。妹妹 A 在 YouTube 上发布的信息账号显示她是电影学院的学生，平时喜欢拍东西上传到 YouTube，还曾制作过一部恐怖电影。YouTube 上有一段标题为“Sitting（坐着）”的手机视频，像是她用手机在家里拍摄的。通过这条 35 秒的视频可以看到“圣战约翰”英国的家庭环境，包括客厅和厨房。

在搜索弟弟 Omar 的资料时，Van Ess 从社交媒体脸谱网着手。他首先在脸书搜人地址栏输入 Omar 的全名“Omar Emwazi”，没有任何匹配。经研究用户在脸书上取名的一般规律发现，一般人的取名方法是名加姓，中间可能会有标点符号隔开。即便改了名字，账号的内部链接也不会改变（即 https：//www. facebook. com/后面的域名）。

经过尝试探索，发现链接是 https：//www. facebook. com/omar. emwazi 的账号可能性最大。拥有这个账号的用户名是“Omar Omar”，地点也在英国。通过查找用户“Omar Omar”的脸书页面上的蛛丝马迹，发现Omar曾对一个名为Power of Dawah的组织页面点赞。Van Ess保存了截图，通过谷歌图片搜索相似图片，结果显示，Power of Dawah是一个宗教团体，成立于2012年，该团体的成员专在街上劝说路人改信伊斯兰教。Dawah是阿拉伯语，意思是传唤、邀请，该团体的推特账户关注了一个颇具争议的伊斯兰教传教士，该教士曾发表过支持家庭暴力和恐怖分子的言论。

但是登录该网站，发现已经打不开。通过动用存储已失效网页的网页时光机工具archive. org，未发现相关线索。通过专门查找域名注册信息的网站domaintools. com，输入www. powerofdawah. com，结果显示网站已失效。查看注册历史，发现原来Omar Emwazi在2014年1月注册了该网站，直到2015年1月还生效。据此分析，Omar和Power of Dawah的关系不简单，可以认定他就是这个网站的注册人。

《每日电讯报》发文披露了“圣战约翰”21岁弟弟Omar Emwazi支持伊斯兰激进组织的独家文章，其中包括Van Ess搜索的细节。据报道，Omar Emwazi在他哥哥“圣战约翰”将面罩摘下的那天把脸书用户名改成了Omar Omar，不久他彻底删除脸书账号。

根据上述案例，可以总结出如下信息搜索思路：一是根据姓名和国家搜索地址，通过地址反查住户，目的是找出家庭成员；二是搜索年轻家庭成员的社交媒体，如Youtube和脸谱网，目的是了解背景和一切可能相关的内容；三是在脸谱网查上某人的账号可以直接搜索内链接域名。搜到某人的账号，可以查看其曾参加或将要参加的活动以及点赞的内容，并据此了解动向和喜好。

四、网络反恐情报信息的分析

美国情报专家罗伯特·克拉克的著作《情报分析：以目标为中心的方法》介绍了美国情报机构在情报分析方面的经验做法。书中提到，从“珍珠港事件”到“9·11”事件再到误判伊拉克拥有大规模杀伤性武器事件，美国情报界发现导致情报失误有三个方面的共性原因：一是情报收集者和分析人员未能很好地共享信息；二是分析人员未能客观地分析收集到的材料；三是用户未根据情报及时采取行动。罗伯特·克拉克针对美国的情报失误，创造性地提出了“以目标为中心”的情报分析方法。他通过分析完善情报分析的逻辑过程，总结形成了“确定目标—问题分解—建立模型—评估数据—填充模型—进行预测”的情报分析流程。确定目标，是对需要分析的情报目标进行界定；问题分解，是对问题进行准确、详细的定义和分解；建立模型，是利用已掌握的情报建立一个目标模型；评估数据，核心是选择适用于眼前事实的最简单解释；填充模型，是不断地把新情报纳入到模型中并进行提炼；进行预测，是对可能发生的情况进行预测的结构性思考。

网络信息，因其真伪难辨，必须经过系统全面的分析，才能去伪存真，确定其价值，补齐要素，形成情报产品。情报信息的分析，首先得有一个好的机制。因此，要建立情报信息分析会商研判机制，组织网络专家、情报专家、技术专家等参与，整合各方面的资源力量，进行情报分析研判。情报分析的目的是对网络信息进行梳理，对网络信息、网络行为人进行刻画，确定行动的目标对象，为开展行动提供情报支持。情报信息的分析，还需要一个强大的分析系统。这个分析系统要有广泛的基础数据来源。事实上，有的网络企业会监测整个互联网，还有的企业会将客户的网络纳入监测的范围，以获得该客户的特定情报信息。这些信息数据都是情报信息分析的基础支撑。没有丰富的鲜活的数据支撑，情报信息分析犹如无源之水，根本无从谈起，这就是俗话说的“巧妇难为无米之炊”。

有专家归纳了网络情报分析的常用方法，包括网络要素分析、聚合分析、关联分析、网络身份与现实身份的同一性分析、网络行为与现实行为的关联分析等等。通过情报信息分析，刻画出事件和人物，发现有价值的情报信息。

要正确处理情报分析人员与情报用户之间的关系。在美国情报界，情报分析人员和用户（决策者）之间的关系始终是一个备受争议的话题。美国“战略情报之父”谢尔曼·肯特极力推崇情报分析的客观性，要求情报分析人员必须独立于决策者。而曾任美国中情局局长的罗伯特·盖茨则强调情报分析的实用性，认为情报分析人员应当与决策者保持紧密的联系。笔者赞同后一种观点，即情报分析人员应当与用户保持密切联系，这样既能掌握情报的需求，针对性开展情报分析工作，同时又能让情报用户准确理解情报信息内容，使情报用户采纳情报信息并据此采取相应的行动，发挥情报信息的主导和指引作用。

开展反恐情报分析工作，需要有既掌握专业背景知识，又拥有情报分析技能的高素质人才，这是决定情报信息质量的关键因素。俄罗斯军事科学院院士谢尔盖·列奥尼多维奇·佩楚罗夫少将2014年9月26日在俄罗斯《独立军事评论》网站发表题为《情报机关需要思考》的文章，分析了军事情报史上一些成功和失败的案例，以及决策者和情报部门、作战指挥官和情报人员之间的关系，指出了情报工作中的成功经验和认识误区及不恰当的做法。他强调指出，情报分析和语言能力对情报工作十分重要，人的因素在情报分析部门起决定性作用。

各国都重视情报分析人员的招募和业务培训。据媒体报道，美国招募的从事公开来源情报分析的人员达数万人。美国国家情报局公开来源学院经常举办公开来源情报搜集和分析工作人员培训班，提高人员的情报分析能力。

经过分析研判的情报信息产品要要素完备、内容真实、标题准确、用语精炼、符合逻辑、分析研判合理。

五、网络反恐情报信息系统建设

网络情报信息的搜集往往面对的是海量的数据和信息。这些海量的数据和信息涉及采集、存储、流转和使用等环节。要从海量的数据和信息中挖掘出有价值的情报信息，仅靠人工力量是不现实的，也是难以为继的，必须借助专门的情报分析软件、信息化工具手段开展情报信息工作。因此，建立网络反恐情报信息系统十分重要和必要。情报信息走向自动化、智能化是情报现代化的必然趋势。

网络反恐情报信息系统应当包括情报信息管理系统、情报信息分析研判系统、情报信息查询系统、情报信息共享系统、情报信息预警系统等子系统或者功能模块。管理系统主要是用于情报信息、线索的报送、分发、签收、处理以及部署工作等。情报信息分析研判系统主要是对采集的数据进行自动化加人工模式的分析研判，从采集的数据信息中及时发现具有关联性、因果性、行为异常性等特征的情报线索。查询系统主要是对建立的各种涉及网络反恐的数据库进行检索使用，包括人员身份数据库、个人生物特征数据库、违法犯罪记录数据库、网络使用记录数据库、社会生活行为记录数据库、基础资料数据库等。共享系统主要是对指定的情报信息用户开放，用于情报信息的检索比对、资源手段共享、情报信息的积累跟踪和分析研判等。情报信息预警系统主要是自动报警功能，对符合预先设定的功能行为进行自动报警和预警。

网络反恐情报信息系统应当全国联网共享，并向所有承担网络反恐职责任务的一线实战部门用户授权性开放使用。

第十章

互联网治理和网络安全防范

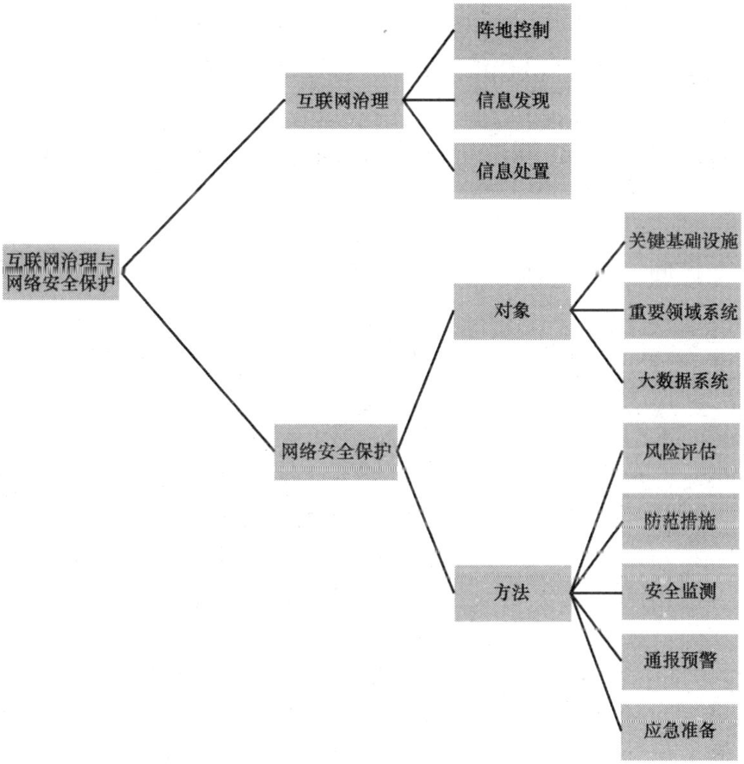

阅读导图

第一节 互联网治理

在互联网领域，国际社会一直使用“互联网治理”这一术语，而不是“互联网管理”。联合国设立的互联网管理组织名叫互联网治理工作组（WGIG）。那么，什么是互联网治理呢？对这一术语，不同领域的专家有不同的理解。电信专家从发展技术基础设施的角度看待互联网治理，计算机专家注重发展各式各样的标准和应用，如Java。通信专家强调的是沟通的便捷性。法律专家从言论自由权利保障、隐私权、管辖权和争议的解决角度看待互联网治理，政府部门关注的是安全问题以及国家利益和公共利益的实现和保护。有观点认为，互联网中的“治理”，是一种由共同的目标支持的活动，治理的主体不局限于政府，也不一定需要国家强制力来实现。因此，互联网治理可以理解为是指政府、社会、企业和网民共同参与，综合运用法律、管理、技术、协调等措施，维护网络空间正常秩序和网民的合法权益，促进互联网健康、安全、有序发展的活动。

互联网治理是防范打击网络恐怖主义的重要措施。2016 年 4 月 19 日，习近平总书记在网络安全和信息化工作座谈会上讲话时指出：“网络空间是亿万民众共同的精神家园。网络空间天朗气清、生态良好，符合人民利益。网络空间乌烟瘴气、生态恶化，不符合人民利益。……利用网络鼓吹推翻国家政权，煽动宗教极端主义，宣扬民族分裂思想，教唆暴力恐怖活动，等等，这样的行为要坚决制止和打击，决不能任其大行其道。……没有哪个国家会允许这样的行为泛滥开来。我们要本着对社会负责、对人民负责的态度，依法加强网络空间治理，……”习近平总书记的重要讲话对互联网治理提出了明确要求，指明了方向。互联网治理涉及的领域很多，各国治理互联网的模式和方法也不一样。在我国，阵地管控、不法信息清理整治是实践证明有效的互联网治理措施。要通过大力加强互联网阵地管控，及时发现和清理互联网涉恐信息，有效阻断网络涉恐信息的传播渠道，挤压网络恐怖主义活动空间。

一、互联网阵地管控

（一）定义

网络空间是看不见摸不着的，但却是真实存在的世界。互联网阵地是建立在网络空间基础之上的阵地，主要是指网民活动、信息发布的场所。互联网阵地大致有两类：一类是网上阵地，指的是网上各种信息服务场所，具体表现为各类网站、论坛、自媒体、社交媒体、搜索引擎、网盘、即时通信工具、电子邮件、网络游戏、电子商务、网络直播平台等等；一类是上网阵地，指的是提供上网服务的公共场所，包括经营性公共上网场所，如网吧、电子游戏室等，以及非经营性公共上网场所，如宾馆、饭店、旅馆、机场、商场等公共场所提供的免费上网服务等。守住了互联网阵地，网络恐怖主义就失去了传播的渠道和活动的场所。因此，互联网阵地管控具有重要意义。以下所谈的互联网阵地，主要是指网上阵地。

（二）主要措施

我国坚持依法管理、科学管理和有效管理互联网的原则，努力完善法律规范、行政监管、行业自律、技术保障、公众监督和社会教育相结合的互联网治理体系，致力于营造健康和谐的互联网环境，构建可信、有用、有益于经济社会发展的互联网。我国积极探索符合中国国情和国际通行做法的互联网治理模式，高度重视互联网法制建设，为互联网治理提供坚实的法律保障。对于网上阵地，现有的措施主要是：

一是明确主体责任。网络服务开办者、提供者，网站、论坛、自媒体等网络应用的开办者、经营者、管理维护者是第一责任人，必须落实信息内容审核监督、技术防范措施和安全管理责任。2000 年 9 月 20 日国务院第 31 次常务会议通过的《互联网信息服务管理办法》规定，互联网信息服务提供者应当向上网用户提供良好的服务，并保证所提供的信息内容合法。互联网信息服务提供者不得制作、复制、发布、传播含有下列内容的信息：反对宪法所确定的基本原则的；危害国家安全，泄露国家秘密，颠覆国家政权，破坏国家统一的；损害国家荣誉和利益的；煽动民族仇恨、民族歧视，破坏民族团结的；破坏国家宗教政策，宣扬邪教和封建迷信的；散布谣言，扰乱社会秩序，破坏社会稳定的；散布淫秽、色情、赌博、暴力、凶杀、恐怖或者教唆犯罪的；含有法律、行政法规禁止的其他内容的等。2016 年 6 月 25 日国家互联网信息办公室颁布的《互联网信息搜索服务管理规定》规定，互联网信息搜索服务提供者应当落实主体责任，建立健全信息审核、公共信息实时巡查、应急处置及个人信息保护等信息安全管理制度，具有安全可控的防范措施，为有关部门依法履行职责提供必要的技术支持。互联网信息搜索服务提供者不得以链接、摘要、快照、联想词、相关搜索、相关推荐等形式提供含有法律法规禁止的信息内容。互联网信息搜索服务，是指运用计算机技术从互联网上搜集、处理各类信息供用户检索的服务。

二是落实阵地控制措施。主要有以下措施：第一，网上公开巡查执法。公安机关积极借鉴国际通行做法，推出“虚拟警察”网上巡查，在互联网论坛、聊天室等网上重点公共场所设立

"报警岗亭"、"虚拟警察"公开巡逻，实时接受公众举报，及时处置报警求助，使公安民警从网下走到网上，实现了对网络社区24小时网上见警。第二，向网络企业派驻警务室。与网络企业加强合作，加强对网上重点阵地的安全防范。在重点网络企业设立警务室，派驻警务人员，加强对企业安全管理工作的指导和网络安全监督，面对面开展从业人员的法制教育培训。第三，建立快速联动机制。在互联网上设立网络犯罪举报平台，接受公众举报。并与重点网站管理人员、网络服务提供者保持24小时热线联络，建立网络违法犯罪线索的快速发现、报告和查处响应机制。公安机关还在网上开设警务微博、社区警务论坛，直接在网上了解网络警情。

三是加强监督检查和违法责任追究。组织开展经常性的执法检查，及时发现制度落实和安全措施方面存在的问题，并督促彻底进行整改。违反有关法律法规和部门规章的，依法追究法律责任。根据《互联网安全保护技术措施规定》规定，公安机关应当依法对辖区内互联网服务提供者和联网使用单位安全保护技术措施的落实情况进行指导、监督和检查。互联网服务提供者，是指向用户提供互联网接入服务、互联网数据中心服务、互联网信息服务和互联网上网服务的单位。联网使用单位，是指为本单位应用需要连接并使用互联网的单位。提供互联网数据中心服务的单位，是指提供主机托管、租赁和虚拟空间租用等服务的单位。

二、互联网涉恐信息的发现

发现是处置的前提。互联网涉恐信息的发现途径主要是：一是信息巡查。有关部门组织开展信息巡查，落实信息巡查责任，实行全天候24小时信息监看，第一时间发现处置涉恐网络违法犯罪信息。二是互联网站报告。互联网站配备专职内容审核人员，负责对本网站各类应用服务的信息内容审核。网络企业通过安全防范技术措施、内容审核制度及时发现涉恐信息并向有关职能部门报告。对暂时无法判断是否是涉恐信息的，应当报送有关部门进行认定。三是网民的举报。要设立公开举报网站，发动网民和群众举报网络涉恐信息。四是有关部门的通报。各信息内容监管职能部门发现涉恐信息时及时向执法部门通报。五是其他途径。

有专家认为，涉恐信息的发现，要依据文件名称、类型、数据格式等个性化特征以及发布的源头、发布的部位、传播使用的网络工具和平台渠道，使用不同的信息发现技术，采取不同的发现方法。一是要紧盯恐怖组织和恐怖分子自建网站、利用的网站、网页，以及开设的社交媒体账号等。二是要紧盯涉恐信息多发、常发的网络部位和网络应用。三是要科学设置使用样本文件。四是使用专门的网络技术工具和手段。

据国外媒体报道，通过“伊斯兰国”组织（IS）发布信息所使用的社交媒体，可以分析出该组织信息发布情况。Twitter、Facebook、YouTube、Google + 等是“伊斯兰国”组织使用的主要社交媒体，这些社交媒体是分析“伊斯兰国”组织信息发布情况的主要数据源，Flickr、Instagram、MySpace 以及地理图像、疾病数据等都是分析该组织信息的数据源之一。位于多哈的卡塔尔计算机研究院分析了“伊斯兰国”支持者和反对者的推特，研究涵盖25 万用户在2014 年10 月至12 月之间发出的310 万用阿拉伯语写的推特，发现其中16.5 万用户在“伊斯兰国”成立之前即拥有推特的活跃账户。专家还推荐了寻找“伊斯兰国”推特 Twitter 账号的途径：整合所有“伊斯兰国”旗下 Twitter 账户的账号是@ CtrlSec，每天实时更新。经随机选取1000 条推特作为样本发现，支持“伊斯兰国”的都用该组织全名“the Islamic State in Iraq and the Levant”或者类似的变体，反对者通常都用“ISIS”等缩写。经选取发过10条及以上关于“伊斯兰国”组织推特的用户（支持和反对者均有）发现，支持“伊斯兰国”的用户有11332名，反对“伊斯兰国”的用户有45628名。反对“伊斯兰国”的推特通常出现在“伊斯兰国”侵犯人权的事件发生之后，例如屠杀人质、虐待行为或者奴役妇女；支持“伊斯兰国”的推特通常出现在宣传视频和主要军事胜利之后。经研究推特使用的话题“可能会引起‘伊斯兰国’关注兴趣的链接”发现，大多数用户来自中东地区，偏见性话题透露，大部分支持“伊斯兰国”是因为对阿拉伯之春表示失望和沮丧。[①]

三、互联网涉恐信息的处置

2016年6月第十二届全国人大常委会第二十一次会议审议的《中华人民共和国网络安全法（草案二次审议稿）》（简称《网络安全法（草案二次审议稿）》）对互联网违法信息的处置作了明确规定。该法（草案二次审议稿）第12条规定：“国家保护公民、法人和其他组织依法使用网络的权利，促进网络接入普及，提升网络服务水平，为社会提供安全、便利的网络服务，保障网络信息依法有序自由流动。任何个人和组织使用网络应当遵守宪法法律，遵守公共秩序，尊重社会公德，不得危害网络安全，不得利用网络从事危害国家安全，煽动颠覆国家政权和推翻社会主义制度，宣扬恐怖主义和极端主义，宣扬民族仇恨和民族歧视，传播暴力、淫秽色情信息，编造、传播虚假信息扰乱经济秩序和社会秩序，以及侵害他人名誉、隐私、知识产权和其他合法权益等活动。”对于涉恐互联网信息，一经发现，必须第一时间快速进行处置。

---

① 资料来源：FailedRevolutions：Using Twitter to Study the Antecedents of ISIS Support。

根据我国反恐法规定，电信业务经营者、互联网服务提供者应当依照法律、行政法规规定，落实网络安全、信息内容监督制度和安全技术防范措施，防止含有恐怖主义、极端主义内容的信息传播；发现含有恐怖主义、极端主义内容的信息的，应当立即停止传输，保存相关记录，删除相关信息，并向公安机关或者有关部门报告。网信、电信、公安、国家安全等主管部门对含有恐怖主义、极端主义内容的信息，应当按照职责分工，及时责令有关单位停止传输、删除相关信息，或者关闭相关网站、关停相关服务。有关单位应当立即执行，并保存相关记录，协助进行调查。对互联网上跨境传输的含有恐怖主义、极端主义内容的信息，电信主管部门应当采取技术措施，阻断传播。我国国务院颁布的《互联网信息服务管理办法》规定，互联网信息服务提供者发现其网站传输的信息明显属于法律法规禁止内容信息的，应当立即停止传输，保存有关记录，并向国家有关机关报告。《互联网信息搜索服务管理规定》规定，互联网信息搜索服务提供者提供服务过程中发现搜索结果明显含有法律法规禁止内容的信息、网站及应用，应当停止提供相关搜索结果，保存有关记录，并及时向国家或者地方互联网信息办公室报告。

根据有关法律法规和规范性文件，我国涉恐网络信息处置常用的方式包括：一是停止传输，保存相关记录，过滤、删除相关信息。二是关闭相关网站、网页，关停相关服务，保存相关记录。三是对跨境传输的涉恐信息，采取技术措施，阻断传播。四是及时落地查处。对涉恐信息的发布、传播者依法进行落地调查处理。

专家研究指出，在涉恐信息发现处置中，确定信息样本是基本前提和关键手段，也是发现、比对、识别和认定同类信息的重要参考依据。样本类似于同一认定中的比对参照物。专家指出，样本一般包括关键词、数据完整性校验码（哈希值、MD5 值等)、虚拟身份、密码账号、数据、图片、视频、声音、全文样本等等。凡是有利于信息发现处置的标识都可以作为样本。科学设定样本是提高信息发现、识别认定准确率和处置速度的关键。

网站所在国家和地区关闭涉恐网站是阻止涉恐信息传播的有效举措。媒体报道称，2016 年 7 月，马来西亚通讯及多媒体部宣布该国共关闭了达伊沙恐怖组织以马来语宣传该恐怖组织思想的 11 个网站和 22 个网址。为了防止该恐怖组织通过社交媒体大肆宣传恐怖思想，各方协调合作非常重要。该部部长萨利赫·赛义德·凯鲁亚克说：鉴于达伊沙恐怖组织在其建立的新网站和社交网上极为活跃，公众应当提供有关该组织的任何信息。

有意思的是，一名恐怖组织的受害者曾经向法院控告社交媒体推特（Twitter），指控该社交媒体纵容恐怖组织的宣传。这是向社交媒体施加法律压力的一种尝试。据媒体报道，这名受害者是美国人菲尔兹（Tamara Fields）的丈夫。2015 年 11 月 9 日菲尔兹的丈夫和其余 5 个人在约旦首都阿曼的一个警察训练中心被极端组织“伊斯兰国”（IS）的支持者枪杀。菲尔兹于 2016 年初向美国一家联邦地方法庭提起诉讼，指控推特违反美国的反恐法，她作为国际恐怖袭击事件的受害者，有权从推特获得经济赔偿。菲尔兹指控称，长期以来推特拒绝采取措施，阻止“伊斯兰国”（IS）组织利用其平台进行恐怖主义宣传。菲尔兹举出了案例和数据来证实。根据指控，一个支持中东“伊斯兰国”的恐怖组织，曾经在推特平台上注册了 335 个账号，均保持活跃状态。对此，推特发言人对媒体表示，虽然这一诉讼没有合理依据，但是对于菲尔兹家人在恐怖袭击中死亡，推特感到难过。推特发言人表示，在推特平台上，恐怖主义宣传没有生存之地，推特和其他社交网络一样作出了明确的规定。目前推特在全球都有专人团队调查某些账号是否违反规定。必要时推特还会和执法部门进行合作。推特表示，过去已对恐怖组织和极端组织的账号进行过整顿清理，其中包括暂停或是彻底删除账号。据称，美国联邦调查局的高官甚至曾经表扬推特，认为在关闭和“伊斯兰国”（IS）组织有关的账号方面采取了有力措施。推特曾经声称，自2015年以来，已经关闭了超过12万个与“伊斯兰国”（IS）组织有关的账号。美国媒体分析称，此案审判中的一个关键将涉及到美国《通信正当法案》的230条款，即如何对具有冒犯性质的通信内容进行封锁和屏蔽。在发生多次恐怖袭击之后，西方国家纷纷指责一些社交网络和加密的移动聊天工具成为恐怖组织的帮凶。据报道，在美国，网络安全企业已经在上周和美国政府就此事进行了沟通，内容是怎样携手在网络上打击恐怖主义。根据英国《卫报》披露，美国政府官员计划阻止恐怖组织利用社交网络招募新成员，而一些科技公司也担心，相关的措施可能会影响到普通用户的信息安全①。

第二节　网络安全保护

网络安全保护，是指通过采取必要措施，防范对网络的攻击、侵入、干扰、破坏和非法使用以及发生意外事故，使网络处于稳定可靠运行的状态，以及保障网络数据的完整性、保密性、可用性的能力。

2016年4月19日，习近平总书记在网络安全和信息化工作座谈会上讲话时指出：“从世界范围看，网络安全威胁和风险日益突出，并日益向政治、经济、文化、社会、生态、国防等领域传导渗透。特别是国家关键信息基础设施面临较大风险隐患，网

① 资料来源：http：//tech. qq. com/a/20160115/010261. htm（访问时间：2016年8月18日）。

络安全防控能力薄弱，难以有效应对国家级、有组织的高强度网络攻击。”“面对复杂严峻的网络安全形势，我们要保持清醒头脑，各方面齐抓共管，切实维护网络安全。”习近平总书记在讲话中强调要抓好四个方面的网络安全保护工作。

第一，树立正确的网络安全观。当今网络安全的几个主要特点：一是网络安全的整体性。在信息时代，网络安全对国家安全牵一发而动全身，同其他方面的安全有着密切关系。二是网络安全的动态性。信息技术变化越来越快，过去分散独立的网络变得高度关联、相互依赖，网络安全的威胁来源和攻击手段不断变化，需要树立动态、综合的防护理念。三是网络安全的开放性。只有立足开放环境，加强对外交流、合作、互动、博弈，吸收先进技术，网络安全水平才会不断提高。四是网络安全的相对性。要立足基本国情保安全，避免不计成本追求绝对安全。五是网络安全的共同性。网络安全为人民，网络安全靠人民，维护网络安全是全社会共同责任，需要政府、企业、社会组织、广大网民共同参与，共筑网络安全防线。

第二，加快构建关键信息基础设施安全保障体系。金融、能源、电力、通信、交通等领域的关键信息基础设施是经济社会运行的神经中枢，是网络安全的重中之重，也是可能遭到重点攻击的目标。“物理隔离”防线可被跨网入侵，电力调配指令可被恶意篡改，金融交易信息可被窃取，这些都是重大风险隐患。一出问题就可能导致交通中断、金融紊乱、电力瘫痪等问题，具有很大的破坏性和杀伤力。必须深入研究，采取有效措施，切实做好国家关键信息基础设施安全防护。

第三，全天候全方位感知网络安全态势。没有意识到风险是最大的风险。网络安全具有很强的隐蔽性，一个技术漏洞、安全风险可能隐藏几年都发现不了，结果是“谁进来了不知道、是敌是友不知道、干了什么不知道”，长期“潜伏”在里面，一旦有事就发作了。

第四，增强网络安全防御能力和威慑能力。网络安全的本质在对抗，对抗的本质在攻防两端能力较量。要落实网络安全责任制，制定网络安全标准，明确保护对象、保护层级、保护措施。哪些方面要重兵把守、严防死守，哪些方面由地方政府保障、适度防范，哪些方面由市场力量防护，都要有本清清楚楚的账。攻防力量要对等，要以技术对技术，以技术管技术，做到魔高一尺、道高一丈。

2015 年 7 月 1 日第十二届全国人民代表大会常务委员会第十五次会议通过的《中华人民共和国国家安全法》第 25 条规定："国家建设网络与信息安全保障体系，提升网络与信息安全保护能力，加强网络和信息技术的创新研究和开发应用，实现网络和信息核心技术、关键基础设施和重要领域信息系统及数据的安全可控；加强网络管理，防范、制止和依法惩治网络攻击、网络入侵、网络窃密、散布违法有害信息等网络违法犯罪行为，维护国家网络空间主权、安全和发展利益。"

一、网络安全保护重点

我国反恐法规定，公安机关应当会同有关部门，将遭受恐怖袭击的可能性较大以及遭受恐怖袭击可能造成重大的人身伤亡、财产损失或者社会影响的单位、场所、活动、设施等确定为防范恐怖袭击的重点目标，报本级反恐怖主义工作领导机构备案。

当今世界，许多国家将关键信息基础设施保护（CIIP）视为国家安全的重要组成部分。信息和通信技术的渗透扩大了关键基础设施的威胁范围。关键基础设施的脆弱性带来了安全风险。针对网络恐怖主义活动情况，各国都将包括基础信息网络、重要领域信息系统和大数据平台等在内的关键信息基础设施纳入重点目标予以重点保护。关键信息基础设施保护是各国网络安全保护的重点对象，也是网络防恐的重点保护对象。

瑞士联邦苏黎世工业学院编制并多次修订的《国际关键信息基础设施保护（CIIP）手册》，介绍了澳大利亚、加拿大、德国、荷兰、挪威、瑞典、美国、奥地利、芬兰、法国、意大利、新西兰和英国等 14 个国家的关键信息基础设施保护政策、方法和模型，是一本关键信息基础设施保护的百科全书，对我国关键信息基础设施保护提供了有益的参考。

什么是关键信息基础设施（CIIP）？它与关键基础设施（CIP）有何不同？关键基础设施（CIP）和关键信息基础设施（CIIP）这两个术语的定义在不同的国家存在很大的差异。有观点认为，在网络安全保护领域，关键信息基础设施与关键基础设施的术语的含义大体上是一致的。但是，关键基础设施的范围要大于关键信息基础设施，关键信息基础设施是关键基础设施的组成部分。因为关键基础设施不仅仅包含信息和通信方面，还包括信息设施以外的其他物理设施设备。理解关键信息基础设施这一术语，首先要明确“关键”一词的含义。瑞士编制的《国际关键信息基础设施保护（CIIP）手册》认为，“关键”一词的含义取决于当事者的看法。该术语的含义是不断发生变化的。作为系统概念的关键性、作为象征意义的关键性和作为保护重点的基础设施含义不同。作为系统概念的关键性是指，某个基础设施和组成部分之所以关键，是由其在整个基础设施系统中的结构性地位决定的。尤其是当它在其他基础设施或部门之间起着连接渠道的作用，从而强化了相互依赖型的时候。作为象征意义的关键性是指，某个基础设施和组成部分之所以关键，取决于它在社会中担任的角色或发挥的功能，而相互依赖性位居第二位。作为保护重点的基础设施认为，保护的实际对象不是静态的基础设施，而是服务、物理和信息流动以及它们在社会上所担任的角色和发挥的功能，尤其是通过基础设施体现出了的核心价值。社会政治背景下的关键性问题，与关键基础设施被破坏和被摧毁的政治意义（关系到国家政权、社会制度和社会秩序稳定）联系到一起。反恐视角下的关键基础设施，与关键基础设施被破坏和被摧毁的恐怖主义意义（产生社会恐慌和社会混乱）联系到一起。

笔者参照有关法规和政策文件，认为关键信息基础设施是指一旦遭到破坏、丧失功能或者数据泄露，可能严重危害国家安全、网络安全、公众利益的基础信息网络、重要信息系统、大数据平台和重要公共网络服务等信息基础设施。我国《网络安全法（草案二次审议稿）》规定，国家对一旦遭到破坏、丧失功能或者数据泄露，可能严重危害国家安全、国计民生、公共利益的关键信息基础设施，在网络安全等级保护制度的基础上，实行重点保护。

加强关键信息基础设施保护，首先要明确关键信息基础设施的领域和范围。美国在关键基础设施保护方面经验丰富。公开资料显示，美国政府对关键基础设施的划分进行了多次调整。克林顿政府时期主要包括电信、电力系统、天然气及石油的存储和运输、银行和金融、交通运输、供水系统、紧急服务（包括医疗、警察、消防、救援）政府连续性等 8 个大类。小布什政府时期，经过不断修改，信息与通信部门、能源部门、银行与金融、交通运输、水利系统、应急服务部门、公共安全、关键制造业以及保证联邦、州和地方政府连续运作的领导机构等 18 个基础设施部门入列。2013 年奥巴马政府又细微调整为 16 类，总体上美国对关键基础设施的分类正趋向稳定。笔者认为，以下领域应当纳入关键信息基础设施保护范围：一是基础电信网络。包括电信网、广播电视网、互联网及其“三网合一”系统。二是重要领域信息系统。包括电力、石油、天然气等能源领域，银行、保险、证券等金融领域，民航、铁路、轨道交通等交通运输领域，税务、海关、工商、质检、出入境等政府部门，教育、医疗卫生、应急救援、环保、婚姻登记等公共服务领域，供水、供电、供气、供油等城市供应设施，水利、化工制造、核工业、大型装备、制药等领域工业控制系统，国家数据中心、档案馆、电子政务系统等领域信息系统，移动互联网、物联网、云平台、智慧城市等重要系统以及上述系统的大数据平台。

我国《网络安全法（草案二次审议稿）》规定，国家鼓励关键信息基础设施以外的网络运营者自愿参与关键信息基础设施保护体系。负责关键信息基础设施安全保护工作的部门分别编制并组织实施本行业、本领域的关键信息基础设施安全规划，指导和监督关键信息基础设施运行安全保护工作。建设关键信息基础设施应当确保其具有支持业务稳定、持续运行的性能，并保证安全技术措施同步规划、同步建设、同步使用。

关键信息基础设施的运营者应当履行下列安全保护义务：1. 设置专门安全管理机构和安全管理负责人，并对该负责人和关键岗位的人员进行安全背景审查；2. 定期对从业人员进行网络安全教育、技术培训和技能考核；3. 对重要系统和数据库进行容灾备份；4. 制定网络安全事件应急预案，并定期组织演练；5. 法律、行政法规规定的其他义务。

关键信息基础设施的安全保护措施主要包括：1. 对关键信息基础设施的安全风险进行抽查检测，提出改进措施，必要时委托网络安全服务机构对网络存在的安全风险进行检测评估；2. 加强对关键信息基础设施运行状况的实时监测，及时发现处置异常情况；3. 定期组织关键信息基础设施的运营者进行网络安全应急演练，提高应对网络安全事件的水平和协同配合能力；4. 促进有关部门、关键信息基础设施运营者以及有关研究机构、网络安全服务机构等之间的网络安全信息共享；5. 对网络安全事件的应急处置与恢复等，提供技术支持与协助。

二、 网络安全保护制度

一是网络安全等级保护制度。根据《网络安全法（草案二次审议稿）》第20条规定，国家实行网络安全等级保护制度。网络运营者应当按照网络安全等级保护制度的要求，履行下列安全保护义务，保障网络免受干扰、破坏或者未经授权的访问，防止网络数据泄露或者被窃取、篡改：1. 制定内部安全管理制度和操作规程，确定网络安全负责人，落实网络安全保护责任；2. 采取防范计算机病毒和网络攻击、网络侵入等危害网络安全行为的技术措施；3. 采取监测、记录网络运行状态、网络安全事件的技术措施，并留存网络日志不少于六个月；4. 采取数据分类、重要数据备份和加密等措施；5. 法律、行政法规规定的其他义务。

二是供应链安全管理制度。国家实行网络产品和服务安全审查制度。关键信息基础设施的运营者采购网络产品和服务，可能影响国家安全的，应当通过国家网信部门会同国务院有关部门组织的国家安全审查。关键信息基础设施的运营者采购网络产品和服务，应当与提供者签订安全保密协议，明确安全和保密义务与责任。关键信息基础设施的运营者应当自行或者委托网络安全服务机构对其网络的安全性和可能存在的风险每年至少进行一次检测评估，并将检测评估情况和改进措施报送相关负责关键信息基础设施安全保护工作的部门。根据《网络安全法（草案二次审议稿）》第21条规定，网络产品、服务应当符合相关国家标准的强制性要求。网络产品、服务的提供者不得设置恶意程序；发现其网络产品、服务存在安全缺陷、漏洞等风险时，应当及时告知用户并采取补救措施，并按照规定向有关主管部门报告。网络产品、服务的提供者应当为其产品、服务持续提供安全维护；在规定或者当事人约定的期间内，不得终止提供安全维护。网络产品、服务具有收集用户信息功能的，其提供者应当向用户明示并取得同意；收集公民个人信息的，应当遵守本法和有关法律、行政法规关于公民个人信息保护的规定。第22条规定，网络关键设备和网络安全专用产品应当按照相关国家标准的强制性要求，由具备资格的机构安全认证合格或者安全检测符合要求后，方可销售。国家网信部门会同国务院有关部门制定、公布网络关键设备和网络安全专用产品目录，并推动安全认证和安全检测结果互认，避免重复认证、检测。

三是网络身份可信制度。我国反恐法规定，电信、互联网等业务经营者、服务提供者，应当对客户身份进行查验。对身份不明或者拒绝身份查验的，不得提供服务。根据《网络安全法（草案二次审议稿）》第23条规定，网络运营者为用户办理网络接入、域名注册服务，办理固定电话、移动电话等入网手续，或者为用户提供信息发布、即时通讯等服务，在与用户签订协议或者确认提供服务时，应当要求用户提供真实身份信息。用户不提供真实身份信息的，网络运营者不得为其提供相关服务。国家实施网络可信身份战略，支持研究开发安全、方便的电子身份认证技术，推动不同电子身份认证之间的互认。

四是群众举报制度。我国反恐法规定，各级人民政府和有关部门应当组织开展反恐怖主义宣传教育，提高公民的反恐怖主义意识。教育、人力资源行政主管部门和学校、有关职业培训机构应当将恐怖活动预防、应急知识纳入教育、教学、培训的内容。新闻、广播、电视、文化、宗教、互联网等有关单位，应当有针对性地面向社会进行反恐怖主义宣传教育。村民委员会、居民委员会应当协助人民政府以及有关部门，加强反恐怖主义宣传教育。任何单位和个人发现宣扬极端主义的物品、资料、信息的，应当立即向公安机关报告。根据《网络安全法（草案二次审议稿)》第13条规定，任何个人和组织都有权对危害网络安全的行为向网信、电信、公安等部门举报。收到举报的部门应当及时依法作出处理；不属于本部门职责的，应当及时移送有权处理的部门。

五是网络安全协作制度。根据《网络安全法（草案二次审议稿)》第28条规定，国家支持网络运营者之间在网络安全信息收集、分析、通报和应急处置等方面进行合作，提高网络运营者的安全保障能力。

六是网络通信管控制度。根据《网络安全法（草案二次审议稿)》第56条规定，因维护国家安全和社会公共秩序，处置重大突发社会安全事件的需要，经国务院决定或者批准，可以在特定区域对网络通信采取限制等临时措施。

七是约谈和责任追究制度。对于因网络安全责任不落实、措施不到位的，有关部门对责任单位和人员进行约谈。造成包括恐怖袭击事件在内的网络安全事件发生或其他损失的，应当依法追究法律责任。法律责任包括刑事责任、民事责任和行政责任。根据《网络安全法（草案二次审议稿)》第54条规定，省级以上人民政府有关部门在履行网络安全监督管理职责中，发现网络存在较大安全风险或者发生安全事件的，可以按照规定的权限和程序对该网络的运营者的法定代表人或者主要负责人进行约谈。网络运营者应当按照要求采取措施，进行整改，消除隐患。因网络安全事件，发生突发事件或者安全生产事故的，应当依照《中华人民共和国突发事件应对法》《中华人民共和国安全生产法》等有关法律、行政法规的规定处置。国家机关政务网络的运营者不履行本法规定的网络安全保护义务的，由其上级机关或者有关机关责令改正；对直接负责的主管人员和其他直接责任人员依法给予处分。依法负有网络安全监督管理职责的部门的工作人员，玩忽职守、滥用职权、徇私舞弊，尚不构成犯罪的，依法给予处分。《网络安全法（草案二次审议稿）》第 71 条规定：“违反本法（指《网络安全法》）规定，给他人造成损害的，依法承担民事责任。违反本法（指《网络安全法》）规定，构成违反治安管理行为的，依法给予治安管理处罚；构成犯罪的，依法追究刑事责任。”

三、网络安全保护方法

一是网络安全风险评估。维护网络安全，首先要知道风险在哪里，是什么样的风险，什么时候发生风险。我国的国家安全法明确规定，国家建立国家安全风险评估机制，定期开展各领域国家安全风险调查评估。《网络安全法（草案二次审议稿）》明确规定，各有关部门要建立健全网络安全风险评估工作机制。要建立统一高效的网络安全风险报告机制、情报共享机制、研判处置机制，准确把握网络安全风险发生的规律、动向、趋势。开展网络安全风险评估，目的是为有针对性地采取安全防范措施提供支撑。网络安全风险评估，包括相互依赖型评估、风险分析、威胁评价、脆弱性评价、影响评价、系统分析等方面。威胁评价包括内部和外部威胁的性质、来源、发生的概率以及威胁等级。

二是落实安全防范措施。要从人防、物防、技防等方面采取网络安全防范措施。人防，就是指定专人轮流值班值守，落实安全责任制度，加强对关键基础设施、重要领域信息系统的现场安全巡逻检视以及信息系统运行监测系统的监看。物防，就是重要部位、重要场所现场安装必要的物理安全防范设施，防止无关人员非授权进入现场。技防，就是采取技术防范措施，特别是有关系统服务器端的安全防范技术，包括安装系统监测软件、监控报警软件、监控摄像头以及防病毒传播、防窃密泄密、防网络攻击入侵系统等。根据我国反恐法规定，重点目标的管理单位应当履行下列职责：指定相关机构或者落实责任人员，明确岗位职责；实行风险评估，实时监测安全威胁，完善内部安全管理；定期向公安机关和有关部门报告防范措施落实情况。重点目标的管理单位应当根据城乡规划、相关标准和实际需要，对重点目标同步设计、同步建设、同步运行符合规定的技防、物防设备、设施。重点目标的管理单位应当建立公共安全视频图像信息系统值班监看、信息保存使用、运行维护等管理制度，保障相关系统正常运行。采集的视频图像信息保存期限不得少于 90 天。重点目标的管理单位应当对重要岗位人员进行安全背景审查。对有不适合情形的人员，应当调整工作岗位，并将有关情况通报公安机关。

公安部 2006 年颁布实施的《互联网安全保护技术措施规定》要求，互联网服务提供者、联网使用单位负责落实互联网安全保护技术措施，并保障互联网安全保护技术措施功能的正常发挥。互联网安全保护技术措施，是指保障互联网网络安全和信息安全、防范违法犯罪的技术设施和技术方法。包括防范计算机病毒、网络入侵和攻击破坏等危害网络安全事项或者行为的技术措施；重要数据库和系统主要设备的冗灾备份措施；记录并留存用户登录和退出时间、主叫号码、账号、互联网地址或域名、系统维护日志的技术措施；记录、跟踪网络运行状态，监测、记录网络安全事件等安全审计功能；开办门户网站、新闻网站、电子商务网站的，能够防范网站、网页被篡改，被篡改后能够自动恢复等等。

三是安全检查和漏洞隐患整改。网络安全检查包括执法检查、制度检查、安全性检查和技术检查等。技术检查包括使用网络检测和渗透测试等手段开展检查。通过网络安全检查，及时发现系统存在的软件、硬件和管理等方面的风险、安全隐患，找出漏洞，及时进行整改，消除安全隐患，补齐短板。

四是安全监测和通报预警。感知网络安全态势并及时预警通报是最基本的早期预警安全防范措施。《网络安全法（草案二次审议稿）》规定，国家建立网络安全监测预警和信息通报制度。国家网信部门应当统筹协调有关部门加强网络安全信息收集、分析和通报工作，按照规定统一发布网络安全监测预警信息。负责关键信息基础设施安全保护工作的部门，应当建立健全本行业、本领域的网络安全监测预警和信息通报制度，并按照规定报送网络安全监测预警信息。网络安全事件发生的风险增大时，省级以上人民政府有关部门应当按照规定的权限和程序，并根据网络安全风险的特点和可能造成的危害，采取下列措施：1. 要求有关部门、机构和人员及时收集、报告有关信息，加强对网络安全风险的监测；2. 组织有关部门、机构和专业人员，对网络安全风险信息进行分析评估，预测事件发生的可能性、影响范围和危害程度；3. 向社会发布网络安全风险预警，发布避免、减轻危害的措施。2004 年，国家网络与信息安全信息通报中心建立，截至目前，国家已经建立了覆盖中央、省级、地市级以及各重要行业的网络安全监测预警和信息通报机制，并建立了政府和企业网络安全信息共享机制，综合运用各方面掌握的数据资源，加强大数据挖掘分析，更好感知网络安全态势，做好风险防范。

五是应急准备。要发挥现有国家网络安全应急机构的作用，组建专门的关键基础设施应急响应中心，建立健全网络安全应急工作机制，制定防范和应对恐怖活动的应急预案、措施，并定期开展实务培训和应急演练。负责关键信息基础设施安全保护工作的部门应当制定本行业、本领域的网络安全事件应急预案，并定期组织全要素实战演练。网络安全事件应急预案应当按照事件发生后的危害程度、影响范围等因素对网络安全事件进行分级，并规定相应的应急处置措施。要建立专门的应急处置专业队伍，配备并及时更新防范和处置设备设施，确保一旦发生网络安全事故事件，能够在第一时间应急响应，妥善处置各种安全事件。

第十一章

事件应对处置与调查侦查

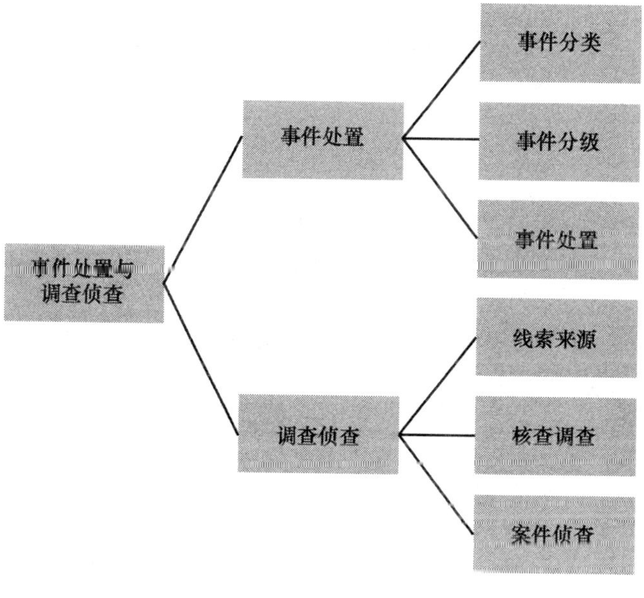

阅读导图

第一节　网络涉恐安全事件应对处置

一、网络涉恐安全事件概述

（一）定义

网络涉恐安全事件是指具有恐怖活动性质的网络安全事件。迄今为止，各国法律并未就网络涉恐安全事件予以明确界定。结合我国反恐怖主义法关于恐怖活动事件的定义，笔者认为，网络涉恐安全事件是指正在发生或者已经发生的，造成或者可能造成重大社会危害的网络恐怖活动事件，是通过网络入侵攻击方法实施的具有恐怖活动性质，造成关键信息基础设施运行中断、系统瘫痪、数据丢失、设备设施破坏等结果，对国家安全、社会秩序和公共利益造成重大危害的事件。此处所说的网络涉恐安全事件是指网络攻击类恐怖主义性质的网络安全事件，不包括以网络为信息工具，利用信息网络传播方式实施网络恐怖活动的网络涉恐信息内容安全事件。

（二）分类分级

根据事件发生的时间，网络涉恐安全事件分为两种：一种是正在发生的网络涉恐安全事件；一种是已经发生的网络涉恐安全事件两类。

参照有关技术标准，根据事件的手段、方式和危害结果，网络涉恐安全事件大致分为以下四类：一是网络攻击事件。网络攻击事件是指通过网络或其他技术手段，利用信息系统的配置缺陷、协议缺陷、程序缺陷或使用暴力对信息系统实施攻击，并造成信息系统异常或对信息系统当前运行造成潜在危害的网络安全事件。主要有：拒绝服务攻击、APT 攻击、域名攻击、后门攻击、漏洞攻击、网络扫描窃听、社会工程学以及网络钓鱼等。二是数据破坏。数据破坏事件是指通过网络或其他技术手段，造成信息系统中的数据被篡改、假冒、泄漏、窃取等而导致的网络安全事件。主要是数据遭受篡改、仿冒、泄露、伪造、窃取、丢失和损坏等。三是有害程序传播。有害程序事件是指蓄意制造、传播计算机病毒、木马等有害程序，或是因受到有害程序的影响而导致的网络安全事件。主要是计算机病毒、木马、僵尸网络等。四是设备设施故障。设备设施故障是指由于信息系统自身故障或外围保障设施故障而导致的网络安全事件，以及人为的使用非技术手段有意或无意的造成信息系统破坏而导致的网络安全事件。主要是网络设备、信息系统软件和硬件、系统设备设施、信息系统物理环境等遭受人为破坏。

2007 年 8 月 30 日第十届全国人民代表大会常务委员会第二十九次会议通过的《中华人民共和国突发事件应对法》规定，按照社会危害程度、影响范围等因素，突发事件分为特别重大、重大、较大和一般四级。按照网络涉恐安全事件的性质、严重程度、可控性、影响范围和程度，可将网络涉恐安全事件分为特别重大、重大、较大和一般四个等级。参照这一规定，网络涉恐安全事件可以分为四级。

特别重大网络涉恐安全事件，是指能够导致特别重大社会影响或破坏的网络涉恐安全事件，即网络安全事件产生的社会影响会波及到一个或多个省市的大部分地区，极大威胁国家安全，引起社会混乱或动荡，对国计民生、经济建设有极其恶劣的负面影响，或者严重损害公众利益。具体是指造成特别重大社会危害的下列网络涉恐安全事件之一：一是遭受大规模的攻击和严重的损害，造成全国重要信息系统大面积瘫痪或者服务中断；二是大量重要互联网站或信息系统被恐怖组织攻击篡改，发布恐怖信息；三是超过千万数量级涉及国家秘密、公民个人信息、重要数据被窃取、修改、损坏、假冒等；四是其他造成严重社会危害的特别重大网络涉恐安全事件。

重大网络涉恐安全事件，是指能够导致重大社会影响或破坏的网络安全事件，即网络安全事件产生的社会影响波及到一个或多个地市的大部分地区，威胁到国家安全，引起社会恐慌，对国计民生、经济建设有重大的负面影响，或者损害到公众利益。具体是指造成重大社会危害的下列网络涉恐安全事件之一：一是遭受大规模的攻击和严重的损害，造成全国重要信息系统较大面积瘫痪或者服务中断；二是较大数量的互联网站或信息系统被恐怖组织攻击篡改，发布恐怖信息；三是千万数量级涉及国家秘密、公民个人信息、重要数据被窃取、修改、损坏、假冒等；四是其他造成严重社会危害的重大网络涉恐安全事件。

较大网络涉恐安全事件，是指能够导致较大社会影响或破坏的网络安全事件，即网络安全事件产生的社会影响波及到一个或多个地市的部分地区，可能影响到国家安全，扰乱社会秩序，对国计民生、经济建设有一定的负面影响，或者影响到公众利益。具体是指造成较重大社会危害的下列网络涉恐安全事件之一：一是遭受大规模的攻击和严重的损害，造成部分全国重要信息系统瘫痪或者服务中断；二是部分互联网站或信息系统被恐怖组织攻击篡改，发布恐怖信息；三是百万数量级涉及国家秘密、公民个人信息、重要数据被窃取、修改、损坏、假冒等；四是其他造成严重社会危害的较大网络涉恐安全事件。

一般网络涉恐安全事件，是指能够导致一般社会影响或破坏的网络安全事件，即网络安全事件产生的社会影响波及到一个地市的部分地区，对国家安全、社会秩序、经济建设和公众利益基本没有影响，但对个别公民、法人或其他组织的利益会造成损害。具体是指造成一般社会危害的下列网络涉恐安全事件之一：一是遭受大规模的攻击和严重的损害，造成少量全国重要信息系统较瘫痪或者服务中断；二是少量互联网站或信息系统被恐怖组织攻击篡改，发布恐怖信息；三是低于百万数量级涉及国家秘密、公民个人信息、重要数据被窃取、修改、损坏、假冒等；四是其他造成严重社会危害的一般网络涉恐安全事件。

二、网络涉恐事件的应对处置

我国的反恐怖主义法、突发事件应对法、安全生产法以及正在审议中的《网络安全法》对网络涉恐安全事件的应对处置从不同的角度、不同的领域做了明确具体的规定。我国的反恐怖主义法还专门设置了恐怖事件“应对处置”一章。网络涉恐安全事件的应对处置要按照上述规定组织实施。

（一）预案体系

根据反恐怖主义法的规定，国家反恐怖主义工作领导机构应当针对恐怖事件的规律、特点和可能造成的社会危害，分级、分类制定国家应对处置预案，具体规定恐怖事件应对处置的组织指挥体系和恐怖事件安全防范、应对处置程序以及事后社会秩序恢复等内容。有关部门、地方反恐怖主义工作领导机构应当制定相应的应对处置预案。

（二）指挥体制

根据反恐怖主义法的规定，我国应对处置网络涉恐安全事件的指挥体制实行指挥长负责制。各级反恐怖主义工作领导机构应当成立由有关部门参加的指挥机构，实行指挥长负责制。反恐怖主义工作领导机构负责人可以担任指挥长，也可以确定公安机关负责人或者反恐怖主义工作领导机构的其他成员单位负责人担任指挥长。跨省、自治区、直辖市发生的恐怖事件或者特别重大恐怖事件的应对处置，由国家反恐怖主义工作领导机构负责指挥；在省、自治区、直辖市范围内发生的涉及多个行政区域的恐怖事件或者重大恐怖事件的应对处置，由省级反恐怖主义工作领导机构负责指挥。

（三）处置程序

第一，发布预警。根据《网络安全法（草案二次审议稿）》规定，网络安全事件发生的风险增大时，省级以上人民政府有关部门应当按照规定的权限和程序，并根据网络安全风险的特点和可能造成的危害，采取下列措施：要求有关部门、机构和人员及时收集、报告有关信息，加强对网络安全风险的监测；组织有关部门、机构和专业人员，对网络安全风险信息进行分析评估，预测事件发生的可能性、影响范围和危害程度；向社会发布网络安全风险预警，发布避免、减轻危害的措施。

第二，启动预案。根据《网络安全法（草案二次审议稿）》规定，发生网络安全事件，应当立即启动网络安全事件应急预案，对网络安全事件进行调查和评估，要求网络运营者采取技术措施和其他必要措施，消除安全隐患，防止危害扩大，并及时向社会发布与公众有关的警示信息。根据反恐怖主义法的规定，恐怖事件发生后，发生地反恐怖主义工作领导机构应当立即启动恐怖事件应对处置预案，确定指挥长。有关部门和中国人民解放军、中国人民武装警察部队、民兵组织，按照反恐怖主义工作领导机构和指挥长的统一领导、指挥，协同开展打击、控制、救援、救护等现场应对处置工作。上级反恐怖主义工作领导机构可以对应对处置工作进行指导，必要时调动有关反恐怖主义力量进行支援。需要进入紧急状态的，由全国人民代表大会常务委员会或者国务院依照宪法和其他有关法律规定的权限和程序决定。

第三，现场处置。根据反恐怖主义法的规定，发现恐怖事件或者疑似恐怖事件后，公安机关应当立即进行处置，并向反恐怖主义工作领导机构报告；中国人民解放军、中国人民武装警察部队发现正在实施恐怖活动的，应当立即予以控制并将案件及时移交公安机关。反恐怖主义工作领导机构尚未确定指挥长的，由在场处置的公安机关职级最高的人员担任现场指挥员。公安机关未能到达现场的，由在场处置的中国人民解放军或者中国人民武装警察部队职级最高的人员担任现场指挥员。现场应对处置人员无论是否属于同一单位、系统，均应当服从现场指挥员的指挥。指挥长确定后，现场指挥员应当向其请示、报告工作或者有关情况。

第四，处置措施。根据《网络安全法（草案二次审议稿）》规定，因维护国家安全和社会公共秩序，处置重大突发社会安全事件的需要，经国务院决定或者批准，可以在特定区域对网络通信采取限制等临时措施。根据《突发事件应对法》规定，突发事件发生后，履行统一领导职责或者组织处置突发事件的人民政府应当针对其性质、特点和危害程度，立即组织有关部门，调动应急救援队伍和社会力量，依法采取应急处置措施。社会安全事件发生后，组织处置工作的人民政府应当立即组织有关部门并由公安机关针对事件的性质和特点，依照有关法律、行政法规和国家其他有关规定，采取下列应急处置措施：对特定区域内的建筑物、交通工具、设备、设施以及燃料、燃气、电力、水的供应进行控制；封锁有关场所、道路，查验现场人员的身份证件，限制有关公共场所内的活动；其他必要措施。严重危害社会治安秩序的事件发生时，公安机关应当立即依法出动警力，根据现场情况依法采取相应的强制性措施，尽快使社会秩序恢复正常。

根据反恐怖主义法的规定，应对处置恐怖事件，应当优先保护直接受到恐怖活动危害、威胁人员的人身安全。恐怖事件发生后，负责应对处置的反恐怖主义工作领导机构可以决定由有关部门和单位采取现场管制、现场处置、救援、维护事发地治安等应对处置措施：组织营救和救治受害人员，疏散、撤离并妥善安置受到威胁的人员以及采取其他救助措施，封锁现场和周边道路，查验现场人员的身份证件，在有关场所附近设置临时警戒线；在特定区域内实施空域、海（水）域管制，对特定区域内的交通运输工具进行检查；在特定区域内实施互联网、无线电、通讯管制；在特定区域内或者针对特定人员实施出境入境管制；禁止或者限制使用有关设备、设施，关闭或者限制使用有关场所，中止人员密集的活动或者可能导致危害扩大的生产经营活动；抢修被损坏的交通、电信、互联网、广播电视、供水、排水、供电、供气、供热等公共设施；组织志愿人员参加反恐怖主义救援工作，要求具有特定专长的人员提供服务；其他必要的应对处置措施。采取应对处置措施，根据处置措施的不同，分别由省级以上或者设区的市级以上反恐怖主义工作领导机构决定或者批准。应对处置措施应当明确适用的时间和空间范围，并向社会公布。

第五，信息发布。根据反恐怖主义法的规定，恐怖事件发生、发展和应对处置信息，由恐怖事件发生地的省级反恐怖主义工作领导机构统一发布；跨省、自治区、直辖市发生的恐怖事件，由指定的省级反恐怖主义工作领导机构统一发布。任何单位和个人不得编造、传播虚假恐怖事件信息；不得报道、传播可能引起模仿的恐怖活动的实施细节；不得发布恐怖事件中残忍、不人道的场景；在恐怖事件的应对处置过程中，除新闻媒体经负责发布信息的反恐怖主义工作领导机构批准外，不得报道、传播现场应对处置的工作人员、人质身份信息和应对处置行动情况。

第六，恢复秩序。恐怖事件应对处置结束后，各级人民政府应当组织有关部门帮助受影响的单位和个人尽快恢复生活、生产，稳定受影响地区的社会秩序和公众情绪。当地人民政府应当及时给予恐怖事件受害人员及其近亲属适当的救助，并向失去基本生活条件的受害人员及其近亲属及时提供基本生活保障。卫生、民政等主管部门应当为恐怖事件受害人员及其近亲属提供心理、医疗等方面的援助。

第七，立案侦查。公安机关应当及时对恐怖事件立案侦查，查明事件发生的原因、经过和结果，依法追究恐怖活动组织、人员的刑事责任。及时，是指公安机关在发现事件涉嫌构成犯罪，发现恐怖活动犯罪事实或者恐怖活动犯罪嫌疑人时，应当迅速依照刑事诉讼法的规定立案进行侦查。公安机关在参与对恐怖事件的应急处置时，应当注意收集、保存侦查、起诉公布活动犯罪需要的证据材料，开展有关侦查活动。通过侦查，查明事件是否确属恐怖活动犯罪，恐怖活动的组织者、策划者，具体实施的经过以及造成的危害后果，侦查结束后并依法移送人民检察院审查后向人民法院提起公诉。

第八，总结评估。反恐怖主义工作领导机构应当对恐怖事件的发生和应对处置工作进行全面分析、总结评估，提出防范和应对处置改进措施，向上一级反恐怖主义工作领导机构报告。

第二节　网络恐怖活动的调查

一、调查概述

（一）定义

调查，是指有关部门对发现获取的网络恐怖活动情报信息和嫌疑线索进行了解和核实的活动。经调查，发现有犯罪事实或者犯罪嫌疑人的，应当及时依照反恐怖主义法、刑事诉讼法的有关规定立案侦查。根据反恐怖主义法的规定，公安机关接到恐怖活动嫌疑的报告或者发现恐怖活动嫌疑，需要调查核实的，应当迅速进行调查。据此，调查的对象是网络恐怖活动嫌疑。调查的主体是公安机关。调查的性质是行政调查。调查的目的是核实是否存在网络恐怖活动行为，排除犯罪嫌疑。调查的结果是一种行政认定，即公安机关认定行为是涉嫌违法还是犯罪。是否构成犯罪，还需法院通过审判进行司法认定。

国际上一些国家为了将网络恐怖活动摧毁在预谋阶段和实施之前，放宽了采取各种调查措施的条件，目的是提高恐怖活动调查的主动性、灵活性和实效性。调查是防范和惩治恐怖主义活动的重要环节，具有重要的意义。立案侦查前开展调查，有利于更好地防范打击恐怖主义。涉恐线索需要首先进行调查核实，再根据调查结果确定其是否需要开展立案侦查工作。初期的调查是一种行政调查。行政调查的条件与刑事侦查相比要低得多。刑事诉讼法规定的立案侦查必须符合刑法规定的立案条件和标准。而公安机关发现获取或接到网络恐怖活动嫌疑的线索往往是初步的，网络活动数据多、信息量大，核实了解需要花费一定的时间，因此，赋予公安机关在刑事立案之前的行政调查权，以便进一步获取网络恐怖嫌疑的证据材料和事实，是完全必要的。

（二）调查措施

一是网上调查措施。通过对网络恐怖活动线索开展网上调查，查明网上恐怖活动情况，确定网上涉恐嫌疑人，落地查清涉恐嫌疑人真实身份。根据反恐怖主义法的规定，电信业务经营者、互联网服务提供者应当为公安机关、国家安全机关依法进行防范、调查恐怖活动提供技术接口和解密等技术支持和协助。

网上调查措施主要是：调取能够识别认定网上嫌疑人真实身份的电子数据，收集相关网上证据，包括调取证明上网人员的数据资料（网上身份认证信息、网络账号、网名、注册信息等）、证明网上信息的数据资料、证明上网地址的数据资料（IP 地址、登录访问日志等）、证明上网设备的数据资料、证明网络攻击的数据资料、证明造成损失和其他后果的数据资料及其相关证据，等等。

二是网下调查措施。通过网下调查措施，查明案件事实，落地查获犯罪嫌疑人，收集固定相关证据。根据反恐怖主义法的规定，公安机关调查恐怖活动嫌疑，可以采取以下调查措施：

第一，依照有关法律规定对嫌疑人员进行盘问、检查、传唤，可以提取或者采集肖像、指纹、虹膜图像等人体生物识别信息和血液、尿液、脱落细胞等生物样本，并留存其签名；

第二，可以通知了解有关情况的人员到公安机关或者其他地点接受询问；

第三，有权向有关单位和个人收集、调取相关信息和材料，有关单位和个人应当如实提供；

第四，经县级以上公安机关负责人批准，可以查询嫌疑人员的存款、汇款、债券、股票、基金份额等财产，可以采取查封、扣押、冻结措施。查封、扣押、冻结的期限不得超过二个月，情况复杂的，可以经上一级公安机关负责人批准延长一个月；

第五，经县级以上公安机关负责人批准，可以根据其危险程度，责令恐怖活动嫌疑人员遵守约束措施，如未经公安机关批准不得离开所居住的市、县或者指定的处所；不得参加大型群众性活动或者从事特定的活动；未经公安机关批准不得乘坐公共交通工具或者进入特定的场所；不得与特定的人员会见或者通信；定期向公安机关报告活动情况；将护照等出入境证件、身份证件、驾驶证件交公安机关保存。公安机关可以采取电子监控、不定期检查等方式对其遵守约束措施的情况进行监督。公安机关对不需要继续采取约束措施的，或者有关期限届满未立案侦查的，应当及时解除。

第三节 网络恐怖案件的侦查

一、侦查概述

公安机关在网络恐怖活动事件发生后，要及时开展立案侦查工作。在发现获取网络涉恐活动情报线索，经过初步调查后，认为涉嫌构成犯罪的，要立为刑事案件，开展进一步侦查调查工作。

侦查，根据我国刑事诉讼法的规定，是指公安机关、人民检察院在办理案件过程中，依照法律进行的专门调查工作和有关的强制性措施。

侦查是刑事诉讼的基本的、独立的诉讼阶段，是公诉案件的必经程序。公诉案件只有经过侦查，才能决定是否进行起诉和审判。侦查的目的是收集、调取犯罪嫌疑人有罪或者无罪、罪轻或者罪重的证据材料。侦查的任务是依照法定程序发现和收集有关案件的各种证据，查明犯罪事实，查获和确定犯罪嫌疑人，并采取必要的强制措施，防止现行犯和犯罪嫌疑人继续实施犯罪活动或者逃避侦查、起诉和审判，从而保证刑事追诉的有效进行。

二、专门性刑事诉讼程序

2012 年修订的我国刑事诉讼法，对恐怖活动犯罪确立了一些专门性的刑事程序制度。主要是：

第一，管辖方面的专门性规定。将恐怖活动犯罪案件纳入中级人民法院管辖的第一审刑事案件范围。《刑事诉讼法》第 20 条规定，恐怖活动案件由中级人民法院管辖。一名或多名犯罪嫌疑人犯数罪，其中有一罪属于恐怖活动犯罪的，全案也应由中级人民法院管辖。基层司法机关在遇到恐怖活动犯罪时，或者在办理其他刑事案件发现与恐怖活动犯罪有牵连时，应及时将案件移送地、市级以上的司法机关查处。提高恐怖活动犯罪案件的级别管辖，是我国加强反恐怖工作的力度和提高整体反恐司法水平的重要措施之一。

第二，律师会见方面的专门性规定。规定了律师侦查阶段会见被告的限制性条件。《刑事诉讼法》第 37 条第 3 款规定，对于恐怖活动犯罪案件，在侦查期间辩护律师会见在押的犯罪嫌疑人，应当经侦查机关许可，该规定对于涉嫌恐怖活动犯罪的犯罪嫌疑人的辩护人的辩护权进行了适当的限制。从以前的《刑法》第 120 条组织、领导、参加恐怖活动组织罪这一具体罪名扩展至恐怖活动犯罪的类罪名，统一了司法尺度。根据《公安机关办理刑事案件程序规定》，办理恐怖活动犯罪案件，对辩护律师提出的会见申请，应当在收到申请后 48 小时以内，报经县级以上公安机关负责人批准，作出许可或者不许可的决定。除有碍侦查或者可能泄露国家秘密的情形外，应当作出许可的决定。公安机关不许可会见的，应当书面通知辩护律师，并说明理由。有碍侦查或者可能泄露国家秘密的情形消失后，公安机关应当许可会见。有下列情形之一的，属于“有碍侦查”：（1）可能毁灭、伪造证据，干扰证人作证或者串供的；（2）可能引起犯罪嫌疑人自残、自杀或者逃跑的；（3）可能引起同案犯逃避、妨碍侦查的；（4）犯罪嫌疑人的家属与犯罪有牵连的。

第三，证人保护方面的专门性规定。《刑事诉讼法》第 62

条规定，对于恐怖活动犯罪案件，证人、鉴定人、被害人因在诉讼中作证，本人或者其近亲属的人身安全面临危险的，人民法院、人民检察院和公安机关应当采取保护措施。我国对证人、被害人及其近亲属采取的是分阶段保护模式，即是否采取以及如何采取保护措施，在侦查环节由公安机关决定，审查起诉环节由人民检察院决定，审判环节由法院决定。对恐怖活动犯罪案件中的证人进行保护，明确将恐怖犯罪的被害人及其近亲属纳入保护范围，强化了现行刑事诉讼法确立的诉讼参与人地位，有利于被害人向司法机关做出如实陈述。

第四，刑事强制措施方面的专门性规定。刑事诉讼法强化对恐怖活动犯罪嫌疑人、被告人的人身强制措施。

一是监视居住。《刑事诉讼法》第 73 条规定，对于涉嫌恐怖活动犯罪，在住处执行可能有碍侦查的，经上一级人民检察院或者公安机关批准，也可以在指定的居所执行，即对恐怖活动的犯罪嫌疑人可采取指定居所地监视居住。根据《公安机关办理刑事案件程序规定》，对于涉嫌恐怖活动犯罪，在住处执行可能有碍侦查的，经上一级公安机关批准，也可以在指定的居所执行。有下列情形之一的，属于“有碍侦查”：（1）可能毁灭、伪造证据，干扰证人作证或者串供的；（2）可能引起犯罪嫌疑人自残、自杀或者逃跑的；（3）可能引起同案犯逃避、妨碍侦查的；（4）犯罪嫌疑人、被告人在住处执行监视居住有人身危险的；（5）犯罪嫌疑人、被告人的家属或者所在单位人员与犯罪有牵连的。

二是刑事拘留。《刑事诉讼法》第 83 条规定，对于涉嫌恐怖活动犯罪通知家属可能有碍侦查的，可以在拘留后 24 小时以内，不通知被拘留人的家属。即刑事拘留后，对于涉嫌恐怖活动犯罪，通知可能有碍侦查的，可以不将拘留的原因和羁押的处所，通知被拘留人的家属。当有碍侦查的情形消失后，应当立即通知被拘留人的家属。根据《公安机关办理刑事案件程序规定》，有下列情形之一的，属于“有碍侦查”：（1）可能毁灭、伪造证据，干扰证人作证或者串供的；（2）可能引起同案犯逃避、妨碍侦查的；（3）犯罪嫌疑人的家属与犯罪有牵连的。

第五，侦查措施方面的专门性规定。授权公安机关对恐怖活动犯罪进行技术侦查，并对技术侦查的时机、审批程序、保密义务以及获取材料的使用等予以规定，有力地促进了技术侦查的规范化。《刑事诉讼法》第148条规定，公安机关在立案后，对于恐怖活动犯罪案件，根据侦查犯罪的需要，经过严格的批准手续，可以采取技术侦查措施。

第六，对涉恐资产适用独立财产没收。《刑事诉讼法》第280条规定，对于恐怖活动犯罪等重大犯罪案件，犯罪嫌疑人、被告人逃匿，在通缉一年后不能到案，或者犯罪嫌疑人、被告人死亡，依照刑法规定应当追缴其违法所得及其他涉案财产的，人民检察院可以向人民法院提出没收违法所得的申请。

三、 案件管辖

（一）公安机关内部关于网络恐怖活动犯罪案件的管辖分工

我国刑事诉讼法规定，刑事案件的侦查由公安机关进行，法律另有规定的除外。根据刑事诉讼法及有关司法解释规定，恐怖活动犯罪案件由公安机关侦查。

网络恐怖活动涉及的刑法罪名较多。自2013年1月1日起施行的《公安机关办理刑事案件程序规定》（公安部第127号令）第22条规定，公安机关内部对刑事案件的管辖，按照刑事侦查机构的设置及其职责分工确定。为此，公安机关结合实际和职能，明确了内部不同侦查部门的管辖分工。有关管辖分工的依据主要有：《公安部刑事案件管辖分工规定》（公通字〔1998〕80号）、《关于计算机犯罪案件管辖分工问题的通知》（公通字〔2000〕63号）、《公安部关于调整部分妨害国（边）境管理犯罪案件管辖分工的通知》（公通字〔2002〕7号）、《公安部刑事案件管辖分工补充规定》（公通字〔2008〕9号）、《公安部刑事案件管辖分工补充规定（二）》（公通字〔2012〕10号）、《公安部刑事案件管辖分工补充规定（三）》（公通字〔2015〕36号）等。根据上述文件，现行公安机关有关网络涉恐刑事案件罪名的部门管辖分工如下（以下列举主要网络涉恐案件的名称）：

（一）国内安全保卫部门管辖《刑法》规定的下列涉恐案件：

1. 煽动分裂国家案（第103条第2款）

2. 煽动颠覆国家政权案（第105条第2款）

3. 资助危害国家安全犯罪活动案（第107条）

4. 宣扬极端主义案（《刑法》第120条之三，《修正案（九）》第7条）

5. 利用极端主义破坏法律实施案（《刑法》第120条之四，《修正案（九）》第7条）、

6. 非法持有宣扬极端主义物品案（《刑法》第120条之六，《修正案（九）》第7条）

7. 煽动民族仇恨、民族歧视案（第249条）

8. 拒绝提供极端主义犯罪证据案（《刑法》第311条，《修正案（九）》第38条）。

（二）经济犯罪侦查部门管辖《刑法》规定的下列涉恐案件：

1. 帮助恐怖活动案（以资助方式实施的帮助行为，《刑法》第120条之一第1款，《修正案（九）》第6条，取消资助恐怖

活动案)，刑事侦查部门和国内安全保卫部门在办理组织、领导、参加恐怖组织案件过程中，发现帮助恐怖活动案的，应当一并办理，不再移交，经济犯罪侦查部门应当积极协助、配合。

2. 洗钱案（第191条）

（三）刑事侦查部门管辖《刑法》规定的下列涉恐案件：

1. 破坏交通工具案（第116条、第119条第1款）

2. 破坏交通设施案（第117条、第119条第1款）

3. 破坏电力设备案（第118条、第119条第1款）

4. 破坏易燃易爆设备案（第118条、第119条第1款）

5. 破坏广播电视设施、公用电信设施案（第124条第1款）

6. 编造、故意传播虚假恐怖信息案（《刑法》第291条之一，《修正案（三）》第8条）

7. 传授犯罪方法案（第295条）

8. 提供伪造、变造的出入境证件案（第320条）

9. 出售出入境证件案（第320条）

（四）网络安全保卫部门管辖《刑法》规定的下列涉恐案件：

1. 非法侵入计算机信息系统案（第285条）

2. 非法获取计算机信息系统数据、非法控制计算机信息系统案（《刑法》第285条第2款，《修正案（七）》第9条第1款）

3. 提供侵入、非法控制计算机信息系统程序、工具案（《刑法》第285条第3款，《修正案（七）》第9条第2款）

4. 破坏计算机信息系统案（第286条）

5. 拒不履行信息网络安全管理义务案（《刑法》第286条之一，《修正案（九）》第28条）

6. 非法利用信息网络案（《刑法》第287条之一，《修正案（九）》第29条）

7. 帮助信息网络犯罪活动案（《刑法》第287条之二，《修正案（九）》第29条）

网络安全保卫部门一旦发现主要犯罪行为通过网络实施的宣扬恐怖主义、极端主义、煽动实施恐怖活动案，非法持有宣扬恐怖主义、极端主义物品案，可以立案侦查，其他有关办案部门应当积极协助、配合。

（五）反恐怖部门管辖《刑法》规定的下列涉恐案件：

1. 组织、领导、参加恐怖组织案（第120条）

2. 帮助恐怖活动案（以培训招募、运送人员方式实施的帮助行为，《刑法》第120条之一第2款，《修正案（九）》第6条）

3. 准备实施恐怖活动案（《刑法》第120条之二，《修正案（九）》第7条）

4. 宣扬恐怖主义、煽动实施恐怖活动案（《刑法》第120条之三，《修正案（九）》第7条）

5. 非法持有宣扬恐怖主义物品案（《刑法》第120条之六，《修正案（九）》第7条）

6. 拒绝提供恐怖主义犯罪证据案（《刑法》第311条，《修正案（九）》第38条）

办案部门在办理案件过程中，发现由其他部门管辖的案件，符合《公安机关办理刑事案件程序规定》第18条第2款规定的并案侦查情形的，可以一并办理，不再移交，其他有关办案部门应当积极协助、配合。

（二）网络恐怖活动犯罪案件的管辖

1. 一般原则。网络犯罪案件具有跨地域性强等特点，在确定犯罪地方面比较复杂。为此，刑事诉讼法有关司法解释和公安部规章对网络犯罪案件的管辖采取了相对宽泛的管辖模式。根据

《最高人民法院、最高人民检察院、公安部关于办理网络犯罪案件适用刑事诉讼程序若干问题的意见》（公通字〔2014〕10号）和《公安机关办理刑事案件程序规定》（公安部第127号令），网络犯罪案件由犯罪地公安机关立案侦查。必要时，可以由犯罪嫌疑人居住地公安机关立案侦查。网络犯罪案件的犯罪地，包括用于实施犯罪行为的网站服务器所在地，网络接入地，网站建立者、管理者所在地，被侵害的计算机信息系统或其管理者所在地，犯罪嫌疑人、被害人使用的计算机信息系统所在地，被害人被侵害时所在地，以及被害人财产遭受损失地等。

根据上述规定，网络犯罪案件的管辖与传统犯罪一样，实行以犯罪地管辖为原则、以居住地管辖为补充的模式。网络犯罪案件的犯罪地包括三类地方：一是主要网络资源所在地。实施犯罪行为的网站服务器所在地，网络接入地，网站建立者、管理者所在地等与案件有关的网络资源所在地公安机关都有管辖权。二是危害结果地。被侵害的计算机信息系统或其管理者所在地，被害人被侵害时所在地，以及被害人财产遭受损失地的公安机关都具有管辖权。三是犯罪嫌疑人所在地。犯罪嫌疑人使用的计算机信息系统所在地公安机关具有管辖权。涉及多个环节的网络犯罪案件，犯罪嫌疑人为网络犯罪提供帮助的，其犯罪地或者居住地公安机关可以立案侦查。

2. 管辖权争议的处理原则。有多个犯罪地的网络犯罪案件，由最初受理的公安机关或者主要犯罪地公安机关立案侦查。有争议的，按照有利于查清犯罪事实、有利于诉讼的原则，由共同上级公安机关指定有关公安机关立案侦查。需要提请批准逮捕、移送审查起诉、提起公诉的，由该公安机关所在地的人民检察院、人民法院受理。

3. 并案处理规则。具有下列情形之一的，有关公安机关可以在其职责范围内并案侦查，需要提请批准逮捕、移送审查起诉、提起公诉的，由该公安机关所在地的人民检察院、人民法院受理：（1）一人犯数罪的；（2）共同犯罪的；（3）共同犯罪的犯罪嫌疑人、被告人还实施其他犯罪的；（4）多个犯罪嫌疑人、被告人实施的犯罪存在关联，并案处理有利于查明案件事实的。

4. 涉众型案件的并案处理规则。对因网络交易、技术支持、资金支付结算等关系形成多层级链条、跨区域的网络犯罪案件，共同上级公安机关可以按照有利于查清犯罪事实、有利于诉讼的原则，指定有关公安机关一并立案侦查，需要提请批准逮捕、移送审查起诉、提起公诉的，由该公安机关所在地的人民检察院、人民法院受理。

5. 跨省级区域的异地指定管辖。具有特殊情况，由异地公安机关立案侦查更有利于查清犯罪事实、保证案件公正处理的跨省（自治区、直辖市）重大网络犯罪案件，可以由公安部商最高人民检察院和最高人民法院指定管辖。

6. 合并处理规则。人民检察院对于公安机关移送审查起诉的网络犯罪案件，发现犯罪嫌疑人还有犯罪被其他公安机关立案侦查的，应当通知移送审查起诉的公安机关。人民法院受理案件后，发现被告人还有犯罪被其他公安机关立案侦查的，可以建议人民检察院补充侦查。人民检察院经审查，认为需要补充侦查的，应当通知移送审查起诉的公安机关。经人民检察院通知，有关公安机关根据案件具体情况，可以对犯罪嫌疑人所犯其他犯罪并案侦查。

7. 已受理的案件但发现没有管辖权情形的处理。为保证及时结案，避免超期羁押，人民检察院对于公安机关提请批准逮捕、移送审查起诉的网络犯罪案件，第一审人民法院对于已经受理的网络犯罪案件，经审查发现没有管辖权的，可以依法报请共同上级人民检察院、人民法院指定管辖。

8. 共同犯罪的先行追诉及后到案犯罪嫌疑人、被告人的管辖。部分犯罪嫌疑人在逃，但不影响对已到案共同犯罪嫌疑人、被告人的犯罪事实认定的网络犯罪案件，可以依法先行追究已到案共同犯罪嫌疑人、被告人的刑事责任。在逃的共同犯罪嫌疑人、被告人归案后，可以由原公安机关、人民检察院、人民法院管辖其所涉及的案件。

（三）网络恐怖活动案件的级别管辖

根据《公安机关办理刑事案件程序规定》，恐怖活动犯罪案件由设区的市一级以上公安机关负责立案侦查。上级公安机关认为有必要的，可以侦查下级公安机关管辖的刑事案件；下级公安机关认为案情重大需要上级公安机关侦查的刑事案件，可以请求上一级公安机关管辖。

四、案件初查

初查的条件。对接受的案件或者发现的犯罪线索，在审查中发现案件事实或者线索不明，需要经过调查才能够确认是否达到犯罪追诉标准的，经办案部门负责人批准，可以进行初查。

初查的措施。初查过程中，可以采取询问、查询、勘验、检查、鉴定、调取证据材料等不限制初查对象人身、财产权利的措施，但不得对初查对象采取强制措施和查封、扣押、冻结财产。

五、侦查措施

根据刑事诉讼法及其配套相关规定，公安机关对已经立案的刑事案件，应当及时进行侦查，全面、客观地收集、调取犯罪嫌疑人有罪或者无罪、罪轻或者罪重的证据材料。公安机关经过侦查，对有证据证明有犯罪事实的案件，应当进行预审，对收集、调取的证据材料的真实性、合法性及证明力予以审查、核实。

网络犯罪案件的跨地域取证问题。根据《最高人民法院、最高人民检察院、公安部关于办理网络犯罪案件适用刑事诉讼程序若干问题的意见》（公通字〔2014〕10号）第11条规定，公安机关跨地域调查取证的，可以将办案协作函和相关法律文书及凭证电传或者通过公安机关信息化系统传输至协作地公安机关。协作地公安机关经审查确认，在传来的法律文书上加盖本地公安机关印章后，可以代为调查取证。

根据刑事诉讼法及其配套相关规定，包括网络恐怖活动犯罪在内的恐怖活动犯罪的法定侦查措施包括以下方面：

1. 讯问犯罪嫌疑人。讯问犯罪嫌疑人，必须由侦查人员进行。讯问的时候，侦查人员不得少于2人。讯问同案的犯罪嫌疑人，应当个别进行。侦查人员讯问犯罪嫌疑人时，应当首先讯问犯罪嫌疑人是否有犯罪行为，并告知犯罪嫌疑人如实供述自己罪行可以从轻或者减轻处罚的法律规定，让他陈述有罪的情节或者无罪的辩解，然后向他提出问题。第一次讯问，应当问明犯罪嫌疑人的姓名、别名、曾用名、出生年月日、户籍所在地、现住地、籍贯、出生地、民族、职业、文化程度、家庭情况、社会经历、是否属于人大代表、政协委员、是否受过刑事处罚或者行政处理等情况。讯问不通晓当地语言文字的犯罪嫌疑人，应当配备翻译人员。侦查人员应当将问话和犯罪嫌疑人的供述或者辩解如实地记录清楚。讯问涉恐犯罪嫌疑人，在文字记录的同时，应当对讯问过程进行录音或者录像。

2. 询问证人、被害人。询问证人、被害人，可以在现场进行，也可以到证人、被害人所在单位、住处或者证人、被害人提出的地点进行。在必要的时候，可以通知证人、被害人到公安机关提供证言。询问证人、被害人应当个别进行。询问前，应当了解证人、被害人的身份，证人、犯罪嫌疑人、被害人之间的关系。询问时，应当告知证人、被害人必须如实地提供证据、证言和有意作伪证或者隐匿罪证应负的法律责任。

根据《最高人民法院、最高人民检察院、公安部关于办理网络犯罪案件适用刑事诉讼程序若干问题的意见》（公通字〔2014〕10号），办理网络犯罪案件，询（讯）问异地证人、被害人以及与案件有关联的犯罪嫌疑人的，可以由办案地公安机关通过远程网络视频等方式进行询（讯）问并制作笔录。远程询（讯）问的，应当由协作地公安机关事先核实被询（讯）问人的身份。办案地公安机关应当将询（讯）问笔录传输至协作地公安机关。询（讯）问笔录经被询（讯）问人确认并逐页签名、捺指印后，由协作地公安机关协作人员签名或者盖章，并将原件提供给办案地公安机关。询（讯）问人员收到笔录后，应当在首页右上方写明“于某年某月某日收到”，并签名或者盖章。异地证人、被害人以及与案件有关联的犯罪嫌疑人亲笔书写证词、供词的，参照此规定执行。远程询（讯）问的，应当对询（讯）问过程进行录音录像，并随案移送。

对针对或者组织、教唆、帮助不特定多数人实施的网络犯罪案件，确因客观条件限制无法逐一收集相关言词证据的，可以根据记录被害人数、被侵害的计算机信息系统数量、涉案资金数额等犯罪事实的电子数据、书证等证据材料，在慎重审查被告人及其辩护人所提辩解、辩护意见的基础上，综合全案证据材料，对相关犯罪事实作出认定。

3. 勘验、检查。侦查人员对于与犯罪有关的场所、物品、人身应当进行勘验或者检查，及时提取、采集与案件有关的痕迹、物证、生物样本等。在必要的时候，可以指派或者聘请具有专门知识的人，在侦查人员的主持下进行勘验、检查。

4. 收集、提取电子数据。电子数据，是案件发生过程中形成的，以数字化形式存储、处理、传输的，能够证明案件事实的数据。电子数据包括但不限于下列信息、电子文件：（一）网页、博客、微博客、朋友圈、贴吧、网盘等网络平台发布的信息；（二）手机短信、电子邮件、即时通信、通讯群组等网络应用服务的通信信息；（三）用户注册信息、身份认证信息、电子交易记录、通信记录、登录日志等信息；（四）文档、图片、音视频、数字证书、计算机程序等电子文件。根据《最高人民法院、最高人民检察院、公安部关于办理网络犯罪案件适用刑事诉讼程序若干问题的意见》（公通字〔2014〕10 号），以及自 2016 年 10 月 1 日起实施的《最高人民法院、最高人民检察院、公安部关于办理刑事案件收集提取和审查判断电子数据若干问题的规定》，电子数据的取证与审查要遵守以下规定：

（1）收集、提取电子数据，应当由 2 名以上具备相关专业知识的侦查人员进行。取证设备和过程应当符合相关技术标准，并保证所收集、提取的电子数据的完整性、客观性。

（2）收集、提取电子数据，能够获取原始存储介质的，应当封存原始存储介质，并制作笔录，记录原始存储介质的封存状态，由侦查人员、原始存储介质持有人签名或者盖章；持有人无法签名或者拒绝签名的，应当在笔录中注明，由见证人签名或者盖章。有条件的，侦查人员应当对相关活动进行录像。

（3）具有下列情形之一，无法获取原始存储介质的，可以提取电子数据，但应当在笔录中注明不能获取原始存储介质的原因、原始存储介质的存放地点等情况，并由侦查人员、电子数据持有人、提供人签名或者盖章：持有人、提供人无法签名或者拒绝签名的，应当在笔录中注明，由见证人签名或者盖章；有条件的，侦查人员应当对相关活动进行录像：原始存储介质不便封存的；提取计算机内存存储的数据、网络传输的数据等不是存储在存储介质上的电子数据的；原始存储介质位于境外的；其他无法获取原始存储介质的情形。

（4）收集、提取电子数据应当制作笔录，记录案由、对象、内容，收集、提取电子数据的时间、地点、方法、过程，电子数据的清单、规格、类别、文件格式、完整性校验值等，并由收集、提取电子数据的侦查人员签名或者盖章。远程提取电子数据的，应当说明原因，有条件的，应当对相关活动进行录像。通过数据恢复、破解等方式获取被删除、隐藏或者加密的电子数据的，应当对恢复、破解过程和方法作出说明。

（5）收集、提取的原始存储介质或者电子数据，应当以封存状态随案移送，并制作电子数据的复制件一并移送。对文档、图片、网页等可以直接展示的电子数据，可以不随案移送电子数据打印件，但应当附有展示方法说明和展示工具；人民法院、人民检察院因设备等条件限制无法直接展示电子数据的，公安机关应当随案移送打印件。对侵入、非法控制计算机信息系统的程序、工具以及计算机病毒等无法直接展示的电子数据，应当附有电子数据属性、功能等情况的说明。对数据统计数量、数据同一性等问题，公安机关应当出具说明。

（6）对电子数据涉及的专门性问题难以确定的，由司法鉴定机构出具鉴定意见，或者由公安部指定的机构出具检验报告。

5. 搜查。为了收集犯罪证据、查获犯罪嫌疑人，经县级以上公安机关负责人批准，侦查人员可以对犯罪嫌疑人以及可能隐藏罪犯或者犯罪证据的人的身体、物品、住处和其他有关的地方进行搜查。进行搜查，必须向被搜查人出示搜查证，执行搜查的侦查人员不得少于2人。进行搜查时，应当有被搜查人或者他的家属、邻居或者其他见证人在场。搜查的情况应当制作笔录，由侦查人员和被搜查人或者他的家属，邻居或者其他见证人签名。如果被搜查人拒绝签名，或者被搜查人在逃，他的家属拒绝签名或者不在场的，侦查人员应当在笔录中注明。

6. 查封、扣押。在侦查活动中发现的可用以证明犯罪嫌疑人有罪或者无罪的各种财物、文件，应当查封、扣押；但与案件无关的财物、文件，不得查封、扣押。持有人拒绝交出应当查封、扣押的财物、文件的，公安机关可以强制查封、扣押。查封、扣押的情况应当制作笔录，由侦查人员、持有人和见证人签名。对于无法确定持有人或者持有人拒绝签名的，侦查人员应当在笔录中注明。扣押犯罪嫌疑人的邮件、电子邮件、电报，应当经县级以上公安机关负责人批准，制作扣押邮件、电报通知书，通知邮电部门或者网络服务单位检交扣押。不需要继续扣押的时候，应当经县级以上公安机关负责人批准，制作解除扣押邮件、电报通知书，立即通知邮电部门或者网络服务单位。对查封、扣押的财物、文件、邮件、电子邮件、电报，经查明确实与案件无关的，应当在3日以内解除查封、扣押，退还原主或者原邮电部门、网络服务单位；原主不明确的，应当采取公告方式告知原主认领。在通知原主或者公告后6个月以内，无人认领的，按照无主财物处理，登记后上缴国库。

7. 查询、冻结。公安机关根据侦查犯罪的需要，可以依照规定查询、冻结犯罪嫌疑人的存款、汇款、债券、股票、基金份额等财产，并可以要求有关单位和个人配合。向金融机构等单位查询犯罪嫌疑人的存款、汇款、债券、股票、基金份额等财产，应当经县级以上公安机关负责人批准，制作协助查询财产通知书，通知金融机构等单位执行。需要冻结犯罪嫌疑人在金融机构等单位的存款、汇款、债券、股票、基金份额等财产的，应当经县级以上公安机关负责人批准，制作协助冻结财产通知书，通知金融机构等单位执行。

8. 鉴定。为了查明案情，解决案件中某些专门性问题，应当指派、聘请有专门知识的人进行鉴定。需要聘请有专门知识的人进行鉴定，应当经县级以上公安机关负责人批准后，制作鉴定聘请书。

9. 辨认。为了查明案情，在必要的时候，侦查人员可以让被害人、证人或者犯罪嫌疑人对与犯罪有关的物品、文件、场所或者犯罪嫌疑人进行辨认。辨认应当在侦查人员的主持下进行。主持辨认的侦查人员不得少于2人。几名辨认人对同一辨认对象进行辨认时，应当由辨认人个别进行。辨认时，应当将辨认对象混杂在特征相类似的其他对象中，不得给辨认人任何暗示。辨认犯罪嫌疑人时，被辨认的人数不得少于7人；对犯罪嫌疑人照片进行辨认的，不得少于10人的照片；辨认物品时，混杂的同类物品不得少于5件。犯罪嫌疑人的辨认，辨认人不愿意公开进行时，可以在不暴露辨认人的情况下进行，并应当为其保守秘密。对辨认经过和结果，应当制作辨认笔录，由侦查人员、辨认人、见证人签名。必要时，应当对辨认过程进行录音或者录像。

10. 技术侦查。技术侦查措施是指由设区的市一级以上公安机关负责技术侦查的部门实施的记录监控、行踪监控、通信监控、场所监控等措施。技术侦查措施的适用对象是犯罪嫌疑人、被告人以及与犯罪活动直接关联的人员。需要采取技术侦查措施的，应当制作呈请采取技术侦查措施报告书，报设区的市一级以上公安机关负责人批准，制作采取技术侦查措施决定书。

人民检察院等部门决定采取技术侦查措施，交公安机关执行的，由设区的市一级以上公安机关按照规定办理相关手续后，交负责技术侦查的部门执行，并将执行情况通知人民检察院等部门。批准采取技术侦查措施的决定自签发之日起3个月以内有效。在有效期限内，对不需要继续采取技术侦查措施的，办案部门应当立即书面通知负责技术侦查的部门解除技术侦查措施；负责技术侦查的部门认为需要解除技术侦查措施的，报批准机关负责人批准，制作解除技术侦查措施决定书，并及时通知办案部门。对复杂、疑难案件，采取技术侦查措施的有效期限届满仍需要继续采取技术侦查措施的，经负责技术侦查的部门审核后，报批准机关负责人批准，制作延长技术侦查措施期限决定书。批准延长期限，每次不得超过3个月。有效期限届满，负责技术侦查的部门应当立即解除技术侦查措施。采取技术侦查措施，必须严格按照批准的措施种类、适用对象和期限执行。在有效期限内，需要变更技术侦查措施种类或者适用对象的，应当重新办理批准手续。采取技术侦查措施收集的材料在刑事诉讼中可以作为证据使用。使用技术侦查措施收集的材料作为证据时，可能危及有关人员的人身安全，或者可能产生其他严重后果的，应当采取不暴露有关人员身份和使用的技术设备、侦查方法等保护措施。采取技术侦查措施收集的材料作为证据使用的，采取技术侦查措施决定书应当附卷。采取技术侦查措施收集的材料，应当严格依照有关规定存放，只能用于对犯罪的侦查、起诉和审判，不得用于其他用途。采取技术侦查措施收集的与案件无关的材料，必须及时销毁，并制作销毁记录。侦查人员对采取技术侦查措施过程中知悉的国家秘密、商业秘密和个人隐私，应当保密。公安机关依法采取技术侦查措施，有关单位和个人应当配合，并对有关情况予以保密。

11. 通缉。应当逮捕的犯罪嫌疑人如果在逃，公安机关可以发布通缉令，采取有效措施，追捕归案。县级以上公安机关在自己管辖的地区内，可以直接发布通缉令；超出自己管辖的地区，应当报请有权决定的上级公安机关发布。通缉令的发送范围，由签发通缉令的公安机关负责人决定。

六、 侦查调查的协同机制

实践证明，网络涉恐案件侦查调查的难点主要是来自两个方面：一是如何认定网络行为人的真实身份。网络通信是匿名通信，网络上的身份通常是匿名身份。如何通过网络调查确定行为的真实身份是一大难点。二是如何确定网络攻击入侵的源头，即对网络行为的追踪溯源。确定网络攻击来源是调查的一大要素。由于网络具有分布式技术特性、模糊来源国际互联网服务的存在，使得网络行为人难以识别查清，确定行为人的身份显得较为困难。

公开资料显示，一些匿名通信服务能够藏匿行为人的身份和行为轨迹，这类服务主要有：公共国际互联网上网终端（如机场、网吧、网络游戏厅等上网设备）、网络地址转换（NAT）服务、虚拟专网（VPN）、无需注册的预付费移动服务、匿名通信服务器、匿名信件转发器等。虽然一些国家采取法律和限制措施来应对匿名通信的挑战，如对匿名通信和匿名接入国际互联网的限制，但它们易于被违法犯罪嫌疑采取的一些方法避开，如使用来自无需注册国家的、未受保护的无线网络或者 SIM 卡（非实名上网卡和手机号码）。此外，为了干扰调查侦查，有的行为人还采取身份盗用、多重网络地址转换技术等欺诈谋略手段。

国际电信联盟出版的关于网络犯罪的专题报告指出，加密技术是又一个使网络犯罪调查变得复杂的因素。加密是利用算法将纯文本变为隐晦格式的技术。加密既有使用加密软件对电子文档和数据进行加密，也有使用加密的网络应用逃避发现。例如使用加密通信工具，可以保护通信内容免被截获破解。

上述情况给网络恐怖活动的调查侦查带来了挑战。对此，必须从法律、管理、协作、技术等方面综合采用有效措施化解有关难题，确保网络恐怖违法犯罪活动依法受到法律的惩治，保护国家安全、网络安全、社会公共安全和公众利益安全。

正是因为网络涉恐活动的调查侦查涉及诸多网络服务，因此，建立执法部门与网络服务提供者之间的协作关系和相应的线索核查和快查快办机制具有重要意义。在执法部门内部，也要建立不同职能部门之间的合成作战机制。只有各有关部门、网络服务商和执法部门内部齐心协力，才能及时、顺利完成各项调查侦查任务。

第十二章

国际合作

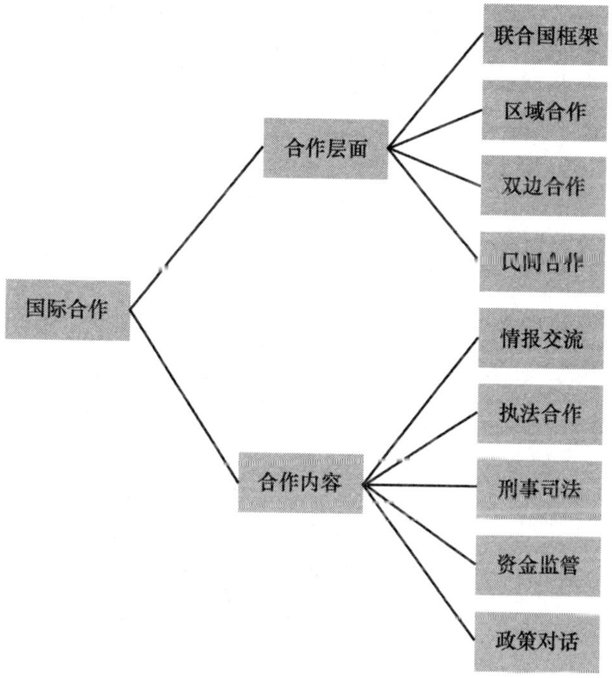

阅读导图

第一节 网络反恐国际合作的必要性

网络恐怖主义是信息化时代人类的公敌、全球的公害。由于互联网的开放性和无国界限制，没有一国能在网络空间独善其身，网络恐怖主义已成为全球性问题。网络恐怖主义活动范围不局限于某个国家和地方，全球任何一个地方都可以实施。网络恐怖活动的组织、策划、实施往往在不同的国家实施，参与网络恐怖活动的人员来自不同的国家和地区，网络恐怖活动可能涉及多个国家。通过网络，恐怖组织可以在世界范围内募集资金、培训人员。网络恐怖活动不受地域限制，世界各地的恐怖组织之间都可以通过网络通信保持密切联络。网络恐怖活动不仅危害网络空间安全而且影响现实社会安全。随着网络技术和应用的发展普及，网络恐怖活动的隐蔽性、反侦查能力不断增强，危害范围更大、更加严重，防范、发现、调查、取证、查处、打击的难度进一步加大。网络既互联互通，又有不同的主权管辖范围，单靠某一国家、某一地区的力量，很难实现对网络恐怖主义的有效打击和治理，必须通过国际合作，建立国际合作机制，联手共同应对。加强国际合作，是防范和打击网络恐怖主义的必要要求。有专家认为，网络恐怖主义并非一种新现象，但是新领域、新策略以及新的攻击目标的出现，确实增加了恐怖主义的威胁。没有任何国家能够单枪匹马地成功开展一场网络反恐斗争，因为我们生活在一个相互依存的世界大家庭里。消除网络恐怖主义的希望，最终在于各国和国际组织的联手抗击和应对。

第二节　网络反恐国际合作的依据与原则

我国反恐怖主义法第68条规定，中华人民共和国根据缔结或者参加的国际条约，或者按照平等互惠原则，与其他国家、地区、国际组织开展反恐怖主义合作。这是我国开展反恐国际合作的基本依据和原则性规定。根据该规定，我国可以与其他国家、地区、国际组织开展网络反恐国际合作。国际组织，既包括全球综合性国际组织联合国（UN）、全球专门性国际组织如国际刑警组织（ICPO）、国际电信联盟（ITU）、反洗钱金融行动特别工作组（FATF）等，也包括区域综合性国际组织如上海合作组织（SCO）、欧洲联盟（EU）、东南亚国家联盟（ASEAN）等。

我国与其他国家、地区、国际组织开展反恐合作的依据是我国中华人民共和国根据缔结或者参加的国际条约。国家条约包括双边条约、协定和多边条约、公约。参加是指我国加入其它国家和国际组织制定的条约。缔结是指我国作为初始缔约国参加了条约的制定。我国开展反恐怖国际合作的另一个依据是平等互惠原则。平等互惠原则首先是平等，即合作双方的地位平等。互惠是指没有共同缔结或者参加的国际条约规定的情况下，双方彼此相互协作。我国在反恐怖国际合作中，对于合作的事项，有共同缔结或者参加的国家条约规定的，应当根据条约规定进行。没有条约规定的，按照平等互惠原则进行协商。

第三节 网络反恐国际合作的主体、对象和内容

根据我国反恐怖主义法第68条规定，国务院有关部门根据国务院授权，代表中国政府与外国政府和有关国际组织开展反恐怖主义政策对话、情报信息交流、执法合作和国际资金监管合作。在不违背我国法律的前提下，边境地区的县级以上地方人民政府及其主管部门，经国务院或者中央有关部门批准，可以与相邻国家或者地区开展反恐怖主义情报信息交流、执法合作和国际资金监管合作。

据此，我国开展网络反恐国际合作的主体是国务院有关部门。包括公安部、国家安全部、外交部、中国人民银行等部门。实践中，主要是根据合作的具体内容确定由哪个部门进行。如关于情报信息的国际合作，主要是公安部和国家安全部负责对外进行合作。

根据《公安机关办理刑事案件程序规定》，公安部是公安机关进行刑事司法协助和警务合作的中央主管机关，通过有关国际条约、协议规定的联系途径、外交途径或者国际刑事警察组织渠道，接收或者向外国提出刑事司法协助或者警务合作请求。地方各级公安机关依照职责分工办理刑事司法协助事务和警务合作事务。其他司法机关在办理刑事案件中，需要外国警方协助的，由其中央主管机关与公安部联系办理。公安机关进行刑事司法协助和警务合作的范围，主要包括犯罪情报信息的交流与合作，调查取证，送达刑事诉讼文书，移交物证、书证、视听资料或者电子数据等证据材料，引渡、缉捕和递解犯罪嫌疑人、被告人或者罪犯以及国际条约、协议规定的其他刑事司法协助和警务合作事宜。公安部收到外国的刑事司法协助或者警务合作请求后，应当依据我国

法律和国际条约、协议的规定进行审查。对于符合规定的，交有关省级公安机关办理，或者移交其他有关中央主管机关；对于不符合条约或者协议规定的，通过接收请求的途径退回请求方。

国际合作授权的主体是国务院，即中央人民政府。网络反恐怖国际合作是代表我国政府进行的国际合作，应当经国务院授权。未经授权，有关部门不得擅自代表我国政府或以本部门名义对外开展网络反恐怖合作。

国际合作的内容包括政策对话、情报信息交流、执法合作、国际资金监管合作、刑事司法协助、引渡、被判刑人移管、人才培养合作、联合演练等。

国际合作的对象是外国政府和有关国际组织，一般是政府间国际组织。

考虑到实际情况，我国授权边境地区县级以上地方人民政府及其主管部门经过国务院或者中央有关部门批准，可以开展反恐怖主义国际合作，合作的对象只能是相邻国家或者地区，合作的范围限于情报信息交流、执法合作和国际资金监管合作。

根据《公安机关办理刑事案件程序规定》，在不违背有关国际条约、协议和我国法律的前提下，我国边境地区设区的市一级公安机关和县级公安机关与相邻国家的警察机关，可以按照惯例相互开展执法会晤、人员往来、边境管控、情报信息交流等警务合作，但应当报省级公安机关批准，并报公安部备案。

第四节　我国网络反恐国际合作情况

一、联合国框架下的网络反恐国际合作

中国始终高度重视网络反恐的国际合作，积极与联合国、国

际组织和有关国家加强合作，介绍中国的网络反恐情况，争取在网络反恐方面达成共识和理解。将网络反恐纳入双边或多边国际执法合作的重要内容，积极与各国执法部门、全球性国际组织和区域性国际组织加强交流合作，共同研讨联合防范和打击网络恐怖主义的对策措施，相互配合调查网络恐怖活动，协助处置网上涉恐信息，在国际执法合作中取得了显著成效。

加强在联合国框架下的网络反恐国际合作。联合国作为最重要的政府间全球性国际组织，在国际反恐怖斗争中具有不可替代的作用。联合国通过制定反恐公约，设立专门的反恐机构，建立协调机制，出台反恐怖战略等措施，支持促进和协调各国反恐行动，为全球反恐提供基本法律依据，得到了各成员国的认同与支持。目前，我国批准和加入了联合国制定的《制止恐怖主义爆炸的国际公约》、《制止向恐怖主义提供资助的国际公约》、《制止核恐怖主义行为国际公约》等12个全球性反恐怖主义公约。

“9·11”事件发生后，联合国秘书长安南发表了《团结起来，反对恐怖主义》的声明指出：“9月11日攻击美国的恐怖分子，目标是一个国家，但是他们伤及了整个世界。”不久，联合国安理会于2001年9月28日通过了第1373号决议，决定按照联合国安理会议事规则第28条之规定，在安理会下设立一个联合国反恐怖主义委员会，简称反恐委员会，其成员为安理会的所有15个成员国，下分3个小组，负责国际反恐事务，重点是协调各国反恐活动和提高各国的反恐能力。2001年11月12日，联合国安理会第4413此会议通过了著名的第1377号决议，即《全球努力打击恐怖主义宣言》，宣告“恐怖主义是对国际和平和安全一个最严重威胁，是对所有国家和全人类的挑战，危害各地无辜人民的生命、尊严和安全，威胁所有国家的社会和经济发展，破坏全球稳定和繁荣，违反《联合国宪章》的宗旨和原则。”表示“决心与联合国全体会员国充分合作，努力打击和消除国际恐怖主义的祸害"。2005年9月14日，联合国安理会第5261次会议通过了1324号决议，即《惩治煽动恐怖主义行为》，强烈谴责煽动恐怖主义的行径，呼吁联合国和所有会员国紧迫地、积极地来采取一切手段抗击一切形式和表现的恐怖主义，并惩治那些煽动基于极端主义和不容忍的恐怖行为的国家、组织和个人。2006年9月8日，联合国大会2006年第60/288号决议一致通过了有关在全球范围内打击恐怖主义的《全球反恐战略》，以协调和加强联合国各个成员国在打击恐怖主义方面的努力。这是联合国192个成员国第一次就打击恐怖主义的全球战略达成一致意见。这一战略体现了联合国各成员国共同打击恐怖主义的共识与决心，为有效开展全球反恐合作提供了战略指导。

网络恐怖主义引起联合国的高度关注和警觉。联合国分别于2013年12月17日、2014年9月24日通过了第2129号、2178号决议，要求国际社会加强对网络恐怖主义的打击。其中，第2129号决议强调恐怖分子及其支持者越来越多的利用互联网进行恐怖活动，联合国反恐机构要会同各国和有关国际组织，加强打击恐怖组织或恐怖分子利用互联网煽动、招募、资助或策划活动等恐怖行为。第2178号决议再次要求成员国协力防止恐怖分子利用互联网从事恐怖活动，鼓励成员国打击网上暴力极端主义言论，敦促成员国协作采取措施，共同防止恐怖分子利用恐怖音视频煽动支持恐怖行为。2015年11月19日，二十国领导人在土耳其安塔利亚峰会后发表关于反恐问题的联合声明，强调反恐必须全面施策，根据联合国2178号决议的规定，解决滋生恐怖主义的根源性问题，阻止利用互联网煽动支持恐怖活动。

2016年7月1日，联合国大会以协商一致的方式通过决议，审评联合国《全球反恐战略》10年来的执行情况，呼吁国际社会加强打击恐怖主义的协调合作。决议呼吁各国、联合国及有关组织综合、均衡、全面实施2006年通过的联合国《全球反恐战略》，并根据国际恐怖主义新威胁和不断变化的趋势，使这一战略符合时代要求。决议说，极端组织“伊斯兰国”、“基地”组织等在反恐斗争中构成广泛挑战，各国应继续加强反恐合作，包括加强反恐立法和执法合作，打击恐怖组织利用互联网等平台筹集资金、招募人员、策划恐怖活动、传播极端主义思想，阻断恐怖分子回流，鼓励促进和平与宽容文化及各文明间对话等。该决议获得通过显示了国际社会毫不拖延、一致采取行动应对恐怖主义和暴力极端主义的坚定决心。

中国常驻联合国副代表在大会发言时说，面对恐怖主义发展的新趋势和新特点，国际社会应全面施策，有效协调，标本兼治。国际社会应坚持反恐统一标准，不论恐怖活动打着什么旗号、针对哪个国家、采取何种手段，都应坚决予以打击。国际反恐行动必须充分发挥联合国及其安理会主导作用，遵循《联合国宪章》宗旨和原则。不应将恐怖主义与特定民族或宗教挂钩。各国应高度重视恐怖组织传播暴力极端思想、蛊惑青年加入恐怖组织等动向，坚决打击以歪曲宗教教义或其他手段煽动仇恨、煽动歧视、鼓吹暴力等极端主义，消除恐怖主义的思想基础。应阻断恐怖分子跨境流动，切断恐怖分子资金、武器等来源。各国应加强边境管控和执法合作，有效应对外国恐怖作战人员跨境流动，特别是恐怖分子“回流”问题。国际社会应切实加强金融等领域监管合作，严厉打击恐怖组织通过石油、文物、毒品走私等手段融资。应提高应对手段，有效打击利用互联网及社交媒体从事恐怖活动；加强统筹协调，形成联合国系统反恐合力；促进文明对话，构建新型国际关系。中国是国际反恐阵营的重要成员，致力于并行推进国内国际两条战线反恐工作。中方将进一步依法防范和打击恐怖主义，维护中国国家安全和人民生命财产安全。中方将继续积极参与和推进多双边反恐合作，同各国一道应对恐怖主义威胁，为维护世界和平与稳定作出更大贡献。

二、上海合作组织框架下的网络反恐国际合作

中国与上海合作组织在反恐领域有良好的合作关系。上海合作组织是2001年6月15日在中国上海正式成立的政府间区域性国际组织。上海合作组织的成员国包括哈萨克斯坦共和国、中华人民共和国、吉尔吉斯斯坦共和国、俄罗斯联邦、塔吉克斯坦共和国、乌兹别克斯坦共和国6个国家。上海合作组织有秘书处（设在北京）和地区反恐怖机构（设在乌兹别克斯坦首都塔什干）两个常设机构。上海合作组织成立之日就制定了《打击恐怖主义、分裂主义和极端主义上海公约》，2005年制定了《上海合作组织成员国合作打击恐怖主义、分裂主义和极端主义构想》。2009年制定的《上海合作组织反恐怖主义公约》替代了2001年的上海公约。2014年12月28日我国第十二届全国人民代表大会常务委员会第十二次会议通过了关于批准《上海合作组织反恐怖主义公约》的决定。

2013年，上海合作组织设立了打击“三股势力”网上活动专家工作组。我国积极参与专家工作组会议，进行了广泛的国际交流合作。中方于2015年10月在福建厦门承办了上合组织首次网络反恐演习，取得圆满成功。

三、双边网络反恐国际合作

中国公安机关与俄罗斯、巴基斯坦、哈萨克、吉尔吉斯、塔吉克、乌兹别克、土库曼、阿富汗等周边国家签订了双边反恐国际合作协定，并积极开展网络反恐领域的国际务实合作。双方共

同交流在防范和打击网络恐怖主义方面的政策、对策和经验。2002 年 12 月，中国与哈萨克斯坦签署了《关于打击恐怖主义、分裂主义和极端主义的合作协定》。2003 年 9 月，中国与乌兹别克签署了《关于打击恐怖主义、分裂主义和极端主义的合作协定》。2003 年 9 月，中国与塔吉克签署了《关于打击恐怖主义、分裂主义和极端主义的合作协定》。2005 年 4 月 5 日，中国与巴基斯坦签署了《关于打击恐怖主义、分裂主义和极端主义的合作协定》。2010 年 9 月，中国与俄罗斯签署了《关于打击恐怖主义、分裂主义和极端主义的合作协定》。2006 年 4 月中国与土库曼签署了《关于打击恐怖主义、分裂主义和极端主义的合作协定》。2009 年 3 月，包括中国在内的上海合作组织成员国和阿富汗签署了《打击恐怖主义、毒品走私和有组织犯罪行动计划》。

中国与美国在打击网络犯罪、网络保护、网络反恐方面开展了国际合作。中美建立了执法合作联合联络小组（JLG）作为两国执法合作的主渠道。2015 年以来，中美举行了两次打击网络犯罪及相关事项高级别联合对话，就网络反恐合作取得了积极进展。2016 年 6 月 14 日，国务委员、公安部部长郭声琨在北京与美国司法部和国土安全部代表共同主持了第二次中美打击网络犯罪及相关事项高级别联合对话。据媒体报道，二次对话确定的具体成果中包括：双方决定实施《中美打击网络犯罪及相关事项热线机制运作方案》，并就热线的范围、目标和程序达成一致；中美双方决定继续加强在网络保护方面的合作；中美双方决定加强关于网络犯罪及其他恶意网络行为的协查和信息请求的交流；继续就网络犯罪调查和双方共同关心的网络事件进行信息分享和开展合作；就如何加强双方刑事司法协助信息交流和处理召开研讨会；定期共享网络威胁信息，包括加强恶意软件样本及相关分析报告的共享；双方讨论了用于向外国执法部门提出的包括电子证据在内的紧急协助请求提供帮助的 24/7 高科技国际联络点网络；双方在打击不正当使用技术和通讯帮助暴力恐怖活动，电子邮箱和钓鱼网站等网络诈骗等 4 个领域开展合作。双方决定于 2016 年在中国召开针对不正当使用技术和通讯帮助暴力恐怖活动的研讨会。[①]。

据媒体报道，2016 年 9 月 3 日，国家主席习近平与来华出席二十国集团（G20）领导人杭州峰会的美国总统巴拉克·奥巴马举行会晤，双方在会晤中达成一系列主要共识和成果。其中在反恐合作方面，双方同意本着相互尊重、平等合作原则，加强在反恐情报信息交流、打击网络恐怖主义、防范外国恐怖作战分子跨境流窜、反恐怖融资、去极端化等具体领域务实合作。美方根据美 13224 号行政令将“东伊运”列为恐怖组织并支持将该组织列入联合国 1267 委员会综合制裁清单，中方对此表示赞赏（2004 年，美国以“东伊运基本不具备组织化发动袭击的能力”为由，将“东伊运”从其国务院的国际恐怖组织清单上删除，不再认定“东伊运”为恐怖组织）。双方决定于 2016 年晚些时候在华盛顿举行中美第三轮副外长级反恐磋商及第二次中美打击简易爆炸装置问题研讨会。在网络安全方面，中美双方重申 2015 年 9 月习近平主席访美期间两国元首达成的共识，同意继续加强两国在这一领域的合作，携手应对挑战。双方高度评价 2016 年 6 月第二次中美打击网络犯罪及相关事项高级别联合对话的成果，决定于 12 月在华盛顿举行第三次中美打击网络犯罪及相关事项高级别联合对话。双方充分肯定 2016 年 8 月举行的网络安全保护研讨会成果，决定如期于 10 月举行针对不正当使用技术和通讯帮助暴力恐怖活动研讨会。双方肯定中美网络空间国际规则高级别专家组首次会议的价值，决定在 2016 年内举行

① http://world.huanqiu.com/exclusive/2016-06/9043454.html.

第二次高级别专家组会议[1]。

此外，中方还积极参加国际刑警组织举办的各类打击网络犯罪的国际培训和国际会议，在网络调查取证技术和执法人员培训等方面开展了良好的交流和合作。

① http://military.china.com/important/11132797/20160905/23468994.html.

附　录

中华人民共和国反恐怖主义法

（2015 年 12 月 27 日第十二届全国人民代表大会常务委员会第十八次会议通过　自 2016 年 1 月 1 日起施行　中华人民共和国主席令第三十六号公布）

目 录

第一章　总则

第一条　为了防范和惩治恐怖活动，加强反恐怖主义工作，维护国家安全、公共安全和人民生命财产安全，根据宪法，制定本法。

第二条　国家反对一切形式的恐怖主义，依法取缔恐怖活动组织，对任何组织、策划、准备实施、实施恐怖活动，宣扬恐怖主义，煽动实施恐怖活动，组织、领导、参加恐怖活动组织，为恐怖活动提供帮助的，依法追究法律责任。

国家不向任何恐怖活动组织和人员作出妥协，不向任何恐怖活动人员提供庇护或者给予难民地位。

第三条　本法所称恐怖主义，是指通过暴力、破坏、恐吓等手段，制造社会恐慌、危害公共安全、侵犯人身财产，或者胁迫国家机关、国际组织，以实现其政治、意识形态等目的的主张和行为。

本法所称恐怖活动，是指恐怖主义性质的下列行为：

（一）组织、策划、准备实施、实施造成或者意图造成人员伤亡、重大财产损失、公共设施损坏、社会秩序混乱等严重社会危害的活动的；

（二）宣扬恐怖主义，煽动实施恐怖活动，或者非法持有宣扬恐怖主义的物品，强制他人在公共场所穿戴宣扬恐怖主义的服饰、标志的；

（三）组织、领导、参加恐怖活动组织的；

（四）为恐怖活动组织、恐怖活动人员、实施恐怖活动或者恐怖活动培训提供信息、资金、物资、劳务、技术、场所等支持、协助、便利的；

（五）其他恐怖活动。

本法所称恐怖活动组织，是指三人以上为实施恐怖活动而组成的犯罪组织。

本法所称恐怖活动人员，是指实施恐怖活动的人和恐怖活动组织的成员。

本法所称恐怖事件，是指正在发生或者已经发生的造成或者可能造成重大社会危害的恐怖活动。

第四条　国家将反恐怖主义纳入国家安全战略，综合施策，标本兼治，加强反恐怖主义的能力建设，运用政治、经济、法律、文化、教育、外交、军事等手段，开展反恐怖主义工作。

国家反对一切形式的以歪曲宗教教义或者其他方法煽动仇恨、煽动歧视、鼓吹暴力等极端主义，消除恐怖主义的思想基础。

第五条　反恐怖主义工作坚持专门工作与群众路线相结合，防范为主、惩防结合和先发制敌、保持主动的原则。

第六条　反恐怖主义工作应当依法进行，尊重和保障人权，维护公民和组织的合法权益。

在反恐怖主义工作中，应当尊重公民的宗教信仰自由和民族风俗习惯，禁止任何基于地域、民族、宗教等理由的歧视性做法。

第七条　国家设立反恐怖主义工作领导机构，统一领导和指挥全国反恐怖主义工作。

设区的市级以上地方人民政府设立反恐怖主义工作领导机构，县级人民政府根据需要设立反恐怖主义工作领导机构，在上级反恐怖主义工作领导机构的领导和指挥下，负责本地区反恐怖主义工作。

第八条　公安机关、国家安全机关和人民检察院、人民法院、司法行政机关以及其他有关国家机关，应当根据分工，实行工作责任制，依法做好反恐怖主义工作。

中国人民解放军、中国人民武装警察部队和民兵组织依照本法和其他有关法律、行政法规、军事法规以及国务院、中央军事委员会的命令，并根据反恐怖主义工作领导机构的部署，防范和处置恐怖活动。

有关部门应当建立联动配合机制，依靠、动员村民委员会、居民委员会、企业事业单位、社会组织，共同开展反恐怖主义工作。

第九条　任何单位和个人都有协助、配合有关部门开展反恐怖主义工作的义务，发现恐怖活动嫌疑或者恐怖活动嫌疑人员的，应当及时向公安机关或者有关部门报告。

第十条　对举报恐怖活动或者协助防范、制止恐怖活动有突出贡献的单位和个人，以及在反恐怖主义工作中作出其他突出贡献的单位和个人，按照国家有关规定给予表彰、奖励。

第十一条　对在中华人民共和国领域外对中华人民共和国国家、公民或者机构实施的恐怖活动犯罪，或者实施的中华人民共和国缔结、参加的国际条约所规定的恐怖活动犯罪，中华人民共和国行使刑事管辖权，依法追究刑事责任。

第二章　恐怖活动组织和人员的认定

第十二条　国家反恐怖主义工作领导机构根据本法第三条的规定，认定恐怖活动组织和人员，由国家反恐怖主义工作领导机构的办事机构予以公告。

第十三条　国务院公安部门、国家安全部门、外交部门和省级反恐怖主义工作领导机构对于需要认定恐怖活动组织和人员的，应当向国家反恐怖主义工作领导机构提出申请。

第十四条　金融机构和特定非金融机构对国家反恐怖主义工作领导机构的办事机构公告的恐怖活动组织和人员的资金或者其

他资产，应当立即予以冻结，并按照规定及时向国务院公安部门、国家安全部门和反洗钱行政主管部门报告。

第十五条　被认定的恐怖活动组织和人员对认定不服的，可以通过国家反恐怖主义工作领导机构的办事机构申请复核。国家反恐怖主义工作领导机构应当及时进行复核，作出维持或者撤销认定的决定。复核决定为最终决定。

国家反恐怖主义工作领导机构作出撤销认定的决定的，由国家反恐怖主义工作领导机构的办事机构予以公告；资金、资产已被冻结的，应当解除冻结。

第十六条　根据刑事诉讼法的规定，有管辖权的中级以上人民法院在审判刑事案件的过程中，可以依法认定恐怖活动组织和人员。对于在判决生效后需要由国家反恐怖主义工作领导机构的办事机构予以公告的，适用本章的有关规定。

第三章　安全防范

第十七条　各级人民政府和有关部门应当组织开展反恐怖主义宣传教育，提高公民的反恐怖主义意识。

教育、人力资源行政主管部门和学校、有关职业培训机构应当将恐怖活动预防、应急知识纳入教育、教学、培训的内容。

新闻、广播、电视、文化、宗教、互联网等有关单位，应当有针对性地面向社会进行反恐怖主义宣传教育。

村民委员会、居民委员会应当协助人民政府以及有关部门，加强反恐怖主义宣传教育。

第十八条　电信业务经营者、互联网服务提供者应当为公安机关、国家安全机关依法进行防范、调查恐怖活动提供技术接口和解密等技术支持和协助。

第十九条　电信业务经营者、互联网服务提供者应当依照法律、行政法规规定，落实网络安全、信息内容监督制度和安全技术防范措施，防止含有恐怖主义、极端主义内容的信息传播；发现含有恐怖主义、极端主义内容的信息的，应当立即停止传输，保存相关记录，删除相关信息，并向公安机关或者有关部门报告。

网信、电信、公安、国家安全等主管部门对含有恐怖主义、极端主义内容的信息，应当按照职责分工，及时责令有关单位停止传输、删除相关信息，或者关闭相关网站、关停相关服务。有关单位应当立即执行，并保存相关记录，协助进行调查。对互联网上跨境传输的含有恐怖主义、极端主义内容的信息，电信主管部门应当采取技术措施，阻断传播。

第二十条　铁路、公路、水上、航空的货运和邮政、快递等物流运营单位应当实行安全查验制度，对客户身份进行查验，依照规定对运输、寄递物品进行安全检查或者开封验视。对禁止运输、寄递，存在重大安全隐患，或者客户拒绝安全查验的物品，不得运输、寄递。

前款规定的物流运营单位，应当实行运输、寄递客户身份、物品信息登记制度。

第二十一条　电信、互联网、金融、住宿、长途客运、机动车租赁等业务经营者、服务提供者，应当对客户身份进行查验。对身份不明或者拒绝身份查验的，不得提供服务。

第二十二条　生产和进口单位应当依照规定对枪支等武器、弹药、管制器具、危险化学品、民用爆炸物品、核与放射物品作出电子追踪标识，对民用爆炸物品添加安检示踪标识物。

运输单位应当依照规定对运营中的危险化学品、民用爆炸物品、核与放射物品的运输工具通过定位系统实行监控。

有关单位应当依照规定对传染病病原体等物质实行严格的监督管理，严密防范传染病病原体等物质扩散或者流入非法渠道。

对管制器具、危险化学品、民用爆炸物品，国务院有关主管部门或者省级人民政府根据需要，在特定区域、特定时间，可以决定对生产、进出口、运输、销售、使用、报废实施管制，可以禁止使用现金、实物进行交易或者对交易活动作出其他限制。

第二十三条　发生枪支等武器、弹药、危险化学品、民用爆炸物品、核与放射物品、传染病病原体等物质被盗、被抢、丢失或者其他流失的情形，案发单位应当立即采取必要的控制措施，并立即向公安机关报告，同时依照规定向有关主管部门报告。公安机关接到报告后，应当及时开展调查。有关主管部门应当配合公安机关开展工作。

任何单位和个人不得非法制作、生产、储存、运输、进出口、销售、提供、购买、使用、持有、报废、销毁前款规定的物品。公安机关发现的，应当予以扣押；其他主管部门发现的，应当予以扣押，并立即通报公安机关；其他单位、个人发现的，应当立即向公安机关报告。

第二十四条　国务院反洗钱行政主管部门、国务院有关部门、机构依法对金融机构和特定非金融机构履行反恐怖主义融资义务的情况进行监督管理。

国务院反洗钱行政主管部门发现涉嫌恐怖主义融资的，可以依法进行调查，采取临时冻结措施。

第二十五条　审计、财政、税务等部门在依照法律、行政法规的规定对有关单位实施监督检查的过程中，发现资金流入流出涉嫌恐怖主义融资的，应当及时通报公安机关。

第二十六条　海关在对进出境人员携带现金和无记名有价证券实施监管的过程中，发现涉嫌恐怖主义融资的，应当立即通报国务院反洗钱行政主管部门和有管辖权的公安机关。

第二十七条　地方各级人民政府制定、组织实施城乡规划，应当符合反恐怖主义工作的需要。

地方各级人民政府应当根据需要，组织、督促有关建设单位在主要道路、交通枢纽、城市公共区域的重点部位，配备、安装公共安全视频图像信息系统等防范恐怖袭击的技防、物防设备、设施。

第二十八条　公安机关和有关部门对宣扬极端主义，利用极端主义危害公共安全、扰乱公共秩序、侵犯人身财产、妨害社会管理的，应当及时予以制止，依法追究法律责任。

公安机关发现极端主义活动的，应当责令立即停止，将有关人员强行带离现场并登记身份信息，对有关物品、资料予以收缴，对非法活动场所予以查封。

任何单位和个人发现宣扬极端主义的物品、资料、信息的，应当立即向公安机关报告。

第二十九条　对被教唆、胁迫、引诱参与恐怖活动、极端主义活动，或者参与恐怖活动、极端主义活动情节轻微，尚不构成犯罪的人员，公安机关应当组织有关部门、村民委员会、居民委员会、所在单位、就读学校、家庭和监护人对其进行帮教。

监狱、看守所、社区矫正机构应当加强对服刑的恐怖活动罪犯和极端主义罪犯的管理、教育、矫正等工作。监狱、看守所对恐怖活动罪犯和极端主义罪犯，根据教育改造和维护监管秩序的需要，可以与普通刑事罪犯混合关押，也可以个别关押。

第三十条　对恐怖活动罪犯和极端主义罪犯被判处徒刑以上刑罚的，监狱、看守所应当在刑满释放前根据其犯罪性质、情节和社会危害程度，服刑期间的表现，释放后对所居住社区的影响等进行社会危险性评估。进行社会危险性评估，应当听取有关基层组织和原办案机关的意见。经评估具有社会危险性的，监狱、看守所应当向罪犯服刑地的中级人民法院提出安置教育建议，并将建议书副本抄送同级人民检察院。

罪犯服刑地的中级人民法院对于确有社会危险性的，应当在罪犯刑满释放前作出责令其在刑满释放后接受安置教育的决定。决定书副本应当抄送同级人民检察院。被决定安置教育的人员对决定不服的，可以向上一级人民法院申请复议。

安置教育由省级人民政府组织实施。安置教育机构应当每年对被安置教育人员进行评估，对于确有悔改表现，不致再危害社会的，应当及时提出解除安置教育的意见，报决定安置教育的中级人民法院作出决定。被安置教育人员有权申请解除安置教育。

人民检察院对安置教育的决定和执行实行监督。

第三十一条　公安机关应当会同有关部门，将遭受恐怖袭击的可能性较大以及遭受恐怖袭击可能造成重大的人身伤亡、财产损失或者社会影响的单位、场所、活动、设施等确定为防范恐怖袭击的重点目标，报本级反恐怖主义工作领导机构备案。

第三十二条　重点目标的管理单位应当履行下列职责：

（一）制定防范和应对处置恐怖活动的预案、措施，定期进行培训和演练；

（二）建立反恐怖主义工作专项经费保障制度，配备、更新防范和处置设备、设施；

（三）指定相关机构或者落实责任人员，明确岗位职责；

（四）实行风险评估，实时监测安全威胁，完善内部安全管理；

（五）定期向公安机关和有关部门报告防范措施落实情况。

重点目标的管理单位应当根据城乡规划、相关标准和实际需要，对重点目标同步设计、同步建设、同步运行符合本法第二十七条规定的技防、物防设备、设施。

重点目标的管理单位应当建立公共安全视频图像信息系统值班监看、信息保存使用、运行维护等管理制度，保障相关系统正常运行。采集的视频图像信息保存期限不得少于九十日。

对重点目标以外的涉及公共安全的其他单位、场所、活动、设施，其主管部门和管理单位应当依照法律、行政法规规定，建立健全安全管理制度，落实安全责任。

第三十三条　重点目标的管理单位应当对重要岗位人员进行安全背景审查。对有不适合情形的人员，应当调整工作岗位，并将有关情况通报公安机关。

第三十四条　大型活动承办单位以及重点目标的管理单位应当依照规定，对进入大型活动场所、机场、火车站、码头、城市轨道交通站、公路长途客运站、口岸等重点目标的人员、物品和交通工具进行安全检查。发现违禁品和管制物品，应当予以扣留并立即向公安机关报告；发现涉嫌违法犯罪人员，应当立即向公安机关报告。

第三十五条　对航空器、列车、船舶、城市轨道车辆、公共电汽车等公共交通运输工具，营运单位应当依照规定配备安保人员和相应设备、设施，加强安全检查和保卫工作。

第三十六条　公安机关和有关部门应当掌握重点目标的基础信息和重要动态，指导、监督重点目标的管理单位履行防范恐怖袭击的各项职责。

公安机关、中国人民武装警察部队应当依照有关规定对重点目标进行警戒、巡逻、检查。

第三十七条　飞行管制、民用航空、公安等主管部门应当按照职责分工，加强空域、航空器和飞行活动管理，严密防范针对航空器或者利用飞行活动实施的恐怖活动。

第三十八条　各级人民政府和军事机关应当在重点国（边）境地段和口岸设置拦阻隔离网、视频图像采集和防越境报警设施。

公安机关和中国人民解放军应当严密组织国（边）境巡逻，依照规定对抵离国（边）境前沿、进出国（边）境管理区和国（边）境通道、口岸的人员、交通运输工具、物品，以及沿海沿边地区的船舶进行查验。

第三十九条　出入境证件签发机关、出入境边防检查机关对恐怖活动人员和恐怖活动嫌疑人员，有权决定不准其出境入境、不予签发出境入境证件或者宣布其出境入境证件作废。

第四十条　海关、出入境边防检查机关发现恐怖活动嫌疑人员或者涉嫌恐怖活动物品的，应当依法扣留，并立即移送公安机关或者国家安全机关。

检验检疫机关发现涉嫌恐怖活动物品的，应当依法扣留，并立即移送公安机关或者国家安全机关。

第四十一条　国务院外交、公安、国家安全、发展改革、工业和信息化、商务、旅游等主管部门应当建立境外投资合作、旅游等安全风险评估制度，对中国在境外的公民以及驻外机构、设施、财产加强安全保护，防范和应对恐怖袭击。

第四十二条　驻外机构应当建立健全安全防范制度和应对处置预案，加强对有关人员、设施、财产的安全保护。

第四章　情报信息

第四十三条　国家反恐怖主义工作领导机构建立国家反恐怖主义情报中心，实行跨部门、跨地区情报信息工作机制，统筹反恐怖主义情报信息工作。

有关部门应当加强反恐怖主义情报信息搜集工作，对搜集的有关线索、人员、行动类情报信息，应当依照规定及时统一归口报送国家反恐怖主义情报中心。

地方反恐怖主义工作领导机构应当建立跨部门情报信息工作机制，组织开展反恐怖主义情报信息工作，对重要的情报信息，应当及时向上级反恐怖主义工作领导机构报告，对涉及其他地方的紧急情报信息，应当及时通报相关地方。

第四十四条　公安机关、国家安全机关和有关部门应当依靠群众，加强基层基础工作，建立基层情报信息工作力量，提高反恐怖主义情报信息工作能力。

第四十五条　公安机关、国家安全机关、军事机关在其职责范围内，因反恐怖主义情报信息工作的需要，根据国家有关规定，经过严格的批准手续，可以采取技术侦察措施。

依照前款规定获取的材料，只能用于反恐怖主义应对处置和对恐怖活动犯罪、极端主义犯罪的侦查、起诉和审判，不得用于其他用途。

第四十六条　有关部门对于在本法第三章规定的安全防范工作中获取的信息，应当根据国家反恐怖主义情报中心的要求，及时提供。

第四十七条　国家反恐怖主义情报中心、地方反恐怖主义工作领导机构以及公安机关等有关部门应当对有关情报信息进行筛查、研判、核查、监控，认为有发生恐怖事件危险，需要采取相应的安全防范、应对处置措施的，应当及时通报有关部门和单位，并可以根据情况发出预警。有关部门和单位应当根据通报做好安全防范、应对处置工作。

第四十八条　反恐怖主义工作领导机构、有关部门和单位、个人应当对履行反恐怖主义工作职责、义务过程中知悉的国家秘密、商业秘密和个人隐私予以保密。

违反规定泄露国家秘密、商业秘密和个人隐私的，依法追究法律责任。

第五章　调查

第四十九条　公安机关接到恐怖活动嫌疑的报告或者发现恐怖活动嫌疑，需要调查核实的，应当迅速进行调查。

第五十条　公安机关调查恐怖活动嫌疑，可以依照有关法律规定对嫌疑人员进行盘问、检查、传唤，可以提取或者采集肖像、指纹、虹膜图像等人体生物识别信息和血液、尿液、脱落细胞等生物样本，并留存其签名。

公安机关调查恐怖活动嫌疑，可以通知了解有关情况的人员到公安机关或者其他地点接受询问。

第五十一条　公安机关调查恐怖活动嫌疑，有权向有关单位和个人收集、调取相关信息和材料。有关单位和个人应当如实提供。

第五十二条　公安机关调查恐怖活动嫌疑，经县级以上公安机关负责人批准，可以查询嫌疑人员的存款、汇款、债券、股票、基金份额等财产，可以采取查封、扣押、冻结措施。查封、扣押、冻结的期限不得超过二个月，情况复杂的，可以经上一级公安机关负责人批准延长一个月。

第五十三条　公安机关调查恐怖活动嫌疑，经县级以上公安机关负责人批准，可以根据其危险程度，责令恐怖活动嫌疑人员遵守下列一项或者多项约束措施：

（一）未经公安机关批准不得离开所居住的市、县或者指定的处所；

（二）不得参加大型群众性活动或者从事特定的活动；

（三）未经公安机关批准不得乘坐公共交通工具或者进入特定的场所；

（四）不得与特定的人员会见或者通信；

（五）定期向公安机关报告活动情况；

（六）将护照等出入境证件、身份证件、驾驶证件交公安机关保存。

公安机关可以采取电子监控、不定期检查等方式对其遵守约束措施的情况进行监督。

采取前两款规定的约束措施的期限不得超过三个月。对不需要继续采取约束措施的，应当及时解除。

第五十四条　公安机关经调查，发现犯罪事实或者犯罪嫌疑人的，应当依照刑事诉讼法的规定立案侦查。本章规定的有关期限届满，公安机关未立案侦查的，应当解除有关措施。

第六章　应对处置

第五十五条　国家建立健全恐怖事件应对处置预案体系。

国家反恐怖主义工作领导机构应当针对恐怖事件的规律、特点和可能造成的社会危害，分级、分类制定国家应对处置预案，具体规定恐怖事件应对处置的组织指挥体系和恐怖事件安全防范、应对处置程序以及事后社会秩序恢复等内容。

有关部门、地方反恐怖主义工作领导机构应当制定相应的应对处置预案。

第五十六条　应对处置恐怖事件，各级反恐怖主义工作领导机构应当成立由有关部门参加的指挥机构，实行指挥长负责制。反恐怖主义工作领导机构负责人可以担任指挥长，也可以确定公安机关负责人或者反恐怖主义工作领导机构的其他成员单位负责人担任指挥长。

跨省、自治区、直辖市发生的恐怖事件或者特别重大恐怖事件的应对处置，由国家反恐怖主义工作领导机构负责指挥；在省、自治区、直辖市范围内发生的涉及多个行政区域的恐怖事件或者重大恐怖事件的应对处置，由省级反恐怖主义工作领导机构负责指挥。

第五十七条　恐怖事件发生后，发生地反恐怖主义工作领导机构应当立即启动恐怖事件应对处置预案，确定指挥长。有关部门和中国人民解放军、中国人民武装警察部队、民兵组织，按照反恐怖主义工作领导机构和指挥长的统一领导、指挥，协同开展打击、控制、救援、救护等现场应对处置工作。

上级反恐怖主义工作领导机构可以对应对处置工作进行指导，必要时调动有关反恐怖主义力量进行支援。

需要进入紧急状态的，由全国人民代表大会常务委员会或者国务院依照宪法和其他有关法律规定的权限和程序决定。

第五十八条　发现恐怖事件或者疑似恐怖事件后，公安机关应当立即进行处置，并向反恐怖主义工作领导机构报告；中国人民解放军、中国人民武装警察部队发现正在实施恐怖活动的，应当立即予以控制并将案件及时移交公安机关。

反恐怖主义工作领导机构尚未确定指挥长的，由在场处置的公安机关职级最高的人员担任现场指挥员。公安机关未能到达现场的，由在场处置的中国人民解放军或者中国人民武装警察部队职级最高的人员担任现场指挥员。现场应对处置人员无论是否属于同一单位、系统，均应当服从现场指挥员的指挥。

指挥长确定后，现场指挥员应当向其请示、报告工作或者有关情况。

第五十九条　中华人民共和国在境外的机构、人员、重要设施遭受或者可能遭受恐怖袭击的，国务院外交、公安、国家安全、商务、金融、国有资产监督管理、旅游、交通运输等主管部门应当及时启动应对处置预案。国务院外交部门应当协调有关国家采取相应措施。

中华人民共和国在境外的机构、人员、重要设施遭受严重恐怖袭击后，经与有关国家协商同意，国家反恐怖主义工作领导机构可以组织外交、公安、国家安全等部门派出工作人员赴境外开展应对处置工作。

第六十条　应对处置恐怖事件，应当优先保护直接受到恐怖活动危害、威胁人员的人身安全。

第六十一条　恐怖事件发生后，负责应对处置的反恐怖主义工作领导机构可以决定由有关部门和单位采取下列一项或者多项应对处置措施：

（一）组织营救和救治受害人员，疏散、撤离并妥善安置受到威胁的人员以及采取其他救助措施；

（二）封锁现场和周边道路，查验现场人员的身份证件，在有关场所附近设置临时警戒线；

（三）在特定区域内实施空域、海（水）域管制，对特定区域内的交通运输工具进行检查；

（四）在特定区域内实施互联网、无线电、通讯管制；

（五）在特定区域内或者针对特定人员实施出境入境管制；

（六）禁止或者限制使用有关设备、设施，关闭或者限制使用有关场所，中止人员密集的活动或者可能导致危害扩大的生产经营活动；

（七）抢修被损坏的交通、电信、互联网、广播电视、供水、排水、供电、供气、供热等公共设施；

（八）组织志愿人员参加反恐怖主义救援工作，要求具有特定专长的人员提供服务；

（九）其他必要的应对处置措施。

采取前款第三项至第五项规定的应对处置措施，由省级以上反恐怖主义工作领导机构决定或者批准；采取前款第六项规定的应对处置措施，由设区的市级以上反恐怖主义工作领导机构决定。应对处置措施应当明确适用的时间和空间范围，并向社会公布。

第六十二条　人民警察、人民武装警察以及其他依法配备、携带武器的应对处置人员，对在现场持枪支、刀具等凶器或者使用其他危险方法，正在或者准备实施暴力行为的人员，经警告无效的，可以使用武器；紧急情况下或者警告后可能导致更为严重危害后果的，可以直接使用武器。

第六十三条 恐怖事件发生、发展和应对处置信息，由恐怖事件发生地的省级反恐怖主义工作领导机构统一发布；跨省、自治区、直辖市发生的恐怖事件，由指定的省级反恐怖主义工作领导机构统一发布。

任何单位和个人不得编造、传播虚假恐怖事件信息；不得报道、传播可能引起模仿的恐怖活动的实施细节；不得发布恐怖事件中残忍、不人道的场景；在恐怖事件的应对处置过程中，除新闻媒体经负责发布信息的反恐怖主义工作领导机构批准外，不得报道、传播现场应对处置的工作人员、人质身份信息和应对处置行动情况。

第六十四条 恐怖事件应对处置结束后，各级人民政府应当组织有关部门帮助受影响的单位和个人尽快恢复生活、生产，稳定受影响地区的社会秩序和公众情绪。

第六十五条 当地人民政府应当及时给予恐怖事件受害人员及其近亲属适当的救助，并向失去基本生活条件的受害人员及其近亲属及时提供基本生活保障。卫生、民政等主管部门应当为恐怖事件受害人员及其近亲属提供心理、医疗等方面的援助。

第六十六条 公安机关应当及时对恐怖事件立案侦查，查明事件发生的原因、经过和结果，依法追究恐怖活动组织、人员的刑事责任。

第六十七条 反恐怖主义工作领导机构应当对恐怖事件的发生和应对处置工作进行全面分析、总结评估，提出防范和应对处置改进措施，向上一级反恐怖主义工作领导机构报告。

第七章 国际合作

第六十八条 中华人民共和国根据缔结或者参加的国际条

约，或者按照平等互惠原则，与其他国家、地区、国际组织开展反恐怖主义合作。

第六十九条　国务院有关部门根据国务院授权，代表中国政府与外国政府和有关国际组织开展反恐怖主义政策对话、情报信息交流、执法合作和国际资金监管合作。

在不违背我国法律的前提下，边境地区的县级以上地方人民政府及其主管部门，经国务院或者中央有关部门批准，可以与相邻国家或者地区开展反恐怖主义情报信息交流、执法合作和国际资金监管合作。

第七十条　涉及恐怖活动犯罪的刑事司法协助、引渡和被判刑人移管，依照有关法律规定执行。

第七十一条　经与有关国家达成协议，并报国务院批准，国务院公安部门、国家安全部门可以派员出境执行反恐怖主义任务。

中国人民解放军、中国人民武装警察部队派员出境执行反恐怖主义任务，由中央军事委员会批准。

第七十二条　通过反恐怖主义国际合作取得的材料可以在行政处罚、刑事诉讼中作为证据使用，但我方承诺不作为证据使用的除外。

第八章　保障措施

第七十三条　国务院和县级以上地方各级人民政府应当按照事权划分，将反恐怖主义工作经费分别列入同级财政预算。

国家对反恐怖主义重点地区给予必要的经费支持，对应对处置大规模恐怖事件给予经费保障。

第七十四条　公安机关、国家安全机关和有关部门，以及中国人民解放军、中国人民武装警察部队，应当依照法律规定的职责，建立反恐怖主义专业力量，加强专业训练，配备必要的反恐怖主义专业设备、设施。

县级、乡级人民政府根据需要，指导有关单位、村民委员会、居民委员会建立反恐怖主义工作力量、志愿者队伍，协助、配合有关部门开展反恐怖主义工作。

第七十五条　对因履行反恐怖主义工作职责或者协助、配合有关部门开展反恐怖主义工作导致伤残或者死亡的人员，按照国家有关规定给予相应的待遇。

第七十六条　因报告和制止恐怖活动，在恐怖活动犯罪案件中作证，或者从事反恐怖主义工作，本人或者其近亲属的人身安全面临危险的，经本人或者其近亲属提出申请，公安机关、有关部门应当采取下列一项或者多项保护措施：

（一）不公开真实姓名、住址和工作单位等个人信息；

（二）禁止特定的人接触被保护人员；

（三）对人身和住宅采取专门性保护措施；

（四）变更被保护人员的姓名，重新安排住所和工作单位；

（五）其他必要的保护措施。

公安机关、有关部门应当依照前款规定，采取不公开被保护单位的真实名称、地址，禁止特定的人接近被保护单位，对被保护单位办公、经营场所采取专门性保护措施，以及其他必要的保护措施。

第七十七条　国家鼓励、支持反恐怖主义科学研究和技术创新，开发和推广使用先进的反恐怖主义技术、设备。

第七十八条　公安机关、国家安全机关、中国人民解放军、中国人民武装警察部队因履行反恐怖主义职责的紧急需要，根据国家有关规定，可以征用单位和个人的财产。任务完成后应当及时归还或者恢复原状，并依照规定支付相应费用；造成损失的，应当补偿。

因开展反恐怖主义工作对有关单位和个人的合法权益造成损害的，应当依法给予赔偿、补偿。有关单位和个人有权依法请求赔偿、补偿。

第九章　法律责任

第七十九条　组织、策划、准备实施、实施恐怖活动，宣扬恐怖主义，煽动实施恐怖活动，非法持有宣扬恐怖主义的物品，强制他人在公共场所穿戴宣扬恐怖主义的服饰、标志，组织、领导、参加恐怖活动组织，为恐怖活动组织、恐怖活动人员、实施恐怖活动或者恐怖活动培训提供帮助的，依法追究刑事责任。

第八十条　参与下列活动之一，情节轻微，尚不构成犯罪的，由公安机关处十日以上十五日以下拘留，可以并处一万元以下罚款：

（一）宣扬恐怖主义、极端主义或者煽动实施恐怖活动、极端主义活动的；

（二）制作、传播、非法持有宣扬恐怖主义、极端主义的物品的；

（三）强制他人在公共场所穿戴宣扬恐怖主义、极端主义的服饰、标志的；

（四）为宣扬恐怖主义、极端主义或者实施恐怖主义、极端主义活动提供信息、资金、物资、劳务、技术、场所等支持、协助、便利的。

第八十一条　利用极端主义，实施下列行为之一，情节轻微，尚不构成犯罪的，由公安机关处五日以上十五日以下拘留，可以并处一万元以下罚款：

（一）强迫他人参加宗教活动，或者强迫他人向宗教活动场所、宗教教职人员提供财物或者劳务的；

（二）以恐吓、骚扰等方式驱赶其他民族或者有其他信仰的人员离开居住地的；

（三）以恐吓、骚扰等方式干涉他人与其他民族或者有其他信仰的人员交往、共同生活的；

（四）以恐吓、骚扰等方式干涉他人生活习俗、方式和生产经营的；

（五）阻碍国家机关工作人员依法执行职务的；

（六）歪曲、诋毁国家政策、法律、行政法规，煽动、教唆抵制人民政府依法管理的；

（七）煽动、胁迫群众损毁或者故意损毁居民身份证、户口簿等国家法定证件以及人民币的；

（八）煽动、胁迫他人以宗教仪式取代结婚、离婚登记的；

（九）煽动、胁迫未成年人不接受义务教育的；

（十）其他利用极端主义破坏国家法律制度实施的。

第八十二条　明知他人有恐怖活动犯罪、极端主义犯罪行为，窝藏、包庇，情节轻微，尚不构成犯罪的，或者在司法机关向其调查有关情况、收集有关证据时，拒绝提供的，由公安机关处十日以上十五日以下拘留，可以并处一万元以下罚款。

第八十三条　金融机构和特定非金融机构对国家反恐怖主义工作领导机构的办事机构公告的恐怖活动组织及恐怖活动人员的资金或者其他资产，未立即予以冻结的，由公安机关处二十万元以上五十万元以下罚款，并对直接负责的董事、高级管理人员和其他直接责任人员处十万元以下罚款；情节严重的，处五十万元以上罚款，并对直接负责的董事、高级管理人员和其他直接责任人员，处十万元以上五十万元以下罚款，可以并处五日以上十五日以下拘留。

第八十四条　电信业务经营者、互联网服务提供者有下列情形之一的，由主管部门处二十万元以上五十万元以下罚款，并对其直接负责的主管人员和其他直接责任人员处十万元以下罚款；情节严重的，处五十万元以上罚款，并对其直接负责的主管人员和其他直接责任人员，处十万元以上五十万元以下罚款，可以由公安机关对其直接负责的主管人员和其他直接责任人员，处五日以上十五日以下拘留：

（一）未依照规定为公安机关、国家安全机关依法进行防范、调查恐怖活动提供技术接口和解密等技术支持和协助的；

（二）未按照主管部门的要求，停止传输、删除含有恐怖主义、极端主义内容的信息，保存相关记录，关闭相关网站或者关停相关服务的；

（三）未落实网络安全、信息内容监督制度和安全技术防范措施，造成含有恐怖主义、极端主义内容的信息传播，情节严重的。

第八十五条　铁路、公路、水上、航空的货运和邮政、快递等物流运营单位有下列情形之一的，由主管部门处十万元以上五十万元以下罚款，并对其直接负责的主管人员和其他直接责任人员处十万元以下罚款：

（一）未实行安全查验制度，对客户身份进行查验，或者未依照规定对运输、寄递物品进行安全检查或者开封验视的；

（二）对禁止运输、寄递，存在重大安全隐患，或者客户拒绝安全查验的物品予以运输、寄递的；

（三）未实行运输、寄递客户身份、物品信息登记制度的。

第八十六条　电信、互联网、金融业务经营者、服务提供者未按规定对客户身份进行查验，或者对身份不明、拒绝身份查验的客户提供服务的，主管部门应当责令改正；拒不改正的，处二十万元以上五十万元以下罚款，并对其直接负责的主管人员和其他直接责任人员处十万元以下罚款；情节严重的，处五十万元以上罚款，并对其直接负责的主管人员和其他直接责任人员，处十万元以上五十万元以下罚款。

住宿、长途客运、机动车租赁等业务经营者、服务提供者有前款规定情形的，由主管部门处十万元以上五十万元以下罚款，并对其直接负责的主管人员和其他直接责任人员处十万元以下罚款。

第八十七条　违反本法规定，有下列情形之一的，由主管部门给予警告，并责令改正；拒不改正的，处十万元以下罚款，并对其直接负责的主管人员和其他直接责任人员处一万元以下罚款：

（一）未依照规定对枪支等武器、弹药、管制器具、危险化学品、民用爆炸物品、核与放射物品作出电子追踪标识，对民用爆炸物品添加安检示踪标识物的；

（二）未依照规定对运营中的危险化学品、民用爆炸物品、核与放射物品的运输工具通过定位系统实行监控的；

（三）未依照规定对传染病病原体等物质实行严格的监督管理，情节严重的；

（四）违反国务院有关主管部门或者省级人民政府对管制器具、危险化学品、民用爆炸物品决定的管制或者限制交易措施的。

第八十八条　防范恐怖袭击重点目标的管理、营运单位违反本法规定，有下列情形之一的，由公安机关给予警告，并责令改正；拒不改正的，处十万元以下罚款，并对其直接负责的主管人员和其他直接责任人员处一万元以下罚款：

（一）未制定防范和应对处置恐怖活动的预案、措施的；

（二）未建立反恐怖主义工作专项经费保障制度，或者未配备防范和处置设备、设施的；

（三）未落实工作机构或者责任人员的；

（四）未对重要岗位人员进行安全背景审查，或者未将有不适合情形的人员调整工作岗位的；

（五）对公共交通运输工具未依照规定配备安保人员和相应设备、设施的；

（六）未建立公共安全视频图像信息系统值班监看、信息保存使用、运行维护等管理制度的。

大型活动承办单位以及重点目标的管理单位未依照规定对进入大型活动场所、机场、火车站、码头、城市轨道交通站、公路长途客运站、口岸等重点目标的人员、物品和交通工具进行安全检查的，公安机关应当责令改正；拒不改正的，处十万元以下罚款，并对其直接负责的主管人员和其他直接责任人员处一万元以下罚款。

第八十九条　恐怖活动嫌疑人员违反公安机关责令其遵守的约束措施的，由公安机关给予警告，并责令改正；拒不改正的，处五日以上十五日以下拘留。

第九十条　新闻媒体等单位编造、传播虚假恐怖事件信息，报道、传播可能引起模仿的恐怖活动的实施细节，发布恐怖事件中残忍、不人道的场景，或者未经批准，报道、传播现场应对处置的工作人员、人质身份信息和应对处置行动情况的，由公安机关处二十万元以下罚款，并对其直接负责的主管人员和其他直接责任人员，处五日以上十五日以下拘留，可以并处五万元以下罚款。

个人有前款规定行为的，由公安机关处五日以上十五日以下拘留，可以并处一万元以下罚款。

第九十一条　拒不配合有关部门开展反恐怖主义安全防范、情报信息、调查、应对处置工作的，由主管部门处二千元以下罚款；造成严重后果的，处五日以上十五日以下拘留，可以并处一万元以下罚款。

单位有前款规定行为的，由主管部门处五万元以下罚款；造成严重后果的，处十万元以下罚款；并对其直接负责的主管人员和其他直接责任人员依照前款规定处罚。

第九十二条　阻碍有关部门开展反恐怖主义工作的，由公安机关处五日以上十五日以下拘留，可以并处五万元以下罚款。

单位有前款规定行为的，由公安机关处二十万元以下罚款，并对其直接负责的主管人员和其他直接责任人员依照前款规定处罚。

阻碍人民警察、人民解放军、人民武装警察依法执行职务的，从重处罚。

第九十三条　单位违反本法规定，情节严重的，由主管部门责令停止从事相关业务、提供相关服务或者责令停产停业；造成严重后果的，吊销有关证照或者撤销登记。

第九十四条　反恐怖主义工作领导机构、有关部门的工作人员在反恐怖主义工作中滥用职权、玩忽职守、徇私舞弊，或者有违反规定泄露国家秘密、商业秘密和个人隐私等行为，构成犯罪的，依法追究刑事责任；尚不构成犯罪的，依法给予处分。

反恐怖主义工作领导机构、有关部门及其工作人员在反恐怖主义工作中滥用职权、玩忽职守、徇私舞弊或者有其他违法违纪行为的，任何单位和个人有权向有关部门检举、控告。有关部门接到检举、控告后，应当及时处理并回复检举、控告人。

第九十五条　对依照本法规定查封、扣押、冻结、扣留、收缴的物品、资金等，经审查发现与恐怖主义无关的，应当及时解除有关措施，予以退还。

第九十六条　有关单位和个人对依照本法作出的行政处罚和行政强制措施决定不服的，可以依法申请行政复议或者提起行政诉讼。

第十章　附则

第九十七条　本法自2016年1月1日起施行。2011年10月29日第十一届全国人民代表大会常务委员会第二十三次会议通过的《全国人民代表大会常务委员会关于加强反恐怖工作有关问题的决定》同时废止。

参考文献

1. 联合国：《全球反恐战略》，2016 年 7 月。

2. 联合国反恐任务组（UNCTTF）：《打击利用互联网进行恐怖活动报告》，2009 年。

3. 联合国反恐任务组（UNCTTF）、联合国毒品和犯罪问题办公室（UNODC）：《利用互联网开展恐怖活动报告》，2012 年。

4. 联合国毒品和犯罪问题办公室（UNODC）：《刑事事项上的国际合作：打击恐怖主义》，2012 年 7 月。

5. 联合国毒品和犯罪问题办公室（UNODC）：《恐怖主义案例摘要》，2010 年 1 月。

6. 信息通信技术和平基金会（日内瓦）：《与信息通信技术相关进程 & 大事的基本回顾——对国际和地区安全的影响（2011—2013）》，2014 年。

7. 国际互联网协会：互联网简史。

8. 美国：《国家反恐战略》（2003、2006 年）。

9. 美国：《反恐国别报告》（2008—2015 年）。

10. 美国：《网络安全国际战略》（2015 年）。

11. 美国：《网络安全行动战略》（2015 年）。

12. 美国：《网络安全威慑战略》（2016 年）。

13. 美国：《网络安全军事战略》（2015 年）。

14. 美国：《网络犯罪报告》（2006—2014 年）。

15. 美国国家反恐中心：2003—2016 年反恐月历。

16. 美国总统行政办公室：《大数据白皮书：抓住机遇，保存价值》，2014 年 5 月。

17. 怀进鹏：第十二届全国人大常委会专题讲座第十六讲《信息技术与信息安全》，2015 年。

18. 中国互联网络信息中心（CNNIC）：中国互联网络发展状况统计报告，2016 年 7 月。

19. 范文霈编著：《恐怖主义溯源》，社会科学文献出版社，2002 年 9 月版。

20. 中国互联网协会译：《互联网治理》，人民邮电出版社，2005 年 9 月第 1 版。

21. 王爱立主编：《中华人民共和国反恐怖主义法解读》，中国法制出版社，2016 年 3 月第 1 版。

22. 中国信息安全测评中心译：《关键信息基础设施保护：十四国安全保护政策陈述和分析》，中国科技大学出版社，2007 年 4 月第 1 版。

23. 胡云腾主编：《网络犯罪刑事诉讼程序意见暨相关司法解释理解与适用》，人民法院出版社，2014 年 8 月第 1 版。

24. 国家互联网应急中心：《2015 年中国互联网网络安全报告》，人民邮电出版社，2016 年 5 月第 1 版。

25. ［英国］查尔斯·利斯特著：《“伊斯兰国”简论》，中信出版集团，2016 年 1 月第 1 版。

26. ［美国］埃里克·西格尔著：《大数据预测》，中信出版社，2014 年 4 月第 1 版。

27. 尼古拉斯·伯恩斯（Nicholas Burns）、乔纳森·普莱斯（Jonathon Price）主编：《保卫网络空间：国家安全的新领域》，阿斯彭研究所，2012 年 2 月。

28. 张骥：《网络恐怖主义产生原因、特点及危害性分析》，载《聊城大学学报：哲学社会科学版》，2005 年第 6 期。

29. 王春梅：《中国西部民族地区恐怖主义犯罪心理分析及其预防》，载《犯罪研究》2013 年第 2 期。

30. 张家栋：《恐怖主义的概念分析》，载《世界经济与政治》2003 年第 3 期。

31. 王晋：《“伊斯兰国”与恐怖主义的变形》，载《外交评论》2015 年第 2 期。

32. 柳恒超：《恐怖主义根源的心理学分析》，载《东岳论丛》2009 年第 3 期。

33. 王志国、邓晓艳：《中亚地区恐怖主义的产生原因及其对策研究》，载《太平洋学报》2010 年第 4 期。

34. 朱永彪、任彦：《美国的反网络恐怖主义战略研究》，载《兰州大学学报：社科版》2008 年第 2 期。

35. 徐晨：《防止恐怖主义的国际合作机制研究》，复旦大学博士学位论文，2014 年。

36. Ankara，Turkey：《Responses to CyberTerrorism》，IOS Press，2007 年 10 月版 .

37. Maurice Dawson、Marwan Omar：《New Threats and Countermeasures in Digital Crime and CyberTerrorism》，IGI Global，2015 年 6 月版 .

38. Lech J. Janczewski、Andrew M. Colarik：《Cyber Warfare and Cyber Terrorism》，IGI Global，2006 年 10 月版 .

39. BabakAkhgar、Andrew Staniforth、Francesca Bosco：《Cyber Crime and Cyber Terrorism Investigator's Handbook》，Elsevier Inc. ，2014 年 1 月版 .

图书在版编目（CIP）数据

网络反恐大策略：如何应对网络恐怖主义/盘冠员、章德彪著. —北京：时事出版社，2016. 11
ISBN 978-7-5195-0051-1

Ⅰ. ①网… Ⅱ. ①盘…②章… Ⅲ. ①互联网络—恐怖主义—研究 Ⅳ. ①D815. 5

中国版本图书馆 CIP 数据核字（2016）第 238956 号

出 版 发 行：时事出版社
地　　　址：北京市海淀区万寿寺甲 2 号
邮　　　编：100081
发 行 热 线：（010） 88547590　88547591
读者服务部：（010） 88547595
传　　　真：（010） 88547592
电 子 邮 箱：shishichubanshe@ sina. com
网　　　址：www. shishishe. com
印　　　刷：北京市昌平百善印刷厂

开本：787 × 1092　1/16　印张：26　字数：310 千字
2016 年 11 月第 1 版　2016 年 11 月第 1 次印刷
定价：98. 00 元